ELOGIOS PARA "PODER ESPIRITUAL"

"Es una rara ocurrencia, en efecto, cuando un libro no sólo entrega su mensaje, sino que también te da formas prácticas, directas e increíblemente sabias de aplicar las enseñanzas expuestas en *Poder espiritual*. Me pareció una obra introspectiva que es un bálsamo para el alma de cualquiera que busque la verdad y las respuestas a las preguntas difíciles de la vida, y espero con interés el resto de la estupenda serie de Christian de la Huerta *El llamado a los héroes*. Me inspiró a comprar su libro anterior, *Coming Out Spiritually: The Next Step*".

-Gloria Estefan
Cantante, compositora, ganadora de varios premios Grammy

"He tenido el privilegio de conocer a Christian durante más de 30 años y he llegado a respetar y admirar su integridad que brilla en todo lo que hace e intenta hacer (incluyendo su técnica de respiración consciente, de la cual me he beneficiado enormemente). En este libro habla de cómo nos convertimos en los "héroes" que estamos llamados a ser. La palabra teológica para *héroe* es *santo*. Las enseñanzas y prácticas que expone aquí son lecciones adecuadas para descubrir la santidad una vez más, no sólo nuestra capacidad individual para ello, sino la capacidad de todos para ello. ¿Es hora de la santidad? ¿Para el coraje, la creatividad y la aventura? Christian piensa que sí, y ofrece un útil y probado mapa hacia adelante basado en su propio trabajo interior y décadas de reuniones de retiro enfocadas donde las historias de vida se elevan y los corazones se encienden. La suya es una voz que vale la pena escuchar en esta época de la noche oscura de nuestra especie".

—Matthew Fox
Autor de *Original Blessing, The Tao of Thomas Aquinas*

"*Poder espiritual* está lleno de profundas ideas compartidas de una manera maravillosamente juguetona. Christian de la Huerta es ese raro maestro que puede explicar conceptos serios y exigentes con un toque tan ligero que podemos reírnos de nuestros propios defectos. Transmite tanta amabilidad al lector, tanta aceptación y compasión, que pude sentir su apoyo saltando de las páginas diciendo "¡Creo en ti! ¡Puedes hacerlo!" Estoy tan conmovida por su hermosa invitación a imaginar cómo sería la vida si en realidad creyéramos que el Universo conspira para apoyarnos. ¡Wow!".

—**Erica Ariel Fox**
Autora de *Winning from Within*

"Conozco a Christian desde hace 25 años, a lo largo de los cuales ha ofrecido constantemente retiros y talleres de sanación profunda y transformación por todo el mundo. Este libro, el primero de una serie que encapsula su trabajo, es claro, perspicaz y de apoyo para cualquiera que intente dar sentido a sus vidas y a las formas a menudo subconscientes en las que vendemos nuestro poder".

—**Chip Conley**
Empresario de la industria hotelera y autor de best-sellers

"Conozco a Christian desde hace 30 años y siempre me ha conmovido e inspirado su sabiduría, perspicacia y generosidad. Este nuevo y hermoso libro está lleno de enseñanzas claras y profundas, así como de ejercicios prácticos y fáciles de usar. Estoy segura de que te inspirará y apoyará para que seas mejor, en cada área de la vida".

—**Marcia Wieder**
CEO, Dream University y autora de best-sellers

"Christian de la Huerta ha sido uno de esos visionarios que creo que tiene una comprensión real de lo que es necesario dentro de cada uno de nosotros para hacer un cambio. En su nuevo libro, *Poder espiritual*, ha creado un plan de acción para la autoconciencia que nos convertirá a cada uno de nosotros en un héroe o heroína en la lucha para no sólo cambiar personalmente, sino en el proceso de cambiar el planeta. Otro libro excepcional de un hombre excepcional".

—David Mixner
Activista de los derechos civiles y autor de *Stranger Among Friends*

"Conozco y confío en Christian. Durante un proceso por el que guió a un grupo de nosotros, tuve una profunda experiencia que cambió mi forma de pensar sobre mi cuerpo, mi respiración y mi vida. Estoy entusiasmado de que tengas este libro en tus manos, y de que experimentes los poderosos ejercicios en él que pueden cambiar tu vida".

-Dr. Clint G. Rogers
Autor de *Ancient Secrets of A Master Healer: A Western Skeptic, An Eastern Master, And Life's Greatest Secrets*

"*Poder Espiritual* es una hermosa invitación a la auto-observación y la transformación—una inmersión profunda en la mente de por qué "hacemos lo que hacemos" y cómo cambiar nuestros patrones de auto-limitaciones y falsas creencias. Como autora y entrenadora transformacional yo misma, les recomiendo encarecidamente esta guía práctica y fácil de seguir para el despertar de su auténtico ser".

—Jennifer Grace
Autora de *Directing Your Destiny*

"En estos tiempos difíciles y desafiantes, Christian nos muestra el poder que hay en nuestro interior para ser un faro de luz para otros en este planeta. Su escritura genera un mayor nivel de autoconciencia y honestidad propia, y nos permite integrar las partes dispares de nuestro ser. Este libro es un trabajo heroico que llama e inspira al verdadero héroe en cada uno de nosotros".

—Brian Piergrossi
Coach de vida, Podcaster
Autor de *The Big Glow* y *The Wow of the Now*

"En *Poder espiritual,* el autor Christian de la Huerta nos lleva a través de un viaje transformador de auto-descubrimiento. Lleno de citas inspiradoras y poderosos pasos de acción, nos convoca a deshacernos de nuestro falso ego y abrazar nuestro auténtico y heroico yo oculto. Es un libro cautivador y que invita a la reflexión, indispensable para cualquiera que busque realizar su potencial!".
—**Elia Gourgouris, PhD**
Autor del best-seller *7 Paths to Lasting Happiness*

"Justo a tiempo hasta el punto de la clarividencia, *Poder espiritual* ofrece un plan para rectificar los abusos de poder que nos acosan como individuos y como sociedad. Delinea cómo el encontrar el equilibrio dentro y entre nosotros nos llevará a un mundo más equitativo. Christian proporciona una guía práctica y reflexiva para acceder a nuestro poder personal y mejorar nuestras vidas!".
—**Terri Tate**
Autora de *A Crooked Smile: A Memoir*
Con prólogo de Anne Lamott

"En este primer libro de la trilogía *El llamado a los héroes,* de la Huerta ofrece un camino práctico y poderoso hacia una profunda transformación. *Poder espiritual* no es un libro de mera información, un libro para trabajar, es un libro que trabaja sobre nosotros. La promesa hecha en el libro es bien cumplida: "Embárcate en él. Adóptalo. Sumérgete en él. Confía. Tu búsqueda heroica será apoyada".
—**Rdo. Dr. James H. Reho**
Autor de *Tantric Jesus:*
The Erotic Heart of Early Christianity

"*Poder espiritual* es lo de verdad: un guía para el empoderamiento personal que realmente puede cambiar vidas. El estilo de escritura de Christian es fácil y accesible, y comparte su convincente historia con transparencia y autenticidad. Pero la verdadera maravilla de esta serie es el enfoque práctico de un mapa tangible a través del proceso de transformación personal que su trabajo está diseñado para generar".

—Rdo. Dr. Michael Lennox
Psicólogo y Maestro Espiritual
Autor de *Dream Sight*

"No conozco a nadie más adecuado para escribir este libro sobre la sanación del alma de la tiranía del ego que Christian de la Huerta. Es un experto que ha dirigido retiros sobre el tema durante más de 30 años. Christian guía al lector de forma suave, feroz e intrépida hacia el *Poder espiritual* de su propia alma. Es un libro para leer una y otra vez. No puedo esperar a los dos próximos libros de la trilogía".

—Rda. Dra. Susan Corso
Autora de *God's Dictionary,*
Tao for Now, Circles of Peace

"Recomiendo a todos que escuchen el llamado de Christian a la aventura interior para explorar dentro de sí mismos los patrones, causas y conflictos que les impiden transformarse a la persona poderosa que son en el centro del ser. Cada uno de nosotros puede convertirse en el héroe de su propia vida para desempeñar nuestro papel en la expansión de la conciencia para todos".

—Susan Harrow
Instructora de medios de
comunicación y estratega de marketing
Autora de *Sell Yourself Without Selling Your Soul*

" He seguido la carrera de Christian como orador público, líder de conferencias, valiente activista y autor durante más de 30 años. Esta es su obra maestra, un trabajo profundo que explora su sujeto favorito, "el tema de ser héroe." Cuando comenzó este libro no tenía idea de que un virus invisible mataría a millones, llevaría a la bancarrota la economía mundial, y nos haría dudar de todos los individuos e instituciones en los que alguna vez confiamos. Si alguna vez hubo un momento para explorar nuestro héroe interior es ahora".

—**Mel White**
Autor de *Stranger at the Gate* y *Religion Gone Bad*

"El leer este libro te iniciará en una aventura del alma. Su autor te lleva a lo profundo de cada inseguridad y concepto erróneo de lo que es realmente el heroísmo, la seguridad y el poder. Te guía fuera de cada área en la que te limitas a algo más grande, no sólo para ti, sino para todos. Si te encuentras perdido o con dificultades en cualquier área de tu vida, este libro te dará las herramientas para ver tu camino con claridad. Una lectura indispensable para cualquier buscador espiritual".

—**Fay Thompson**
Entrenadora Espiritual Certificada por Access Consciousness
Autora de *So Help Me God*
Editora en jefe de Big Moose Publishing

"¿Cuándo hemos visto en nuestras vidas más posibilidades de un verdadero cambio en este mundo de aislamiento y separación? ¿Cuándo más hemos necesitado ser heroicos en nuestras interacciones con nosotros mismos y con los demás? Conozco a Christian desde hace muchos años, y él es la cosa real. Si buscas a alguien que te ayude a emprender el viaje heroico a la autorealización, deja que te guíe suave, amorosa y sabiamente. A mi lo ha hecho".

—**Brian McNaught**
Autor de *The Lincoln Chronicles* y *A Prince of a Boy*

"El poderoso e iluminador libro de Christian de la Huerta, *Poder espiritual*, es un estudio tenaz sobre lo que significa vivir heroicamente en el mundo. De la Huerta nos inspira a dar un paso adelante en nuestro heroísmo espiritual haciendo un inventario meticuloso de nuestro mundo interior y tomando profunda responsabilidad por cada acción. No deja ninguna piedra sin remover para ayudar al lector a examinar todas las formas en las que los fallos inherentes del ser humano pueden evitar que entremos en la milagrosidad de nuestro potencial, y ofrece muchas prácticas poderosas que nos enseñan cómo desarrollar el héroe interior".

—**Jonathan Hammond**
Autor de *The Shaman Mind:
Huna Wisdom to Change Your Life*

"Este extraordinario libro que transforma nuestra vida es un mapa para como responder al llamado a cumplir nuestro potencial de la mejor manera posible, por el bien de todos los seres y de este asombroso planeta. Es una contribución muy importante para nuestra sanación y evolución personal y colectiva. ¡Y es sólo el primer libro de la serie!"

—**Edward Schreiber, TEP**
Fundación Zerka Moreno
Editor de *The Quintessential Zerka*

"Es una sensación maravillosa leer un libro que está escrito para ayudarte, en el que sientes la pasión del autor estallando desde dentro para lograr ese objetivo. Christian te guía paso por paso. Te da el trasfondo, hace preguntas y proporciona soluciones prácticas, para que no te sientas abrumado y no renuncies antes de demostrarte a ti mismo que puedes hacerlo. Lee este libro, comprométete con las 'prácticas de poder,' y tu vida se transformará".

—**Robert Christiansen Ashford**
Autor de *Your Inspiration Is Needed*

Poder espiritual:

Cómo vivir heroicamente y liberarte

Christian de la Huerta

PODER ESPIRITUAL

© 2025 por Christian de la Huerta
Todos los derechos reservados.

Impreso en los Estados Unidos de América.
Publicado por Soulful Hero Media
3191 Grand Avenue, # 331763
Miami, FL 33133
www.SoulfulHeroMedia.com

Todos los derechos reservados. Este libro contiene material protegido por leyes y tratados internacionales y federales sobre derechos de autor. Se prohíbe cualquier reimpresión o uso no autorizado de este material. Ninguna parte de este libro puede ser reproducida o transmitida de ninguna forma o por ningún medio, electrónico o mecánico, incluyendo fotocopias, grabaciones o por cualquier sistema de almacenamiento y recuperación de información, sin el permiso expreso por escrito del autor.

Número de control de la Biblioteca del Congreso: 2024915760
ISBN: 978-1-7350590-3-7 (tapa dura)
ISBN: 978-1-7350590-4-4 (rústica)
ISBN: 978-1-7350590-5-1 (libro electrónico)

Disponible en rústica, tapa dura, e-book y audiolibro

Traducción al español de Lidice Megla.
Diseño de portada de Lizaa.
Arte de la portada de Bruce Rolff.
Foto del autor por Marta Neira.

Contenido

1. Ilustraciones xv
2. PREFACIO xvii

Sección 1:
Preparación para el viaje

3. ¡Somos la ayuda! 3
4. ¿Y por qué yo? 13
5. En búsqueda del equilibrio 21

Sección II:
El Imperio del Ego

6. Comienza el viaje del héroe 31
7. Y tú, ¿quién eres? El perfil del ego 41
8. Si fuera tú, reconsideraría esa estrategia 49
9. Armas de destrucción masiva de la felicidad 55
10. Cómo escapar del Abismo de la Victimización ... 65
11. Las claves para liberarse 73
12. Camino a la libertad 81
13. La Sanación del Ego 87
14. El auténtico ser superior 95

Sección III
La Zona del Poder

15. Poder Espiritual vs Poder Egoico 103
16. ¡Peligro! Trampas de poder por delante 121

Sección 4:
Deconstruyendo nuestra relación con el poder

17. Debemos cultivar nuestro jardín 129
18. Juegos de Poder: El Negador 135
19. Juegos de Poder: El Pseudo-Macho 141
20. Juegos de Poder: El Crítico y El Juez 143
21. Juegos de Poder: El Abusador 147
22. Juegos de Poder: El Vengador 151
23. Juegos de Poder: El Cabrón 155
24. Juegos de Poder: El Resistente 157
25. Juegos de Poder: La Víctima 159
26. Como superar los juegos de poder 167
27. Una nueva versión de masculinidad 169

Sección 5:
Caminos hacia el poder espiritual

28. El camino del perdón 187
29. El camino de la gratitud 193
30. El camino de la autodisciplina 197
31. El camino de la vulnerabilidad 203
32. El camino de creer 209

33. El camino de la autoexpresión 213
34. El camino de la generosidad 217
35. El camino del compromiso..221
36. El camino del confiar 225
37. El camino de la congruencia...235
38. El camino de la verdad 245
39. El camino de soltar y dejar ir 251
40. El camino de la entrega 257
41. Conclusión: la jornada continúa..265
42. DEDICATORIA 281
43. AGRADECIMIENTOS 283
44. SOBRE EL AUTOR 285
45. Notas Finales..287
Index 291

Ilustraciones

Oscar Paludi:

Mapa de la Jornada del Héroe Espiritual
Mapa del Imperio del Ego
Mapa de la Zona de Poder
El Balancín Eterno

Maicol Arango:

El ego
El ego sanado

PREFACIO

Querido lector:

Espero que disfrutes del Libro 1 de mi serie *El llamado a los héroes*.

Completar este libro ha sido una proceso de diez años, pero en realidad, toda una vida. Por supuesto, no estuve escribiendo o trabajando activamente en él durante todo ese tiempo, sino pensando, concibiendo las enseñanzas, dejándolas fermentar, poniéndolas a prueba en retiros, llevándolas a la práctica yo mismo.

Así que aquí estamos. Por fin. ¡Y en buena hora! ¡Qué mundo este en el que vivimos! Curiosamente, el mensaje del libro es más oportuno ahora que nunca. Llevo años diciendo «¡Todos a la obra!» y llamándonos a vivir heroicamente. ¿Adivinen qué? Ya estamos aquí. El momento que muchos de nosotros sospechábamos que llegaría. No hay más tiempo para prepararse o para obtener una certificación más antes de asumir nuestros roles como líderes, maestros y sanadores (como sea que lo expresemos). Es hora de elevarnos a nuestro más alto potencial. Hora para ir más allá de lo que creíamos posible. Incluso el permanecer centrados, tranquilos y positivos en medio de la locura de nuestras crisis colectivas es nada menos que heroico. Estas no son enseñanzas hipotéticas, teóricas o superficiales. Requerirán algún trabajo interno, pero las recompensas no tienen precio. La libertad. En última instancia, esa es la meta.

Las enseñanzas funcionan. Me ayudaron a transformarme de un individuo tímido e inhibido, sofocado por la duda, a una autoridad y experto impávido, inquebrantable y reconocido internacionalmente. Hoy en día, pase lo que pase, no importa cuales sean los detalles y circunstancias de mi vida, ya no cuestiono mi valor propio. Nunca.

Todavía tiendo a resistirme a escribir. Para mí, es un proceso largo y solitario y uno intenso porque estoy comprometido a practicar lo que predico, lo que significa que no sólo represento todo lo que escribo en estas páginas, sino que también implemento estas enseñanzas en mi vida. Diariamente.

Poder espiritual te ayudará a descubrir y desatar al héroe que llevas dentro. Y sí, hay uno. Lo prometo. Lo sé. Como acabo de mencionar, soy una persona poco probable para escribir sobre el heroísmo y el poder personal.

Este libro cambiará tu vida de manera profunda y positiva, especialmente si te tomas el tiempo de ir más despacio y te comprometes con las Prácticas de Poder—las tareas de héroe al final de cada capítulo y algunas secciones. Esto te ayudará a encarnar las enseñanzas y a integrarlas en tu vida. Para hacerlas reales y prácticas y transformar tu vida. Si anhelas libertad personal, relaciones que funcionen y una vida llena de significado y propósito, creo sinceramente que esta serie te ayudará a lograr esas cosas.

Un par de notas. Los nombres de los participantes de mis talleres y retiros han sido cambiados para proteger la privacidad de los individuos. Notarás que elegí usar la palabra *héroe* genéricamente para todos. *Heroína* suena a otra cosa. Perdóneme.

También te agradecería cuando termines el libro que te tomaras un par de minutos para dejar una reseña en Amazon y otras tiendas online. (Es fácil, incluso una o dos frases son suficientes.) En el mundo de la publicación en línea de hoy, las críticas de los lectores pueden marcar una verdadera diferencia y contribuir al éxito de un libro. Su publicación de una reseña puede significar una diferencia en la vida de alguien y será muy apreciada. Por supuesto, sea honesto. Está bien ofrecer una crítica constructiva. Prometo que leeré cada una de ellas.

¿Me ayudas a correr la voz y difundir el mensaje? Imagina el efecto en el mundo de 1.000.000 de Héroes Espirituales, todos practicando y viviendo estas enseñanzas, para el 2025 y 5.000.000 para el 2030. Me encanta conectar con los lectores. Pueden contactarme directamente a través de mi sitio web www.SoulfulPower.com. Si quieres apoyo en la jornada y un experiencia de comunidad con otros Héroes Espirituales, únete al grupo gratuito de Facebook: Libera Tu Héroe Interior (https://www.facebook.com/groups/unleashyourinnerhero).

Sé un héroe, tu propio tipo de héroe. ¿Cómo expresarás el heroísmo en tu propia vida?

¡Mucho amor e innumerables bendiciones en tu travesía!

Christian

Poder espiritual:

Cómo vivir heroicamente y liberarte

Sección 1:

Preparación para el viaje

Capítulo 1
¡Somos la ayuda!

Vivimos en tiempos difíciles. Las plagas estallan y se propagan por todo el mundo. Lluvias de fuego caen del cielo en forma de bombas, drones y misiles guiados. Los terroristas detonan sus cuerpos en lugares públicos, convierten aviones en misiles y se apiñan en cuevas ocultas planeando la desaparición de la civilización.

Podría decirse que la humanidad se encuentra en la coyuntura más crucial del proceso de evolución de nuestra especie. Este es un momento decisivo y fundamental. Nuestra economía global es ilusoria, mantenida unida por una cinta adhesiva; todo el sistema podría desmoronarse en cualquier momento. Apenas estamos empezando a sentir el efecto que nuestra adicción al petróleo y al carbono ha tenido en nuestro precioso ecosistema, ya que las sequías, las supertormentas, los terremotos cada vez más frecuentes y la elevación en el nivel de los mares precipitan una gran devastación en todo el planeta. El Gran Hermano lee nuestro correo electrónico, graba nuestras conversaciones telefónicas privadas y nos vigila desde las cámaras de seguridad. Todo esto amplifica la sensación de que estamos viviendo en tiempos apocalípticos.

¿Qué hacer? ¿En quien podemos confiar? ¿En nuestros líderes políticos? ¿En nuestro corruptible sistema corporativo y bancario? ¿En nuestras instituciones religiosas? Esos sistemas ya no son dignos de confianza. Están o bien paralizados en un impotente estancamiento o enfrentando la posibilidad de implosión y colapso.

Parafraseando a Einstein, un problema no puede ser resuelto desde el mismo nivel de conciencia en el que fue creado. Eso significa que tenemos que pensar en formas nuevas. Tal y como yo lo veo, la única forma que logramos salir del agujero colectivo en el que nos hemos metido es un salto evolutivo en la conciencia. Lo que hace falta es nada menos que una revolución espiritual.

¿Cuántas pandemias más, cuántos más actos de terrorismo, masacres genocidas, bombardeos y tiroteos en masa serán necesarios para que comencemos a vivir por los valores del amor, la generosidad y la cooperación en lugar del miedo, la avaricia y la competencia? ¿Cuántas más señales de alarma como Fukushima, Katrina y María necesitamos antes de recuperar un sentido de conexión con la naturaleza y con nuestro planeta?

Mi amiga Jan Phillips, autora de *The Art of Original Thinking*, cuenta una historia genial de una vez que su coche se paró en medio del Valle de la Muerte en California. Sola, en la oscuridad de la noche en una zona remota y desolada, decidió arrastrarse bajo el coche para ver lo que pasaba. Alrededor de una curva en la carretera vino otro auto, golpeando el suyo y atrapándola bajo el chasis. Apenas capaz de mover su cuerpo, giró la cabeza y pudo ver dos pares de zapatos atléticos. Exclamó una voz: "¡Tenemos que conseguir ayuda!"

Jan les respondió: "¡Ustedes son la ayuda!"

Nosotros somos la ayuda.

LA HORA DE LOS HÉROES

Estos tiempos difíciles requieren nada menos que heroísmo.

¿Qué significa ser un héroe en el siglo XXI, cuando no hay dragones o demonios que matar . . . excepto los que llevamos dentro? ¿Y qué pueden hacer los héroes de hoy en día para catalizar y apoyar la necesaria revolución espiritual?

Tendemos a asociar el heroísmo con aquellos que muestran un gran valor y logran hazañas extraordinarias, o se ponen desinteresadamente en riesgo personal por el bien de otro ser, una comunidad o una causa. La pandemia ha ampliado la forma en que vemos el heroísmo para incluir a médicos de primera línea, enfermeras, paramédicos y terapeutas respiratorios que constantemente ponen sus vidas en riesgo para ayudar a otros a curarse y sobrevivir. Los empleados de las tiendas de comestibles, los operadores de transporte público, los trabajadores agrícolas migrantes, los mensajeros y repartidores también se mostraron heroicos en muchos casos, teniendo que tomar turnos adicionales o hacer arreglos extra para el cuidado de los niños para poder servir al resto de nosotros, así asegurando de que nuestras necesidades esenciales fueran satisfechas. Y de cara al futuro, confío en que aprendamos a desarrollar un aprecio más profundo por el trabajo a menudo subestimado (medido por la forma en que lo compensamos) de nuestros maestros. A todos estos héroes, gracias por sus contribuciones a la sociedad.

¿Qué hay del resto de nosotros? En épocas de pandemia mundial o de desastres naturales, por ejemplo, podríamos argumentar que el simple hecho de levantarse por la mañana, hacer las camas y mantener una actitud positiva son actos heroicos. Sin embargo, siento que estamos llamados a más. Todos nosotros. Durante años he estado diciendo "¡Todos a cubierta!" Ya ha llegado el momento.

Presentado como una serie de tres libros, *El llamado a los héroes* expande la forma en que pensamos en el heroísmo para incluir los desafíos cotidianos que nos llevan a nuestra propia transformación personal y al despertar espiritual, en servicio de la evolución de la humanidad. Al hacerlo, quizás no arriesguemos nuestras vidas de la manera en que lo hace un héroe guerrero, un policía o un bombero, pero vivir de la manera que se presenta aquí no es menos heroico. Liberarnos de nuestro condicionamiento, sanar nuestras heridas emocionales y trascender nuestros traumas pasados son actos que requieren enorme valor. Exigen que dejemos de lado nuestras propias necesidades para un bien mayor.

Requieren que nos pongamos en algún nivel de riesgo emocional y psicológico. Y eso revela la esencia de los verdaderos héroes.

El llamado a los héroes es una invitación, una convocatoria, para liberar al valiente y poderoso héroe que reside dentro de cada uno de nosotros. La serie proporciona guías, recomendaciones y pasos de acción; una ruta sumamente viable para vivir heroicamente en nuestra vida cotidiana.

A continuación, algunas de las áreas que exploraremos, todas materia de héroes.

- Estar dispuesto a sumergirnos en lo profundo de nuestro interior y enfrentarnos a nuestros propios demonios internos, para efectuar el exigente trabajo de sanación propia con el fin de nuestra liberación individual y colectiva. Joseph Campbell y otros han descrito la Jornada del Héroe como una llamada a la aventura. ¿Qué aventura más grande hay que explorar el vasto y sin límites mundo interior? Eso es cosa de héroe.

- Superar el miedo por el bien del crecimiento personal y la evolución espiritual, para lograr un mundo mejor, eso es cosa de héroe.

- Luchar con nosotros mismos y no permitir que el ego nos mantenga jugando a ser pequeños, atrapados en prisiones de miedo y limitación hechas por nosotros mismos, eso es cosa de héroe.

- Ampliar nuestra autoconciencia para poder trascender las tendencias del ego a querer tener razón, su deseo de controlar a todos y a todo, su predisposición a tomar todo personalmente, eso es cosa de héroe.

- Superar la actitud defensiva del ego y descubrir el poder de la vulnerabilidad, eso es cosa de héroe.

- Aprender a domar el cruel, duro y despiadado juez interior que nos aterroriza a nosotros y a otros, creando drama en nuestras vidas y saboteando nuestros sueños y relaciones, eso es cosa de héroe.

- Tomarse el tiempo para entender nuestras zonas ciegas emocionales y nuestros puntos de activación en beneficio de una comunicación más efectiva y pacífica en las relaciones, eso es cosa de héroe.

- Trascender la reactividad para poder reintroducir la libertad de elección a nivel consciente, eso es cosa de héroe.

- Ser capaz de tomar el camino correcto en conflictos interpersonales por medio de prácticas conscientes de auto-observación, eso es cosa de héroe.

- Asumir la responsabilidad por todas nuestras acciones y de todas las situaciones en nuestras vidas, eso es cosa de héroe.

- Rechazar estar atrapado en la mentalidad de víctima, en una relación de adversario a otros y a la vida, eso es cosa de héroe.

- Domar nuestras fantasías y retirar nuestras proyecciones psicológicas, eso es cosa de héroe.

- Mantener nuestro corazón emocional abierto, sin importar lo que pase. "Ama a tu enemigo" sigue siendo un mensaje tan radical hoy como hace 2000 años. El corazón no se puede cerrar selectivamente; mantenerlo abierto es cosa de héroe.

- Negarse a quedar encarcelado en la prisión del pasado a través del perdón, incluso de lo que aparenta ser imperdonable. El perdón es un acto de liberación personal, y eso es cosa de héroe.

- Tener el valor de abandonar una relación o un trabajo cuando está claro que quedarse sería limitante o desempoderante, eso es cosa de héroe.

- Ser quienes somos dondequiera que estemos; tener el coraje de ser auténtica y congruentemente nosotros mismos al máximo en cada situación, sin importar lo que piensen los demás, esa es cosa de héroe.

- Superar la pereza, la aversión al riesgo y el deseo de comodidad y seguridad para entrar en el auténtico propósito de nuestra vida. El crecimiento no ocurre en la zona de confort. Eso es cosa de héroe.

- Entregarse a la vida a todo gas (y con compasión), sin importar las consecuencias. El mundo no necesita que nos contengamos y juguemos en pequeño. Eso es cosa de héroe.

- Estar dispuestos a sumergirnos en lo más profundo de nuestro mundo interior y enfrentarnos a nuestros propios demonios internos: el monstruo de la duda, el miedo incapacitante, la posibilidad de fracasar. Los héroes se enfrentan a obstáculos abrumadores, superan probabilidades aparentemente insuperables y derrotan enemigos imposibles. Eso es cosa de héroe.

- Practicar la humildad en un mundo de programas de telerrealidad, un ciclo de noticias de 24 horas y la adoración de celebridades, eso es cosa de héroe.

- Encontrar la fuerza para mantenerse firme y caminar por el camino solitario, el camino menos transitado; tomar decisiones difíciles por el bien de la libertad personal y la auténtica auto-expresión, eso es cosa de héroe.

- Resistir el miedo a los conflictos y la tentación de apaciguar o endulzar la verdad, el estar dispuestos a agitar las aguas cuando sea necesario, eso es cosa de héroe.

- Superar el miedo al rechazo y la necesidad de aceptación que resulta en la conformidad y la venta de nuestros verdaderos sentimientos y deseos, estableciéndonos en nuestro auténtico poder incluso a riesgo de rechazo, eso es cosa de héroe.

Poder espiritual, liderazgo inspirado

Es una lista formidable, pero podemos cumplirlas todas con apoyo y solidaridad. *El llamado a los héroes* examina estos aspectos críticos del ser humano y proporciona herramientas simples y accesibles para ayudar a entendernos a nosotros mismos—y las formas en que nos saboteamos a nosotros mismos, nuestras relaciones y nuestras vidas.

Este primer libro, *Poder espiritual*, inspira al lector a expresar el poder de nuevas formas que, en última instancia, generarán un nivel más profundo de realización personal, satisfacción y eficacia en el mundo, a la vez que apoyan el desarrollo de nuestra expresión única del poder, congruente con nuestra naturaleza y valores. La información impartida aquí transformará nuestra relación con el poder y nos guiará hacia la libertad personal.

Los otros dos libros se publicarán en los próximos dos años. Sus temas provisionales son:

Libro 2: *Amor consciente: transformando nuestra relación con las relaciones*
Libro 3: *Como realizar tu verdadero propósito y liderar con alma*

A veces, en mis retiros, casi puedo oír las preguntas tácitas bajo una palpable sensación de inquietud entre los participantes. Todos estos pasos para convertirse en un héroe pueden ser abrumadores, al principio. ¿Por qué deben dejar su zona de confort y dar el paso hacia el poder personal y el liderazgo? ¿Cómo pueden responder a la llamada de los héroes, como simples plomeros, amas de casa, médicos, jefes de oficina? A medida que hablamos, las preguntas se van aclarando. ¿Cómo se relaciona un héroe con el poder y el liderazgo? ¿Cómo navega un héroe en las aguas confusas o turbulentas de sus relaciones? ¿Cómo negocia un héroe la supervivencia y su propósito en la vida?

La respuesta es a la vez simple y compleja:

- Porque si no lo hacemos nos marchitaremos en una vida de potencial frustrado y mediocridad que devora almas.

- Porque si no lo hacemos, seremos presa de juegos de poder, como la manipulación y la agresión pasiva. Nos encontraremos atrapados en una prisión de mentalidad de víctima hecha por nosotros mismos.

- Porque la forma en que encarnamos, expresamos y nos relacionamos con el poder afecta todas las áreas de nuestras vidas: trabajo, política, religión, relaciones personales—el área en la que la mayoría de nosotros tiende a abandonar su poder interior.

Desde una perspectiva más amplia, debemos responder a esta llamada porque el mundo nos necesita como héroes y líderes con alma, plenamente en nuestro poder. Nos necesita a todos—todos los que tengamos la mínima sospecha de que tenemos algún tipo de trabajo que hacer para fomentar nuestra evolución colectiva en este planeta. Ya es la hora. ¡Somos la ayuda! Ha sonado el toque de clarín. El mundo nos necesita, como sanadores, maestros, activistas espirituales, catalizadores del cambio. Nunca ha habido un momento más crítico en la historia de la humanidad. Se podría decir que nuestra supervivencia como especie está en juego, y ciertamente, la calidad de vida en este planeta.

Ya no hay tiempo para esconderse o jugar a lo pequeño, para suprimir y esconder nuestra esencia, nuestras esperanzas, nuestros sueños en lo profundo de la cuestionable esperanza de evitar el conflicto o el rechazo. Es hora de dejar de huir, de adormecerse o de automedicarse a través de las drogas, el alcohol, la comida, el sexo, la televisión, las compras, los videojuegos o los medios sociales. Ya no podemos permitirnos el lujo de seguir esperando a la caballería o a la intervención de los extraterrestres.

Ahora es el momento. Llamando a todos los héroes...

Capítulo 2:
¿Y por qué yo?

Soy un candidato poco probable para escribir un libro sobre el poder, el heroísmo y el liderazgo. Soy predominantemente introvertido, y compartir mi historia aquí es un esfuerzo para mí. Pero sentí que era importante contarles más sobre mí y lo que he aprendido en mi propia jornada heroica.

Elegí varias historias personales con la intención de ilustrar que cambiar nuestra relación con el poder no sólo es factible, sino que es accesible para cualquiera que esté dispuesto a embarcarse en un viaje de autodescubrimiento, saneamiento personal y autoexpresión. Confío en que algún aspecto de mi experiencia, pensamientos o percepciones puedan inspirarte y apoyarte en tu propio proceso de transformación, liberación y empoderamiento. No hay nada más emocionante, honorable o heroico.

Nací en Cuba en 1959, el año de la revolución comunista, y viví allí durante 10 años hasta que mi familia llegó a los Estados Unidos a través de España.

Mis primeros años en Cuba comenzaron a colorear la forma en que me relacionaba con el poder y el liderazgo. Como en todos los regímenes totalitarios, el liderazgo era autoritario, de arriba hacia abajo. El poder se imponía por la fuerza y a través del miedo. La estructura de poder se cuestionada con gran riesgo.

En Cuba, tan pronto se solicitaba permiso para emigrar, uno era catalogado como un *gusano,* traidor a la revolución. En la escuela primaria, mi hermana mayor y yo, que habitualmente éramos los primeros de la clase, dejamos de recibir el premio "Vanguardia" una vez que se supo que nuestra familia había solicitado la visa de salida. En los descansos dejaron de darnos la merienda al igual que a los otros niños. Algunos profesores nos trataban de forma despectiva.

En las dictaduras y regímenes totalitarios el gobierno tiene ojos en todas partes; es necesario tener cuidado con lo que dice y a quién. En Cuba había un "Comité de Defensa" en cada cuadra: un miembro del Partido Comunista cuyo trabajo era vigilar las idas y venidas de todos en la cuadra. Como mis padres estaban involucrados en actividades contra-revolucionarias en ese momento, crecimos con el mensaje implícito de permanecer cerca, no ser vistos, y no destacarse mucho. El miedo reinaba. No se hablaba de ello, pero era palpable. Cuando éramos niños estábamos protegidos y resguardados de la mayor parte de ello, pero ¿cómo no iba a filtrarse cuando el círculo de amigos de mis padres seguía disminuyendo mientras algunos iban a prisión, otros, al paredón, y la mayoría, al exilio? ¿Qué se le dice a los niños cuando ven a su madre distraer y retrasar a un funcionario del gobierno de aspecto aterrador en la puerta de entrada mientras su padre arroja kilos y kilos de carne de res ilegal del mercado negro por encima de un muro al patio trasero del vecino?

Luego estaba la Iglesia. Aunque en la Cuba comunista la Iglesia fue marginada, oprimida e incluso perseguida a veces, en mi familia tenía un poder aún mayor que el del Estado—el tipo de poder que uno no cuestionaba: jerárquico, patriarcal y muy exteriorizado.

Por lo menos las mujeres poderosas no me eran ajenas. Mi hermana mayor era una líder por naturaleza, y las hermanas mayores de mi padre también fueron fuertes influencias en nuestro crecimiento. Mis maestros y directores eran casi todas mujeres. Crecí acostumbrado a las mujeres en roles poderosos. Aunque las estructuras de poder eclesiásticas y gubernamentales estaban dirigidas por los hombres y el machismo latino era implícito y frecuente en la cultura, en casa mi madre mandaba. Mi padre, un psiquiatra, nos apoyaba de muchas maneras: mantenía a su familia, ayudaba con las tareas y, a falta de buenos programas de televisión, siempre encontraba tiempo para inventar historias y crear juegos para nuestro entretenimiento y educación. Sólo en situaciones serias se involucraba en los asuntos disciplinarios. Mi madre, a pesar de ser una fuente constante de amor incondicional, era la disciplinaria y experta en "la mirada", lo que era suficiente para que nos asentáramos. En nuestra familia, el poder era dispensado por la Iglesia, nuestros padres y el partido comunista, en ese orden.

Siempre he sido "diferente," un forastero. En Cuba, además de gusano, a veces me llamaban "mariquita" otros chicos porque me sentía mas cómodo con mis amigas. Era un chico tranquilo, creativo y estudioso que no disfrutaba de las peleas y el juego brusco en los descansos, y que prefería un buen libro al béisbol (el pasatiempo nacional). Cuando llegamos a los Estados Unidos, nos establecimos los primeros años en Milledgeville, un pequeño pueblo en el centro de Georgia, donde me destacaba como un extranjero cuyos orígenes, idioma e intereses diferían de los de mis compañeros. En octavo grado me inscribieron en una academia militar privada, la cual detestaba. Fui testigo de crueles abusos de poder bajo el pretexto de enseñar disciplina y "endurecer" a los jóvenes cadetes.

Después de tres años de un duro exilio rural georgiano e iniciación a la vida en América, aprendí el idioma y finalmente empecé a encajar. Fue precisamente entonces cuando mi padre completó el entrenamiento requerido para psiquiatras inmigrantes y nuestra familia se mudó a Miami. En una pequeña escuela jesuita sólo para varones, cuyos estudiantes eran 99% cubano-americanos, resaltaba de nuevo, esta vez por mi acento sureño. Complicaba aún más mis sentimientos de alienación el hecho de que en mis primeros años de adolescencia ya albergaba un profundo y oscuro secreto: sabía que era gay.

Como resultado de ser siempre el marginado (el "otro") me volví experto en desviar la atención y retroceder hacia el fondo. Malinterpreté, temí y rechacé los roles de poder o liderazgo.

En casa, mi hermana mayor llevaba las riendas del poder entre los niños, dirigiendo con autoridad a la cría de nueve, muy unida y cercana en edad. Entre los niños del vecindario ella siempre fue la cabecilla, es decir, hasta que llegó la pubertad y asumió tristemente una fachada femenina más tradicional, negando su poder innato (al menos en la superficie). Arraigada en malentendidos sobre el poder y los roles de género, el que haya rechazado sus cualidades de liderazgo y poder auténtico es sin duda trágico. Sin embargo, lo que es aún más lamentable es que esta experiencia no es única de mi hermana, sino que sigue siendo demasiado común entre las mujeres.

Decir que fui dolorosamente tímido durante mi adolescencia ni siquiera empezaría a captar mi experiencia. En general, me desenvolvía de uno a uno, pero me cerraba en cuanto una tercera persona se introducía en la mezcla. Hasta el día de hoy me siento más tranquilo en la soledad, especialmente en la naturaleza; ahí es donde mejor rejuvenezco mis energías. Las interacciones grupales, particularmente aquellas en ambientes sociales superficiales, pueden ser energéticamente agotadoras.

Recibí buenas notas durante la escuela secundaria (todas «As» excepto una «B»). Desde un punto de vista actual, puedo ver que saboteé subconscientemente la posibilidad de ser el mejor de la clase porque me aterrorizaba hablar en público. De ninguna manera en ese momento de mi vida hubiese sido capaz de dar el discurso de despedida frente a cientos de personas. Paradójicamente, en mi familia el mensaje implícito de no resaltar demasiado coexistía con el impulso a la excelencia. Esta dinámica familiar creó en mi un interesante conflicto, por ser visto y no visto, por sobresalir y a la misma vez desaparecer en el fondo. Tal ambivalencia no contribuyó a formar en mi una relación saludable con el poder.

No hace falta decir que me sentí desempoderado al crecer. La lucha por reconciliar el catolicismo con mi sexualidad se convirtió en un conflicto existencial que me comía por dentro. Vivía en un estado constante de auto-rechazo. La mía era una doble vida un poco esquizoide: por un lado el estudiante estrella hijo del destacado psiquiatra, editor de periódico que tenía llave a la escuela, y el preferido de muchos de los profesores, mientras que por otro escondía un profundo y oscuro secreto. Intentaba ser algo que no era, para satisfacer las expectativas de la sociedad, la cultura y la religión, así como mi propia proyección interior de las expectativas de mis padres sobre mí: que fuera sacerdote o médico, que me casara y tuviese hijos, que sobresaliera, pero sin llamar demasiado la atención. En resumen, no sería exageración decir que en general, mi adolescencia fue una larga y prolongada depresión.

Mi primera experiencia de poder y liderazgo ocurrió cuando me nombraron director de *Vincam*, la revista de noticias de la escuela. Durante mi segundo año, la revista experimentó una lucha interna de poder y un eventual cisma entre dos grupos, lo que inesperadamente resultó en que surgiese como editor asistente en el tercer año. Aunque me aterrorizaba ocupar una posición que me obligara a dirigir las reuniones editoriales, mi período como jefe de edición durante mi último año resultó ser un éxito. Pude aportar unidad e inspirar acción, participación, colaboración y excelencia de los miembros de ambos grupos y de una amplia variedad de estudiantes, desde nerds intelectuales a artísticos excéntricos y deportistas populares. Ese año la revista fue la mejor que había sido, lo que atribuyo al haber podido unir a compañeros muy diferentes bajo un objetivo común y evocar lo mejor de cada uno de ellos.

Aunque esa realización no llegó hasta años después, mirando atrás, fue cuando exhibí por primera vez las cualidades de liderazgo. Sabía que había alcanzado algo que marcaba una diferencia. Había inspirado efectivamente la excelencia y la pasión de mis compañeros a pesar de mi timidez—mientras aún me las arreglaba para evitar el foco de atención lo mas posible. Estaba mucho más orgulloso de ese logro que de mis buenas calificaciones. El estudiar y sacar buenas notas me salía natural; esto fue un verdadero reto. Me costó mucho esfuerzo y tuve que trascender mis miedos . . . y valió la pena.

Años más tarde, mientras vivía en un ashram, o comunidad espiritual, ascendí rápidamente al liderazgo por la fuerza de mi convicción y sentido de la misión, lo mismo que me llevó a iniciar más tarde una organización sin fines de lucro, escribir un libro y convertirme en un activista espiritual.

Así que aquí estoy, escribiendo un libro sobre el poder, el heroísmo y el liderazgo. ¿Cómo me califica esta experiencia de vida para escribir sobre tales cosas?

En cada crisis o situación dolorosa siempre hay un rayo de luz, si sólo permitimos que se revele y evitamos caer en sentimientos de victimización: Si no fuera por eso o aquello, entonces sería feliz o exitoso o _____ (rellene el espacio en blanco). Gracias a que tuve que luchar con cuestiones existenciales a una edad temprana, me volví autorreflexivo y consciente de mí mismo. Desarrollé un sentido profundo de mí mismo antes que mis contemporáneos. Tuve que hacerlo. Para mí, era cuestión de supervivencia. Como resultado, a menudo jugaba el papel de consejero de confianza, mediador, pacificador. Mi propio dolor y aislamiento profundizaron mi comprensión de la condición humana, permitiéndome sentir empatía y compasión por los demás.

He recorrido un largo camino desde el rechazo interior hasta el amor propio, del auto-odio a la auto-aceptación. Ahora sé quién soy, y eso es poderoso. Me siento cómodo en mi cuerpo, en mi piel, a gusto con mi sensualidad, sexualidad y espiritualidad. Eso también es poderoso.

Vivo en un estado de gratitud bastante constante. Me guía un profundo sentido de propósito, de misión, una vida con significado. Mi vida está completamente entregada al servicio, y he encontrado una manera de vivir en la presencia de lo sagrado. Vivo una vida mágica y milagrosa en la que constantemente me llueven innumerables bendiciones. Estoy rodeado por una familia amorosa y ferozmente leal, de hecho, dos familias, contando la familia de mi ex pareja en California. Añade a eso una extensa familia espiritual, todos comprometidos a su propio proceso de transformación y con hacer una diferencia en este mundo. Me siento completamente libre, sin necesidad de la aceptación o validación de nadie. He alcanzado un nivel de libertad, elección y desapego sobre las relaciones y la sexualidad. Soy afortunado de recibir frecuentemente comentarios y reconocimientos de personas en cuyas vidas mi trabajo y presencia han hecho una diferencia. No siento miedo, lo que significa que ya no permito que el miedo me detenga. Tengo paz mental. Vivo en un estado de confianza y en una relación simbiótica, conectada e integrada con el Universo, una de la que ambos nos beneficiamos y en la cual nos deleitamos.

Todo eso es tan poderoso, que no puedo evitar maravillarme de que esta sea mi vida.

¿Ya llegué a la meta? ¡Claro que no! En cierto modo, sólo he empezado. Pero resulta que sí tengo algo que decir sobre el poder, el liderazgo y el heroísmo. Espero y deseo que mis experiencias y perspectivas les traigan los mismos dones que he descubierto en esta jornada.

Capítulo 3:
En búsqueda del equilibrio

Aunque este libro es claramente para cualquiera que desee entrar de lleno en una auténtica expresión de su poder espiritual, tiene un mensaje especialmente para las mujeres. No me cabe duda que lo más importante que debe ocurrir en nuestro mundo es el empoderamiento de la mujer. El mundo está desequilibrado en lo que respecta al poder entre los géneros, y ese desequilibrio de poder es la raíz de la mayoría, sino de todos los problemas a los que nos enfrentamos colectivamente.

La sobrepoblación. El hambre. La pobreza. Existen investigaciones que indican que si queremos cambiar esas condiciones, debemos empezar por educar a las mujeres. ¿La guerra? Debido a su conexión biológicamente más profunda con la vida, las mujeres suelen ser mucho menos inclinadas a destruirla.

¿El medio ambiente? La forma en que tratamos a nuestro planeta proviene de una mentalidad patriarcal de follar o matar, violar y saquear, extraer y explotar. Con un sentido y presunción de derecho y poca consideración por la sostenibilidad o incluso, la supervivencia, tomamos lo que queremos de la naturaleza, sin considerar las consecuencias. Al ver cada día más los síntomas de esa arrogancia a través del mundo, nos estamos dando cuenta de que hemos llegado a un momento en que ya no podemos permitirnos una relación abusiva con la Tierra.

Estoy convencido que cuando las mujeres ocupen el 50 por ciento del liderazgo mundial, todas estas cuestiones se abordarán de manera diferente. No hace falta decir que no todas las mujeres encarnan el poder espiritual simplemente por el hecho de sus genitales o cromosoma X. Como ejemplo, Margaret Thatcher o Indira Gandhi. En nuestro mundo de hoy, una mujer debe sentir que tiene que ser extra fuerte para ser vista y aceptada como una líder creíble. No necesitamos más del pseudo-poder arrogante alimentado por la testosterona que conduce a decisiones unilaterales, guerras preventivas, ojo por ojo, estás con nosotros o contra nosotros, pensamiento en blanco y negro y políticas punitivas.

Si bien es innegable que las mujeres han pagado un precio muy alto en términos de reglas opresivas, trato abusivo y falta de oportunidades, el sistema patriarcal también ha impactado negativamente a los hombres, restringiendo su auténtico poder y suprimiendo su potencial humano. Exploraremos más adelante formas de reimaginar la masculinidad para los héroes del siglo XXI.

En cierto sentido, este libro busca apoyar la activación de la energía sagrada femenina dentro de cada uno de nosotros, independientemente de nuestro género. La meta no es un regreso al matriarcado, sino un equilibrio de poder. Y si esperamos encontrar ese equilibrio en el mundo, debe comenzar dentro de cada uno de nosotros.

¡ELLA HA VUELTO!

Mientras veía la película *Avatar* por tercera vez en IMAX 3D hace ya años, me encontré pensando en lo interesante que era encontrar al público apoyando a los extraterrestres aun cuando la opción era entre la vida y la muerte, entre nosotros y ellos. En otras películas como *ET* y *Close Encounters* en las que los ETs también eran los buenos, tal elección existencial no estaba presente. Pero en *Avatar*, resulta que el enemigo somos *nosotros*.

El teólogo del siglo XVII François Fénelon dijo que toda guerra es guerra civil. Eso fue mucho antes de que *Avatar* representara de forma efectiva la Teoría de Gaia, la de la Tierra como un organismo consciente e interconectado. Y mucho antes de que los científicos probaran que todos los humanos comparten el 99,9 por ciento de nuestro ADN. Ese descubrimiento significa que sus palabras de hace siglos ahora pueden ser tomadas de forma literal. A pesar de diferencias tan superficiales como la pigmentación de la piel, por no mencionar nuestras creencias, somos UNA raza. Notablemente, también compartimos el 98,4% de nuestro ADN con los chimpancés, y el 50% con los plátanos.

En *Avatar* se enfrentan fuerzas arquetípicas atrapadas en un conflicto mortal: La naturaleza/la diosa (Eywa/Gaia) contra la culminación del patriarcado (el complejo militar/industrial) personificado por el coronel y el tipo de empresa. Vemos con consternación impotente como el coronel disfruta la destrucción que ha ordenado prematuramente a un costo terrible para los indígenas Na'vi, para poder regresar a la base a tiempo para la cena.

Una amiga de la universidad, Michelle, tenía una teoría sobre la arquitectura de Nueva York basada en el género: ¿El Empire State? Femenino, con sus líneas esbeltas y elegantes. ¿El World Trade Center? Masculino, con sus líneas cuadradas y angulares. ¿El Chrysler? Una drag queen exagerada y extravagante. ¿No es fascinante que fuera el bastión de la masculinidad, el centro de comercio, el que fuera atacado (junto con el Pentágono, que alberga al ejército más poderoso de la historia) por Al Qaeda, una de las organizaciones que más han oprimido a la mujer en el mundo? En cierto modo, el simbolismo del 11-S fue el patriarcado implosionando, eliminándose a sí mismo. La Diosa está de vuelta.

En *Avatar*, la verdadera fuente de poder resulta ser la Diosa, la Gran Madre. Los Na'vi no tienen armas elegantes, pero su conexión con la naturaleza da rienda suelta a su poder. La Energía Sagrada Femenina emerge victoriosa: La intuición. El vivir en equilibrio. La interconexión de toda la vida. La sabiduría ancestral. La inmensa potencia del corazón.

Entre los Na'vi, el liderazgo es compartido por líderes iguales, emparejados de por vida. La hembra interpreta los mensajes de Eywa y proporciona la importantísima guía espiritual. Las energías sagradas masculinas y femeninas han logrado un equilibrio.

En su fascinante análisis histórico *The Alphabet Versus the Goddess*, el inventor y cirujano Leonard Shlain plantea la teoría de que el patriarcado surgió con el nacimiento del alfabeto, en el mismo punto en que aparece por primera vez el dios monoteísta. La lectura y la escritura desencadenan el pensamiento lineal y abstracto y activan el cerebro izquierdo. La imagen, el pensamiento holístico, la diosa y los valores femeninos son oprimidos cada vez que las culturas alcanzan la alfabetización.

Shlain conecta el nacimiento del movimiento sufragista y por los derechos de la mujer con el descubrimiento de la fotografía y la máquina de escribir—que involucra a ambos lados del cerebro en el proceso de escritura—a mediados del siglo XIX. De manera interesante, *Avatar* también activa tanto el cerebro izquierdo como el derecho: Además de las imágenes maravillosas e impresionantes, debemos leer los subtítulos para entender lo que dicen los Na'vi. Imagen y palabras. Equilibrio. La película es una llamada de atención para que cada uno de nosotros nos levantemos y ayudemos a restaurar nuestro planeta antes de que sea demasiado tarde. Nada es insuperable cuando nos unimos como Uno.

Sí, somos el Enemigo. También somos los Avatares.

¿QUÉ TIENE QUE DECIR UN HOMBRE GAY A LAS MUJERES SOBRE EL PODER?

La autora Judy Grahn teoriza que la forma en que el poder pasó del matriarcado al patriarcado fue a través de hombres que cruzaban las fronteras de la sexualidad y de género, aquellos a los que hoy nos referimos como gays, bisexuales, o transgéneros. Estos hombres eran los únicos que tenían acceso a los templos sagrados que estaban poblados y dirigidos por mujeres, y que contenían los secretos de la sabiduría.

Si es así, como hombre gay de hoy siento la responsabilidad personal de ayudar a cambiar el equilibrio de poder, esta vez a un lugar de igualdad y equilibrio.

Además, como formulé en mi primer libro, *Coming Out Spiritually*, en muchos casos a lo largo de la historia, las personas a las que hoy nos referimos como lesbianas, gays, bisexuales o transexuales, no sólo tenían inclinaciones espirituales sino que eran honradas por los roles de servicio y liderazgo espiritual que proporcionaban. Debido a que en muchas culturas indígenas se pensaba que conteníamos la esencia tanto de lo masculino como de lo femenino, uno de los papeles que desempeñábamos era el de mediadores entre los géneros. Es con un profundo sentido de humildad que asumo ese mismo papel ahora en esta exploración sobre el poder, así como el de activista espiritual, otra función que las personas LGBT han desempañado con frecuencia.

¿PODEMOS CONTAR CONTIGO?

¿Es tu respuesta a la llamada a los héroes un SÍ?

¡Excelente! ¡Gracias! Tu participación nos será muy útil y beneficiosa.

Ahora que has aceptado la llamada, quiero compartir un par de detalles en preparación para la jornada. Habrá desafíos y tareas, algunas asignadas a lo largo del libro como parte de nuestra misión heroica, y otras que la vida presentará. Cuando declaramos una poderosa intención en frente a la vida, ella tiene una forma de poner a prueba nuestro temple y resolución. No te dejes agobiar. Mantente en el camino. ¡Serás apoyado en el viaje de maneras mágicas e inesperadas y las recompensas valen la pena infinitamente!

Una cosa que he aprendido al facilitar innumerables retiros en las últimas tres décadas es que aplicarlas a nuestras vidas es lo que hace que estas enseñanzas se peguen. Para apoyar ese proceso a medida que nos lanzamos a nuestro viaje heroico, cada sección tendrá **Prácticas de Poder**, las tareas o misiones heroicas que se deben completar (si eliges aceptarlas). Están diseñadas para que la experiencia sea proactiva y participativa. Te ayudarán a encarnar estos conceptos y a integrarlos en tu vida diaria.

Te recomiendo que crees un diario sólo para este trabajo. Lea las preguntas y relájese; tómese el tiempo necesario y guarde silencio para poder escuchar sus verdaderas respuestas. Escríbelas y pasa a la siguiente sección. Cuando trabajes con las sugerencias y preguntas de estos libros, las recompensas se multiplicarán y comenzarás a sentirte más claro y con más poder. Muy pronto comenzarás a verte a ti mismo desde una perspectiva más amplia.

Al final de todos mis retiros también hablamos de la reentrada, anticipando los efectos que el regreso a nuestra vida cotidiana tendrá en nuestra conciencia expandida. La vida tiene una forma de interponerse en el camino de nuestras nuevas perspectivas y decisiones, como si estuviese poniendo a prueba nuestro compromiso. El siguiente capítulo presenta una forma de entender cómo funciona la mente, también un aspecto crítico de mis retiros. Esta comprensión te ayudará a no dejarte engañar por sus creencias limitantes y sus aburridos patrones de comportamiento. Una cosa que siempre surge durante la discusión del retorno a nuestras vidas es el poder de la comunidad para apoyarnos a nosotros mismos y a nuestras nuevas elecciones. Animamos a los participantes a permanecer conectados y a buscar apoyo cuando empiecen a caer en viejos patrones de auto-duda o de comportamiento no saludable.

Para ello, por favor, inclúyase en nuestro grupo de Facebook **Libera Tu Héroe Interior** siguiendo este enlace: https://www.facebook.com/groups/unleashyourinnerhero. ¡Mantengámonos conectados y apoyémonos mutuamente en nuestra jornada de héroes!

PRÁCTICAS DE PODER

- ¿Qué significa el heroísmo para ti? En tu diario, captura algunos de tus pensamientos sobre lo que significa ser un héroe. ¿Alguna vez has pensado en secreto que eres un héroe? Mirando tu vida a través del prisma de los héroes cotidianos que estamos explorando aquí, crea una lista de ejemplos de situaciones o experiencias en las que ahora eres capaz de ver el heroísmo de tus acciones.

- En una "escala de heroísmo" del 1 al 10, ¿dónde te ubicarías hoy? Sólo un sentimiento general sobre dónde estás ahora es suficiente. Al final del libro volveré a hacer esta pregunta.

- ¿Quiénes son tus héroes? Comienza a crear una lista de héroes. ¿Quién te ha inspirado con la naturaleza heroica evidente en sus vidas? Puedes incluir a gente famosa o a aquellos de tu vida personal. ¿La Madre Teresa? ¿Simon Bolivar? ¿El Cid? ¿La Princesa Diana? ¿Greta Thunberg? ¿Su padre o su madre, tal vez? ¿Un maestro?

- Para marcar el comienzo de este viaje, crea tu Altar del Héroe. Primero encuentra una pequeña mesa, la repisa de la chimenea, o incluso un rincón en tu escritorio o cómoda que designarás como tu altar. En él puedes incluir fotografías de tus héroes identificados arriba, ilustraciones, amuletos, piedras de poder o cristales curativos, para inspirarte en el viaje y servir como recordatorio de tu compromiso. El altar funciona como un recordatorio, para alterar la percepción más allá de lo ordinario y común. Estás vistiéndote o de camino a la cocina para hacer café y el altar provoca un "Oh, es cierto. ¡Soy un puto héroe en plena jornada de héroe!" Por favor, comparte una foto de tu altar en el grupo de Facebook.

Sección II:

El Imperio del Ego

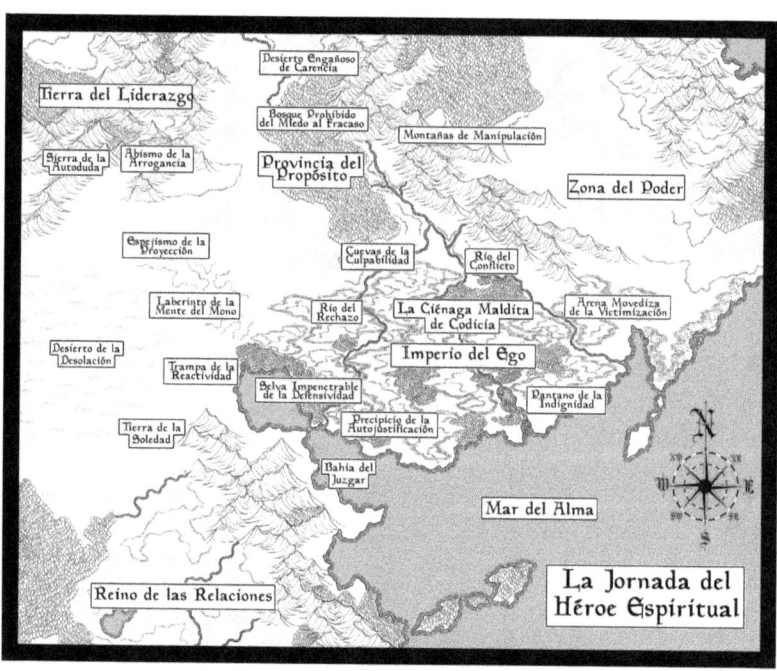

El Mapa de la Jornada del Héroe Espiritual

Capítulo 4:
Comienza el viaje del héroe

Se levanta el velo.

Vivimos en tiempos apocalípticos. ¿Qué más pruebas necesitamos que el fuego que cae del cielo, lloviendo destrucción sobre Irak, Afganistán, Siria o Yemen? Pestilencia, plagas mundiales, océanos sangrantes, aguas ennegrecidas, desastres naturales y cambios en la tierra, guerras y conflictos y hambrunas... estamos siendo testigos de todo ello.

Sin embargo, en el griego antiguo, la palabra *apocalipsis* no se refería al fin del mundo; significaba "levantar el velo". En nuestros tiempos, los velos de la ilusión se están levantando y los magos todopoderosos se revelan como hombres simples y cobardes que se esconden detrás de una cortina. Ejemplos actuales de "levantar el velo" incluyen los escándalos corporativos, los escándalos de la iglesia, la crisis económica impulsada por el sistema bancario, y el aumento de los movimientos populistas, en ambos extremos del espectro político, que desafían las estructuras de poder existentes.

> EN EL GRIEGO ANTIGUO, EL VERDADERO SIGNIFICADO DE *APOCALIPSIS* ERA "LEVANTAR EL VELO."

De hecho, se están levantando velos sobre la naturaleza del poder en sí. En un momento en que las viejas formas patriarcales, basadas en el miedo, el mando y el control, se revelan como íconos insostenibles, muchos nos encontramos evaluando el impacto del poder en cada área de nuestras vidas: dentro de las relaciones interpersonales, el sexo, el trabajo, la política, la religión, etc. A medida que las nuevas energías para que se efectúe el cambio se hacen cada vez más evidentes, lo que se necesita son nuevos modelos que incorporen expresiones de poder más integradas.

¿Cómo pueden los héroes relacionarse con el poder de una forma diferente que no sea la jerarquía, el miedo, la fuerza o el abuso? ¿Cómo podemos encontrar una manera de expresar el poder que no requiera pisar a nadie, aplastarlo, empujándolos al suelo para sentirnos poderosos?

En este primer libro de la serie *El llamado a los héroes* exploramos la diferencia entre el poder mundano, o el poder devenido del ego, y el poder del alma o el poder espiritual.

¿Qué quiero expresar con poder "espiritual" o "del alma"? Primero, hay que diferenciar la palabra *espiritual* de la palabra *religiosa*. La palabra *religión* viene de la palabra latina *religare*, que significa *"reatar"*. Está cargada de innumerables abusos de poder y dogmas conflictivos a lo largo de la historia y por lo tanto, se siente restrictiva, desde mi punto de vista.

No estoy diciendo que las religiones no sirvan a un propósito o no hayan contribuido a la evolución humana de manera positiva; por supuesto que lo han hecho. Pero a la medida en que se han instalado como intermediarios necesarios de lo sagrado y han exteriorizado lo divino, y a la medida en que alimentan el odio, la exclusividad y la conciencia tribal, también han generado mucho daño.

Por el contrario, la palabra *espiritual* se origina en el latín *spirare*, que significa tanto "aliento" como "espíritu" y es la raíz de las palabras *respiración, inspiración y expiración*. Para mí, esa fuerza inefable e indefinible que nos anima se aproxima a lo que significa ser "espiritual". De manera similar, la palabra *alma* se refiere a nuestra esencia, nuestra propia conexión individual y muy personal con la fuente de vida que anima el Universo, de la cual es una expresión única.

Rin… Rin… ¡Es para ti!

En el libro seminal, *The Hero with a Thousand Faces*, Joseph Campbell describe tres fases básicas del viaje del héroe mitológico representado en mitos antiguos, literatura y cinematografía. Con ello, la jornada consiste en las siguientes etapas:

Fase 1: **El llamado a la aventura**. Aquí el héroe abandona la seguridad y la comodidad de su mundo para embarcarse en una aventura hacia lo desconocido. El mundo perfecto de la Mujer Maravilla en la isla amazónica de Themyscira es destrozado por la intrusión del piloto Steve Trevor y los nazis que intentan capturarlo; este hecho la enfrenta a un cambio desconocido que la obliga a arriesgarse en una peligrosa aventura en un mundo destructivo. De similar modo, en *El Señor de los Anillos*, Frodo deja su cómoda, pero monótona y aburrida vida en la Comarca para seguir a Gandalf en una aventura llena de peligro hacia lo desconocido, y Neo elige la píldora roja y deja la ilusoria perfección de la Matriz en busca de la verdad y la libertad, por muy dura y arriesgada que sea.

Fase 2: **La iniciación**. Durante esta etapa, el héroe se enfrenta a los villanos y supera pruebas y tribulaciones. En nuestro propio viaje heroico nos enfrentamos a nosotros mismos, a nuestros miedos, a nuestros demonios internos, a nuestra sombra—los aspectos inconscientes de la personalidad. Estamos dispuestos a cuestionar lo que nos hace funcionar y explorar las preguntas difíciles: ¿A qué precio y en que situaciones vendemos nuestro poder? ¿Qué efecto han tenido los traumas pasados, sin sanar aún, en nuestro comportamiento actual? ¿Qué patrones vemos en nuestras relaciones? ¿Qué tipo de situaciones nos afectan, provocando conflictos interpersonales? En esta etapa descubrimos aliados y adversarios, nos enfrentamos al villano en nosotros.

Fase 3: **El regreso**. El héroe sobrevive al viaje, habiendo superado todo tipo de adversidades y aprendido de sus fracasos. Dorothy, ya transformada, regresa a casa llena de experiencias y sabiduría que compartirá con la comunidad, se despide de sus amigos de Oz y con un clic de sus talones se transporta a casa con un sentido expandido de sí misma y de sus capacidades, con apreciación renovada por la familia y el entendimiento del verdadero significado del hogar. En El Rey León, Simba se enfrenta a sí mismo, aprende responsabilidad, descubre el amor y vuelve a la manada para limpiar el nombre de su padre y reclamar su trono.

Entonces, en nuestro propio viaje heroico, el primer paso es atender la llamada. escuchar la invocación; dejar la seguridad de nuestra zona de confort y embarcar en un viaje interior, una gran aventura a un mundo que, para la mayoría ha sido territorio inexplorado hasta ahora.

El hecho de que hayas elegido este libro, de que te hayas sentido atraído por una serie de libros titulada, *Invocación a todos los héroes*, tal vez significa que estás recibiendo una llamada a la aventura. !Has sido convocado¡ Tal vez, hay algo que no ha estado funcionando o quizás la vida funciona lo suficientemente bien para ti pero en el fondo sientes que tiene que haber más. La mediocridad y la complacencia te están comiendo por dentro; sabes que tienes más que ofrecer, algo dentro de ti anhela expresarse. Quizás la llamada se dio por una crisis de vida: una relación se vino abajo a lo grande o te despidieron de un trabajo. O posiblemente acabas de regresar a casa de una aventura heroica y estás listo para un entendimiento más profundo e integración del proceso que acabas de experimentar. Cual fuera el caso, has dicho SÍ a la llamada de los héroes. Gracias. Te felicito.

El Mapa de la Jornada del Héroe Espiritual ofrece una visión general del recorrido que emprenderemos, detallando los diversos territorios que exploraremos a lo largo del camino.

En el camino hacia la libertad y el empoderamiento personal, el primer destino es el Imperio del Ego.

Al iniciar este viaje de transformación, es importante aclarar que el ego que discutimos aquí no es el de los modelos psicológicos de la personalidad como de Freud, el id, el ego y el superego. Tampoco estamos hablando del simple concepto de tener un «gran ego», que significa arrogancia o un sentido inflado de sí mismo. Es eso, sin duda, pero es mucho más que eso. El concepto psicoespiritual del ego que se presenta aquí se deriva de las enseñanzas espirituales del Oriente.

Empezaremos profundizando en cómo el ego—el villano guarda del imperio—nos impide vivir en nuestro poder, y cómo podemos escapar de su control sobre nuestras vidas. Cuando lo hagamos, nos liberaremos de su prisión de miedo, dudas y limitaciones. Empezaremos a disfrutar de una vida de libertad y un sentido ampliado de quiénes somos.

Si deseas ser libre, conoce a tu villano interior.

Entre los diferentes tipos de retiros que ofrezco, algunos tienen que ver con las relaciones, otros con el empoderamiento personal, el empoderamiento de las mujeres, el propósito de la vida o el liderazgo consciente. Cualquiera que sea el tema, siempre hay dos constantes; una es el trabajo de respiración consciente, porque en mas de 30 años de estar involucrado en círculos espirituales y de transformación por todo el mundo, todavía no he encontrado nada que sane tan profunda y rápidamente como lo hace esta práctica extraordinaria. La otra es la enseñanza sobre el ego.

No importa qué obstáculos hayamos permitido que nos frenen—ya sea manteniéndonos "jugando en pequeño", impidiéndonos dar un paso completo hacia nuestro poder o nuestro propósito de vida, o previniendo el tener relaciones que nos cuadren y que realmente funcionen—todo se reduce al ego. Este aspecto de nuestras mentes es la fuente de todos nuestros conflictos y discordias en las relaciones. Es la razón del divorcio y de la guerra, el impedimento para nuestra felicidad y realización. Es la causa del sufrimiento. Y es lo que nos impide ser nuestros seres heroicos y vivir como héroes.

El ego es el villano, nuestro némesis en el viaje heroico. Los héroes son altruistas y en ocasiones sacrifican su vida por el bien de los demás o por una causa; en contraste, el ego pone sus necesidades por delante de todo lo demás; es la encarnación del egoísmo. Mientras que los héroes tienden a ser humildes, el ego es arrogante, ensimismado y egocéntrico. Los héroes actúan a pesar de sus dudas, a veces contra probabilidades imposibles, arriesgándose a fracasar, en el proceso trascendiendo a sí mismos (sus egos) y cualquier limitación percibida. El ego es complaciente, perezoso, cree merecerlo todo y busca la solución más fácil. Evita la responsabilidad y a menudo se siente incapacitado por el miedo al fracaso; por otra parte, también puede revelarse como obsesivamente impulsado al perfeccionismo, tratando implacablemente de demostrar su valor y de compensar sus insuficiencias percibidas manteniéndose a sí mismo y a los demás con estándares imposibles.

El ego es esa parte de nosotros siempre regido por la competencia, las comparaciones, juzgándose a sí mismo con dureza, y a los demás. Atrapado en sentimientos de ira, culpa y resentimiento, se ve dominado por el miedo, la vergüenza y la culpa. Es posesivo, calculador y avaricioso. Irónicamente, por muy superior que se sienta en la superficie, se alimenta de la aprobación de los demás y depende de la validación externa. Mientras que un héroe es responsable y asume la responsabilidad final de todas sus acciones, el ego está atrapado en la mentalidad de víctima, culpando a otros y a las circunstancias por su estado de ser.

SERÁS QUIEN CREES SER.

Los expertos teorizan sobre una época en la que los humanos no tenían ego—un sentido de identidad individual—cuando vivíamos en un estado de unidad con la naturaleza y el universo en un verdadero Jardín del Edén. Ken Wilber propone que el nacimiento del ego fue en realidad la primera fractura en nuestra conciencia, la "caída de la gracia" que fue entonces mitificada en varias culturas como la "expulsión del jardín". [1]

Lo que fue evolutivo y revolucionario sobre el desarrollo del ego es que nos dio un sentido separado de nosotros mismos: *Ego*, en latín, significa "yo"; si lo ponemos en perspectiva, sería algo así: "Soy Christian, diferente a Tomas, Tina o Teresa. Es quien soy aquí, distinto a los demás". El ego fue un gran salto en la evolución humana y ha sido la causa de muchos de nuestros éxitos y también de muchos, por no decir la mayoría, de nuestros fracasos.

El ego sirve como un principio unificador, un eje de nuestra conciencia que da sentido a la información sensorial, a la experiencia del pasado, incluso proyectándose en las posibilidades futuras y tejiendo todo eso en un sentido coherente de sí mismo. Nuestra clasificación de *homo sapiens sapiens* puede ser interpretada como "humanos que sabemos que sabemos". Tenemos la capacidad de reflexionar sobre nosotros mismos.

> EGO, EN LATÍN, SIGNIFICA "YO".

Tener un sentido de sí mismo hace posible la autorreflexión, y esa es parte de la razón por la que hemos tenido tanto éxito como especie.

Como gran salto evolutivo que fue el desarrollo del ego, necesitamos ser conscientes de que también es la razón de nuestros problemas actuales: El precio que pagamos por tener un sentido del yo individual es que perdimos la conciencia de nuestra conexión con el Universo. Debido a eso, nos tratamos a nosotros mismos, a los demás y al planeta sin respeto o incluso sin tener en cuenta nuestra propia supervivencia. Sin duda, tener conciencia del tiempo y ser capaz de proyectarse en el futuro es una gran habilidad, pero que también viene con su propio conjunto de inconvenientes, incluyendo sentimientos de aislamiento o de abandono y un sentido de nuestra propia mortalidad.

Un ego fuerte también significa que las amenazas a nuestro frágil, artificial y falso sentido del yo desencadenan la misma respuesta en el cuerpo como si nuestra supervivencia física estuviese en juego. En otras palabras, la bioquímica de nuestro cerebro responde a las amenazas psicológicas percibidas de la misma manera que si estuviéramos a punto de ser perseguidos por un tigre de dientes de sable. En esta última situación, es beneficioso que nuestros músculos se tensen, que nuestro ritmo cardíaco aumente y que la presión sanguínea se eleve mientras nuestros cuerpos se preparan para entrar en acción. Es una cuestión de supervivencia. Pero vivir en "The Defense Readiness Condition," por sus siglas en inglés, DEFCON—en modo de defensa de máxima preparación contra ataques anticipados—se vuelve contraproducente e incluso dañino, especialmente en situaciones en las que sólo nuestro yo psicológico y emocional (nuestro ego) está en riesgo. Esa es una de las razones por las que vivimos con niveles tan altos y constantes de preocupación y estrés. El cuerpo no puede soportar mucho de eso antes de que los efectos comiencen a afectar nuestra salud, física y emocionalmente. ¿El resultado? Cáncer, ataques cardíacos, úlceras, depresión, ansiedad.

Como escribe Peter Russell, "El miedo también lleva a la preocupación. Nos preocupamos por lo que los demás puedan estar pensando de nosotros. Nos preocupamos por lo que hemos hecho o dejado de hacer, y por lo que podría o no pasarnos.

Cuando nos preocupamos de esta manera, nuestra atención está atrapada en el pasado o en el futuro. No experimentamos el momento presente. Quizás la ironía más triste de todas es que esta preocupación nos impide encontrar lo que realmente buscamos. El objetivo de cada persona es, en el análisis final, un estado mental confortable. Naturalmente, queremos evitar el dolor y el sufrimiento, y sentirnos más en paz. Pero una mente en estado de preocupación continuo no puede ser una mente que esté en paz. Otros animales no experimentan . . . todas estas preocupaciones que vienen de tener un sentido vulnerable de sí mismo. Los seres humanos pueden haber dado un gran salto en la conciencia, pero en nuestra actual etapa de desarrollo no somos más felices por ello, sino todo lo contrario".[2]

Capítulo 5:
Y tú, ¿quién eres?
El perfil del ego

Veamos entonces cómo funciona esto del ego.

El modelo del ego presentado aquí evolucionó a partir de uno creado por mi antigua maestra, IsanaMada, más tarde conocida como Maia Dhyan. Desafortunadamente, su libro, *A Call to Greatness*, está agotado. Mi representación del modelo reflejará en algunos aspectos clave su fuente, ya que me fue transmitida en la tradición oral, habiendo sido testigo de su enseñanza en numerosas ocasiones y habiendo sido entrenado por ella para presentarla en talleres y retiros, lo cual he estado haciendo ya más de 30 años. También la ayudé a escribir ese libro.

El presente modelo incluye mis propias adiciones y adaptaciones desarrolladas a lo largo de muchos años de autoobservación radical y de trabajo con personas en privado y en grupos.

A veces se caracteriza el ego como el "yo disminuido", lo que significa que es una pequeña parte de lo que somos. Podemos usar la imagen de un estadio para ilustrar esto: si colocamos una pelota de fútbol en el centro del campo, eso sería el ego. Lo que somos en realidad es el estadio.

Los problemas surgen porque esa pequeña parte de nosotros se ha confundido y cree que es todo lo que somos. Básicamente, ha secuestrado nuestras vidas; hemos permitido que dirija el espectáculo durante demasiado tiempo. Trágicamente, nos subestimamos, nos vendemos baratos, jugamos en pequeño y tomamos decisiones críticas sobre nuestras vidas desde la perspectiva extremadamente limitada, y siempre basada en el miedo, de nuestros egos.

Según se explica en el libro *Un Curso de Milagros*,

> "Este fragmento de tu mente es una parte tan pequeña de ella, que, si pudieras apreciar el todo, verías instantáneamente que es como el más pequeño rayo de sol es al sol. O como la más tenue onda en la superficie del océano. En su asombrosa arrogancia, este diminuto rayo de sol ha decidido que es el sol; esta casi imperceptible onda se saluda a sí misma como el océano. Piense en lo solo y aterrado que está este pequeño pensamiento, esta ilusión infinitesimal, manteniéndose aparte, contra el universo... No aceptes este pequeño aspecto enrejado como tu Ser. El sol y el océano son como nada, al lado de lo que eres. El rayo de sol sólo brilla a la luz del sol, y la onda baila mientras descansa sobre el océano. Sin embargo, ni en el sol ni en el océano está el poder que descansa en ti".[3]

Como cualquier modelo, el presentado en estas páginas no es perfecto, pero proporciona una forma útil y sencilla de entender el ego y cómo funciona. Cuando me encontré por primera vez con estas enseñanzas, me di cuenta de que eran exactamente lo que había estado buscando cuando entré en la psicología, algo que me ayudaría a entender cómo funciona mi mente; por qué hacía las cosas que hacía; por qué a veces parecía que saboteaba mis objetivos, necesidades y deseos; por qué me quedaba atrapado en surcos de comportamiento repetitivo e infructuoso; por qué la felicidad parecía escapárseme. ¡Cómo me gustaría haber aprendido esto a una edad mucho más temprana de mi padre psiquiatra, de los jesuitas, o de mis profesores de psicología en la universidad! Si nos enseñaran esto desde niños, la vida sería mucho más fácil de navegar y nuestro mundo un lugar mucho mejor para vivir.

El EGollum

En *El Señor de los Anillos*, Gollum es un fantasma de lo que solía ser, una sombra de su auténtico ser. Originalmente un hobbit, fue corrompido y deformado por la poderosa magia del anillo que encontró. Es engañoso, manipulador y, cuando se le presiona, es absolutamente peligroso. Es codicioso y está obsesionado con su "precioso" anillo hasta el punto de que nada más importa.

El ego se visualiza aquí como una figura al estilo de Gollum, un híbrido entre Gollum y un dios hindú con numerosos brazos. Gollum es un falso, inauténtico y peligroso, actuando de manera servil hasta que se presenta una oportunidad y entonces se vuelve agresivo, vengativo y traicionero. Nuestro ego es igualmente engañoso, astuto, insidioso y poco confiable; con sus afilados y puntiagudos dientes, el ego tiene una mordida dañina cuando se siente maltratado o despreciado, o si no consigue lo que quiere. El ego puede ser hábil y encantador, desarmante y seductor; sus estrategias de manipulación incluyen la culpa, el sabotaje y la agresividad pasiva.

Espera pacientemente y se abalanza sobre la oportunidad adecuada, a veces patéticamente y a medias, casi en vano; otras veces el ego viene con un cuchillo en los dientes, dejando un rastro sangriento a su paso. Por eso tenemos que mantener un ojo constante y consciente en nuestro ego. No podemos ser complacientes y darle la espalda.

El ego toma todo personalmente como una afrenta a su propia identidad, su sentido central de valor, y luego trabaja aún más duro para defenderse de la afrenta. Cuando se siente maltratado o atacado, se aferra a su percepción de haber sido agraviado o victimizado y espera una oportunidad para vengarse, o para probar que tiene razón. El ego es mezquino y se enfurruña cuando no se sale con la suya, guisándose en su mantra de «Pobre de mí» y en sus jugos de descontento.

LA AVARICIOSA Y CONTROLADORA MENTE DE MONO (MONKEY MIND)

Como Gollum, el ego solo piensa en sí mismo y cree que se lo merece todo (o, a menudo, lo opuesto, que no se merece nada). Vive bajo el lema "mío", "mi precioso es mío, todo mío". ¡Quiere lo que quiere y lo quiere ya! Con una mano intenta aferrarse a las cosas y a la gente, a lo que pueda agarrar. Es dependiente, malcriado, y posesivo. Cuando enseño el ego a los jóvenes, me refiero a él como el Mocoso Malcriado Interior y, para ilustrarlo, uso la escena de las gaviotas en el muelle de pesca en *Finding Nemo* (*Buscando a Nemo*): "Mío... mío... mío... mío... . . "

Debido a que está atascado en creencias de carencias e insuficiencia, el ego acumula cosas; en las relaciones con los demás, es pegajoso y trata de aferrarse a la gente. (O se protege y reacciona en forma opuesta: "No necesito a nadie"). Esta creencia de que no hay lo suficiente está al origen de su feroz competitividad. Con esa misma mano que agarra y acapara, el ego se adentra en el mundo e intenta controlar a las personas y las circunstancias. Es un gran controlador compulsivo. Sus intentos de microgestionar la vida y controlar todos los posibles resultados son inútiles. Serían risibles, si el esfuerzo no causara tanto estrés e infelicidad.

El objetivo del ego es mantener el status quo y mantener las cosas exactamente como están. Como resultado, se resiste al cambio, incluso si el cambio es de, en el mejor de los casos, una situación cómoda o, en el peor, una lamentable. No distingue entre ellos. Esto quiere decir que cualquier cosa que signifique cambio será percibida por el ego como una amenaza. Se resistirá al cambio y presentará todo tipo de razones autodestructivas y estrategias de autosabotaje para evitarlo, como posponer el regreso al gimnasio o cambiar hábitos alimenticios poco saludables; inscribirse y luego no presentarse al taller, retiro o sesión de terapia; cancelar una cita o llegar tarde a una entrevista de trabajo.

En la ilustración, el ego aparece con rendijas estrechas para los ojos, lo que indica que le cuesta ver lo que tiene delante. Con el espejo que sostiene en una mano, ve claramente el pasado y recuerda vívidamente las heridas y traiciones del pasado, a las que se aferra. El espejo también sirve para verse bien, ya que el ego, por definición, es narcisista.

De manera similar, las orejas visiblemente pequeñas se refieren a su incapacidad de escuchar en el sentido total de palabra; el ego tiene dificultad al escuchar la verdad en el presente. Pasa la mayor parte del tiempo repasando y rumiando sobre un pasado que ya no existe y que nunca volverá a suceder, o fantaseando, proyectando y alucinando sobre un futuro que puede —o no— llegar a realizarse. Como si fuera poco, el ego tiene una boca enorme parlotea sin cesar, pues sus opiniones, siempre las más fuertes, lo llevan a tener siempre algo que decir sobre todos y todo, agotándose con su monólogo interminable y sus incesantes maquinaciones, por lo que se desprende de ahí su incapacidad de escuchar a los demás y observar sus alrededores.

El término Monkey Mind (mente de mono) es de origen budista y describe a la mente incapaz de concentrarse y acallar los ruidos externos; durante todo el día nuestras mentes saltan de pensamiento en pensamiento de la misma manera que un mono se lanza de una rama a otra; si lo llevamos a un escenario podríamos ilustrarlo mejor:

> Voy caminando por la calle y veo a una mujer que lleva una camiseta con una palmera, lo que me recuerda que me olvidé de llamar al jardinero para la cena que daré la semana que viene . . . lo que me recuerda que no he llamado a mi amiga Luna para invitarla porque he estado sin parar y olvidé mencionarlo cuando estábamos almorzando la semana pasada . . . lo cual, hum, ahora que lo pienso, me está dando hambre y tal vez debería comer algo. . . ah! y está ese nuevo restaurante mexicano que abrió en el centro, justo enfrente del banco. . . lo que es una gran idea porque tengo que hacer un depósito. . . y ya que estaré fuera, podría ir a recoger esas camisas que ya llevan tres meses en la tintorería. . .

Y así sigue la cosa, en retahíla; en cuestión de segundos, ya he olvidado la camiseta de la palmera de hace unos 15 pensamientos atrás. Eso es lo que ocurre dentro de nuestras cabezas todo el día, desde el minuto en que nos levantamos por la mañana, antes de que nuestros pies hayan tocado el suelo, hasta el momento en que nos quedamos dormidos al final del día, es decir, suponiendo que podamos, porque a menudo la mente de mono nos mantiene despiertos hasta bien entrada la noche con su interminable monólogo. Lamentablemente, la mayoría de las veces la plática es menos que amable y compasiva. El ego puede ser bastante cruel, especialmente con nosotros mismos.

¿TODAVÍA NECESITAS ESA ARMADURA?

El ego se ha rodeado y encerrado en capas de armadura que han tardado años en desarrollarse, como el tejido cicatrizado que se va haciendo más grueso a medida que se vuelve a lesionar. Con sus brazaletes en el antebrazo como escudos, camina en un perpetuo estado de defensa, anticipando y evitando los agravios, desaires y ataques percibidos, a veces dando el primer golpe de forma preventiva, por si acaso.

El ego cree que esta actitud defensiva lo mantiene a salvo; su constante estado de preparación para el ataque le da la ilusión de poder. Considera que las emociones y la vulnerabilidad son una debilidad. Sin embargo, mientras el ego camina estresado y temeroso, con los brazos cruzados listos para evitar los ataques percibidos, se mantiene efectivamente detrás de los barrotes de su propia prisión. Aunque puede haber servido un propósito válido en algún momento de nuestras vidas, la actitud defensiva ahora es contraproducente; evita la posibilidad de una conexión profunda y crea discordia en nuestras relaciones. El ego no ha aprendido, como veremos más adelante, que la vulnerabilidad es una forma de ser más poderosa y liberadora. Los héroes han aprendido que, de forma contraintuitiva, el verdadero poder está en la vulnerabilidad, en la indefensión.

La verdad es que debajo de la defensividad del ego está el miedo. Debajo de sus bravuconadas, fachadas y fanfarronadas, el ego es prisionero de su propio miedo e inseguridades. Se comporta de ciertas maneras o evita acciones, personas y situaciones, en reacción o sobrecompensación por eso.

PRÁCTICAS DE PODER

- Piensa en un momento reciente en el que alguien en tu vida se tomó personalmente algo que dijiste o hiciste que no tuviera que ser percibido necesariamente de la forma que esa persona lo tomó. Da ejemplos y anota en tu diario.

- ¿Ha habido alguna situación reciente en que su ego tomó algo personalmente? ¿De qué otra forma podría haber visto o respondido ante la situación?

- ¿Cuál es un ejemplo reciente de alguien en su vida que se resiste al cambio o es un fanático del control? ¿Y un ejemplo reciente en el que te comportaste de esa manera? Anota los detalles y cualquier información en tu diario.

- ¿Hay un ejemplo reciente de alguien en su vida que se puso a la defensiva en una conversación? ¿Qué tal un ejemplo reciente en el que te comportaste de esa manera? Anota los detalles y cualquier información en tu diario.

Capítulo 6
Si fuera tú, reconsideraría esa estrategia

El objetivo del ego siempre es ganar. En toda interacción humana, su deseo es ganar a toda costa. Si no puede ganar, quiere tener la razón. Cuando no le es posible tener la razón, quiere por lo menos salvar la cara, verse bien; y si no puede hacer eso, hará cualquier cosa para sobrevivir.[4] Claro, estamos hablando de supervivencia psicológica, aunque para el ego, el perder una discusión o estar equivocado se siente como algo terminal.

El sube y baja del Balancín Extremo

La experiencia del ego es de extremos. O se siente superior: "¿Quiénes se creen para tratarme así?", o totalmente inferior: ""No puedo creer que haya metido la pata otra vez; ¡soy un desastre!" Vive en el sube y baja, todo el día de un extremo a otro, en su balancín, alternando entre sentirse combativo, listo a dar pelea: "¡Ni se te ocurra ponerte en mi camino!" o como una víctima: "Tengo la peor de las suertes. Siempre me pasa todo. ¡Pobre de mí!"

Lo trágico de este vaivén extremo es que nos encontramos en el poder de otras personas y presa de las circunstancias de la vida. Podemos levantarnos por la mañana sintiéndonos en la cima del mundo después de darnos una agradable y cálida ducha y disfrutar de un delicioso desayuno. Hace un día espléndido mientras nos dirigimos al trabajo, lucimos nuestra ropa favorita, cantando nuestra lista de canciones favoritas a todo pulmón. Sin embargo, cuando llegamos a la oficina, un compañero de trabajo nos dice algo de manera equivocada y ya, eso es todo. O bien explotamos en modo superior/combativo, tanto si lo pensamos como si lo decimos: "¿Cómo te atreves a tratarme de esta manera?", o nos desplomamos en un modo inferior/víctima: "¡Ahora si la cagué! Ya sabía yo que las cosas iban demasiado bien". Esta es una manera trágica de vivir. Nos encontramos a merced de otros egos cuyas vidas son a menudo aún más desastrosas que la nuestra, y en situaciones sobre las que no tenemos el mínimo control. ¡Que forma mas lamentable de regalar nuestro poder—poder sobre nuestro estado emocional, nuestro sentido general de bienestar, la calidad de nuestro día a día y de experimentar la vida!

Balancín Extremo

Atrapados en el pasado

El modelo representa el ego herido, el ego no sanado. Ha sobrevivido a muchas batallas y escaramuzas y ha acumulado la evidencia para probarlo, como lo demuestran la tirita, los hematomas y las cicatrices. Estos "botones" representan heridas del pasado, como la separación, la alienación, el abandono y la traición; representan sentimientos de que hay algo mal con nosotros, que estamos dañados o somos indignos.

Bolsa del pasado

Con otra mano el ego sostiene una bolsa llena de pasado. El problema es que nunca sabemos qué aspecto del pasado se desencadenará en el presente, cuál de esos moretones no curados se va a activar, causando una reacción en el presente a una situación similar que tuvo lugar en el pasado. ¡Qué forma tan trágica de vivir, a la merced de otros, nuestro pasado, nuestros problemas no resueltos! Cualquiera se da cuenta de uno de nuestros botones y lo aprieta, causando una reacción inmediata en el presente, a la cual nosotros reaccionamos y devolvemos el golpe. A lo que en realidad estamos reaccionando es a una situación parecida en nuestro pasado, o a una acumulación de casos en los que nos reprimimos, tragándonos nuestros sentimientos, incapaces de tomar partido por nosotros mismos.

PRÁCTICA DE PODER

¿Puedes identificar algunos de tus botones más prominentes? Piensa en lo que te ha causado molestia o problemas en el pasado. ¿Qué tipo de comportamientos o situaciones te alteran o te irritan? Por ejemplo, ¿son situaciones en las que te sientes tratado injustamente o tal vez sin ser visto, valorado o apreciado? ¿Es cuando otros engañan o mienten o quizás cuando llegan tarde o no hacen lo que dijeron que harían? Describe en tu diario que tipo de reacciones te causan esas situaciones o comportamientos en el presente. ¿Qué patrones empiezas a ver? ¿En qué tipo de situaciones te sientes más amenazado o insegura? ¿En el trabajo? ¿En el plano romántico? ¿En la familia??

Karma Chameleon

En *The Billboard Book of #1 Hits,* Boy George explica al autor Fred Bronson: "La canción (*Karma Chameleon*) trata sobre el terrible miedo a la alienación que tiene la gente, el miedo a tomar partido por algo. Se trata de que intentamos agradar y complacer a todo el mundo. Básicamente, si no eres sincero, si no actúas como te sientes, entonces obtienes Karma-justicia, esa es la forma de la naturaleza de pagarte". [5]

El ego es un maestro del disfraz, y así, con habilidad magistral, lleva su colección de máscaras teatrales para erigir una fachada que sofoca y cubre sus emociones; se transforma a sí mismo para adaptarse a diferentes situaciones, para pasar desapercibido y no hacer olas. El ego teme el rechazo y el abandono, y se disfraza, se disminuye y hace cualquier cosa para evitar que lo dejen solo. Se adapta a su propia interpretación, filtrada por un lente opaco, de las expectativas de la familia, de los demás y de la sociedad en la que vive. Manteniendo a raya a sus auténticos sentimientos, emociones y preferencias, el ego sólo revela una caricatura de sí mismo al mundo, deseando con desespero su aceptación; o bien se apresura a dramatizar una situación para obtener simpatía o manipular un resultado que desea. La ironía es, por supuesto, que con todas sus maniobras, intrigas y armaduras protectoras, a menudo el ego logra precisamente lo que intenta evitar. De manera eficaz aleja a la gente o continúa sintiéndose invisible, separado y desconectado, temiendo el rechazo y el abandono. La estrategia está condenada al fracaso. ¡Abandonad la misión!

Máscara

PRÁCTICAS DE PODER

- ¿Qué máscaras sigues usando? ¿Cómo escondes tu verdadero ser en casa, en el trabajo o en ambientes sociales?

- ¿Qué tipo de situaciones pueden desencadenar una respuesta inauténtica en ti? Por ejemplo, ¿lo notas cuándo existe un riesgo de rechazo o de ser juzgado? ¿Suele ocurrir en situaciones sociales o profesionales?

- ¿Puedes identificar un miedo subyacente en esos casos? ¿Qué tratas de encubrir o proteger? ¿Qué pasaría si la gente fuera capaz de ver tu verdadero yo?

Capítulo 7
Armas de destrucción masiva de la felicidad

Como ya vimos, parte de la agenda del ego es tener la razón. La Trampa de Tener la Razón es una verdadera tentación, una compulsión tan poderosa para los humanos que han habido casos en los cuales podemos sacrificar la vida, en lugar de renunciar a esta postura.

Esta dinámica es particularmente desafiante para aquellos de nosotros que sufrimos la maldición de tener siempre la razón; bueno, casi siempre. La verdad es que incluso cuando tenemos la razón, ¿y qué? Como se dice en algunos círculos espirituales: «¿Prefieres tener razón o ser feliz?» (¡Créeme, te entiendo! ¡Obvio, tienes el sistema perfecto para llenar el lavaplatos!)

Es fácil caer en la trampa—una forma sutilmente santurrona y arrogante de ser—que cierra el corazón y causa daño a nuestras relaciones. Ese último «¡te lo dije!» puede que se haya sentido bien en el momento, pero ¿en realidad valió la pena? ¿Cómo se siente el recibirlo? En las relaciones, tener razón es nada menos que un riesgo ocupacional. La Trampa de Tener la Razón ha atrapado a muchos héroes dignos y ha dado lugar a innumerables e innecesarias luchas de poder.

El introducir un simple "tal vez" suaviza la arrogante auto-justificación del ego. En lugar de asumir que sabemos por qué alguien hizo lo hizo o de atribuirle un significado a sus acciones, le extendemos el beneficio de la duda; nos ponemos, aunque sea por un momento, en su lugar.

No hace falta decir que esto no significa que no podamos tener convicciones o adoptar una actitud firme sobre cuestiones que consideramos correctas. ¡Después de todo, estamos hablando del empoderamiento personal y de vivir vidas heroicas! Más bien se trata de no dejarnos llevar por la actitud santurrona del ego, que es una fuente de conflicto en nuestras relaciones. No se trata tanto de tener razón o no; es la necesidad de tenerla lo que nos mete en problemas. Estar en lo cierto puede traer una sensación de satisfacción inmediata, incluso de validación, pero impide una sensación de bienestar duradera y pacífica. Esta actitud de autojustificación infecta nuestras relaciones y hace que otros se cierren. Genera resentimiento, una actitud defensiva y sentimientos de fracaso; provoca separación y discordia y pone fin al diálogo y la comunicación. Al mismo tiempo, la necesidad de tener razón da a otros egos—que ni siquiera saben que son egos— algo de lo que defenderse. ¿Alguna vez has notado lo que sucede cuando alguien está discutiendo para probar cuánta razón tiene? Nuestro ego se irrita, ya sea interna o externamente, se enfada, y trata de contradecirlos.

La necesidad compulsiva del ego de tener razón fomenta guerras, tanto interpersonales como internacionales. Una discusión comienza como una lucha de poder entre dos egos tratando de tener la razón, peleando por el control. Yo aprieto tu botón y tú aprietas uno de los míos. De un lado a otro, esto sigue escalando hasta que uno de los dos pierde el control y explota, causando daño a la relación. A escala global, cuando esto se prolonga lo suficiente, terminamos con el Medio Oriente.

Considere la famosa disputa en la historia norteamericana entre los Hatfields y los McCoys. Después de años de enemistad y múltiples muertes, el caso tuvo que ir a la Corte Suprema de los Estados Unidos, porque resulta que la línea divisoria entre sus propiedades era también la frontera entre dos estados, Kentucky y Virginia Occidental, lo que implicaba cuestiones de extradición ilegal. Aunque la disputa se fermentó en las diferencias posteriores a la Guerra Civil, derechos de propiedad y enredos románticos, se originó en una discusión sobre quién era el dueño de un cerdo. ¿Te imaginas? Uno apuñaló al otro y así comenzó un largo ciclo de venganza.

¿Por qué es que el ego odia no tener la razón? Probablemente, confunde estar en lo cierto con estar en una posición de poder, y percibe el estar equivocado como impotencia. Identifica el estar equivocado con el fracaso, la vergüenza, la insuficiencia, la burla. Por lo tanto, un simple desacuerdo puede convertirse en un desafío personal, una afrenta a su sentido de identidad y autoestima.

La autojustificación enmascara un miedo más profundo que el simple hecho de estar equivocado. Subyacente a la aversión a equivocarse, es probable que haya una amenaza subconsciente a nivel de la identidad del ego. Para el ego, tener la razón se ha convertido en un medio de autovalidación: Tengo razón; por lo tanto, soy digno, tengo valor. Se ha convertido en una cuestión de supervivencia.

¿Que escoges?... ¿Tener razón o paz y felicidad?

PRÁCTICAS DE PODER

Cuanto más seguros estemos de nosotros mismos, menos necesidad tendremos de tener la razón. Cuando sentimos esa necesidad reactiva y defensiva de estar en lo correcto mostrando los dientes, podemos hacer una pausa, tomar un par de respiraciones profundas y preguntarnos:

- «¿Qué significaría para mí el descubrir que de hecho estaba equivocado?

- ¿Qué estoy sintiendo o que me falta y por ello estoy compensando con esta actitud de tener la razón?

- ¿Qué perderé en el caso (muy improbable pero bien, posible) de que me equivoque?»

Podemos practicar suavizando la postura de estar en lo correcto y extender el beneficio de la duda. "Tal vez, sólo tal vez, ellos tengan razón y yo esté equivocado. ¿Y saben qué? Yo estaría bien con eso. Mi identidad y mi sentido de valor propio no están atados a la necesidad de tener razón. Estar equivocado en algo no me quita mi inteligencia o mi valor. De todos modos, ¿qué hay que proteger?"

Cuchillo

Domando la bestia interna

A estas alturas ya puedes ver que el ego es el despótico crítico interno, el intransigente, implacable, santurrón, y simplemente desagradable juez dentro de tu cabeza. Es la voz que cuestiona cada decisión que tomamos, la voz de la duda.

Entre el arsenal de armas de destrucción de la felicidad del ego, encontramos el cuchillo de doble filo del juicio. Sus manos siempre están listas para señalar a los culpables. En su arrogancia, el ego se nombra a sí mismo juez, jurado y fiscal, todo envuelto en uno. En su propia justicia sabe, sin ninguna duda, que lo que el culpable hizo estuvo absolutamente mal y cuál debe ser el castigo. Incluso reparte el castigo.

Como ilustra el cuchillo de doble filo, debemos darnos cuenta de que cuando juzgamos a los demás, nos juzgamos a nosotros mismos a ese mismo grado. En general, nos juzgamos a nosotros mismos, y somos más crueles con nosotros mismos de lo que podría ser cualquier otra persona.

Aunque sólo fuera por esa razón, necesitamos empezar a suavizar los bordes duros de la arrogancia, auto-justificación y santurronería de nuestro ego. ¿Cómo? Podemos asumir conscientemente la práctica de socavar y neutralizar su necesidad de tener razón, dándoles a otros el beneficio de la duda. (Más tarde, veremos que podemos incluso tener un poco de compasión.)

Cuando el ego juzga a alguien, lo disminuye y se hace superior. Esto a menudo toma la forma de formación reactiva, uno de los clásicos mecanismos de defensa psicológicos. Esta estrategia subconsciente se expresa al lidiar con ciertos deseos suprimidos, transformándolos en su opuesto. Construimos una reacción contra la expresión de algún deseo con el objetivo de protegernos de él. A menudo veo esto en los retiros cuando los participantes tienen alguna variedad de la creencia de «no soy lo suficientemente bueno». Otras versiones pueden ser «No soy digno de amor", "Hay algo mal en mí", "Soy estúpido", "No sirvo para nada" o "Soy demasiado esto, no lo suficiente aquello". Entonces, porque creer que no somos lo suficientemente buenos sería demasiado fuerte, lo que ocurre es que escondemos esos sentimientos en el armario del subconsciente y asumimos la actitud opuesta. Si miramos debajo del capó de la arrogancia, descubriremos a alguien que está compensando sus complejos de inferioridad. Si soy "superior" a los demás, claro que entonces no puedo ser menos que ellos.

Por cierto, como veremos más adelante, la respiración consciente sana y disuelve esas viejas creencias en su núcleo. En última instancia, no tienen ninguna base en la realidad. Son simplemente malentendidos de mentes jóvenes que no sabían nada mejor.

PRÁCTICAS DE PODER

- Cuando pilles infraganti a tu juez interior, lo primero que hay que hacer es dejar de identificarse con él. Reconócelo y disminuye su poder, diciendo: "¡Ahí va mi ego, juzgando de nuevo! Qué aburrido." Luego, ponte en el lugar de la otra persona y comienza a suavizar el duro sentido de separación, superioridad y autojustificación del ego, que dice "¡Yo nunca haría eso!" Simplemente dite a ti mismo: "Quizás los detalles son diferentes, pero yo también he sido así." Enumera algunas formas en que has hecho algo parecido en el pasado, tal vez en relación contigo mismo. Por lo menos dite a ti mismo: "Es posible que, si hubiera nacido en su lugar, en su situación familiar y en la cultura y condiciones en las que se crió, yo también podría haber sido así".

- ¿Cuál es tu forma de "no soy lo suficientemente bueno", aunque ya no surja muy a menudo? Enumera varias posibilidades. ¿Hay una que te impacta mas que las otras? ¿Cuál es tu primer recuerdo de sentirte así?

SÉ TÚ MISMO, QUE YO SERÉ YO

El ego tiene una mentalidad de merecimiento personal. Tiene **expectativas** sobre cómo deben comportarse los demás y demandas sobre lo que merece y la forma en que debe ser tratado. Tiene opiniones muy fuertes sobre todas las cosas: cómo deben ser, sentir y pensar los demás; qué deben comer; qué deben estudiar; qué deben hacer con sus vidas; con quién deben estar; cómo deben llevar el cabello, y así sin parar. El resultado de ese panorama es inevitable: decepción por un lado y resentimiento en el otro. Un sinfín de personas han sido tragadas por las arenas movedizas de las expectativas de otros, y lo siguen siendo. ¿Cuántas vidas se están viviendo a medias? ¿Cuántas personas siguen disminuyéndose, suprimiendo su potencial o renunciando a sus sueños, sólo para conformarse con las expectativas de los demás? ¿Cuántas relaciones están siendo consumidas por el inevitable resentimiento que esas dinámicas desatan?

El ego se molesta o se enfada cuando otra persona no es lo que él cree que debería ser, o cuando las cosas no se dan en la forma que él espera. Las expectativas conducen al sufrimiento, la frustración y el desencanto. Pero esa punzada de decepción indica una pista—que nuestro ego ha estado esperando que las personas o las cosas resulten de cierta manera—y podemos usar ese dolor como un catalizador para el cambio.

Liberarnos de las expectativas y demandas de los demás es tan importante como liberarlos de las nuestras. Permitimos que los demás sean quienes son, en lugar de tratar de definir, limitar o encasillar lo que deberían ser. Claro que no es fácil, porque esto incluye nuestras relaciones más importantes, que están cargadas emocionalmente (nuestra familia, nuestros amantes, nuestras parejas). De hecho, es nada menos que heroico.

Las expectativas del ego cargadas con esteroides se convierten en **demandas**. El ego emite el ultimátum, ya sea hablados o no. "¡Basta! O lo haces o me voy de aquí." "Por última vez, te advierto…" Una vez que somos conscientes de sus demandas, sin embargo, aprendemos a aceptar la realidad tal como es y podemos optar por retirar nuestras expectativas. Esto no quiere decir que no animemos a otros a mejorar o que trabajemos para cambiar el mundo. Los héroes no son pasivos o fatalistas. Significa que aprendemos a identificar cuando es el ego lo que nos motiva. Significa que ya no permitimos ser controlados por sus expectativas y demandas. Significa que manejamos, o dejamos ir completamente, nuestras propias percepciones, preferencias o agendas que tratamos de imponer a los demás. Debido a las tendencias de control y micromanejo del ego, al principio esto parece casi imposible. Sin embargo, aprendemos a respirar profundamente y permitimos que otros hagan sus propias elecciones y errores, incluso cuando estamos seguros del resultado. Eventualmente se vuelve más fácil la cosa, cuando nos damos cuenta que manejar nuestras propias vidas es un trabajo de tiempo completo y que no somos responsables de la de nadie más. Aceptamos el hecho de que todos aprendemos y crecemos a través de nuestros errores.

Aprendemos a actuar sin apego al resultado. Dejamos ir nuestro deseo de reconocimiento. Hacemos el bien porque está en nosotros hacerlo, porque nos da alegría y satisfacción y un sentido de significado y propósito, no porque necesitemos elogios o recompensas. El ego se define a sí mismo por lo externo: las posesiones, el rango, el nivel de educación, el reconocimiento, la adulación—o crítica—de los demás. Sabemos lo inconstante que es todo eso y la receta para la decepción que es definirse a sí mismo por lo externo.

Esto no quiere decir que no debamos tener preferencias o sueños o que no debamos planear nuestro mejor resultado posible. Anticipamos milagros, pero no nos decepcionamos cuando no ocurren en nuestro tiempo. Dejamos de lado el apego a que se den las cosas de cierta manera.

Y no hace falta decir que esto no significa que tengamos que soportar un comportamiento que no cuadre con nosotros o situaciones o relaciones que no sean compatibles. Pero no lidiamos con ellos de la perspectiva limitada del ego y sus expectativas. En cambio, nos detenemos y preguntamos: ¿Por qué quiero lo que quiero? ¿He asumido sin examinar los puntos de vista de la sociedad o de la familia? ¿Estoy haciendo las cosas sólo porque es la forma en que siempre se ha hecho, la forma en que mis padres lo hicieron y sus padres antes que ellos? En un retiro, Sebastian se dio cuenta de un patrón que durante años había sido una fuente de conflicto. Pudo entender que su dura actitud hacia su hijo y sus tareas escolareas, en la que a menudo se peleaban a pesar de que el hijo se desempeñaba aceptablemente en el plano académico, se derivaba de un comentario que su propio padre le había hecho cuando era niño. Recordaba haber sido castigado por no hacer sus deberes escolares y que le dijeron que para ser un hombre y tener éxito en la vida, tenía que aprender a completar todas sus responsabilidades antes de ni siquiera pensar en irse a jugar.

Como exploraremos más profundamente en el Libro 2 de la serie, *Amor consciente: transformando nuestra relación con las relaciones*, aprendemos lo que es y lo que no es negociable para nosotros, sabiendo que todo puede cambiar a medida que crecemos y evolucionamos.

PRÁCTICAS DE PODER

Para ayudar a liberar a tu héroe interior, haz esta práctica:

- Hoy, concéntrate en notar tus expectativas. Eso requiere ser más consciente de tus pensamientos. Programa el cronómetro en tu teléfono celular en intervalos de 30 minutos o si quieres, a la hora. Cuando suene la alarma, presta atención a lo que estás pensando y captura el pensamiento en tu diario. Cuando te des cuenta de una expectativa, simplemente obsérvala. No hay necesidad de juzgar o castigarte a ti mismo. Fíjate en ella y elige otra cosa. Déjala ir. Las expectativas pueden ser sutiles. Por ejemplo, podrías notar que deseas que un compañero de trabajo no hable tan alto. Tal vez te das cuenta que tu estado de ánimo ha cambiado porque la cita de anoche no ha llamado ni enviado un mensaje de texto y ya son las 11 de la mañana. O te encuentras inquieto y molesto con el aprendiz de cajero lento porque la fila en el banco es más larga de lo que habías planeado y tu hora de descanso está llegando a su fin. Sea lo que sea, puedes simplemente observar tus pensamientos y expectativas.

- Si estás listo, puedes profundizar y explorar tu propio papel en la situación. Por ejemplo, en el caso anterior, ¿Dejaste suficiente tiempo para ir al banco? ¿Qué podrías haber hecho para salir unos minutos antes? Contempla qué opciones tienes disponibles ahora. Actúa de forma adecuada y libérate de sentirse atrapado o víctima de la situación. También puedes liberarte a ti mismo simplemente notando las expectativas, dejándolas ir, y simplemente aceptando lo que es.

Capítulo 8
Cómo escapar del Abismo de la Victimización

El ego se encuentra atrapado en la mentalidad de víctima. Uno de los mantras favoritos es "Pobre de mí". Otros patrones de pensamiento típicos de las víctimas incluyen: "He tenido una suerte pésima en la vida". "Si la situación tal no hubiera sucedido, o si la condición aquella fuera diferente, entonces todo estaría bien." "¿Qué se le va a hacer? El mundo es despiadado y cruel".

Esta mentalidad pasiva y el enfoque negativo hacia la vida conducen al pesimismo, el fatalismo, la impotencia y la desesperanza.

Aunque ella puede ser sutil, el ego recibe una recompensa por ser una víctima. Más adelante profundizaremos en este aspecto, pero por ahora, sólo hay que darse cuenta de que si hablamos de ser heroico y de explorar los senderos hacia el empoderamiento personal, no hay manera de evitar tener que dejar ir a la víctima. En la jornada heroica hacia la libertad, esto es inevitable y si es el precio a pagar, es pequeño. Siempre que culpemos a alguien o a alguna condición externa por nuestro estado de ser, nos mantendremos estancados y desempoderados.

El Abismo de la Victimización es, probablemente, la trampa más difícil de superar en el Imperio del Ego. Es con lo que la mayoría de la gente más lucha en mis retiros. Es nada menos que un nivel de conciencia que intentamos trascender. Debido a que las estrategias del ego pueden ser subconscientes y difíciles de detectar, romper la tarjeta de víctima y negarse a usarla en un juego de poder es un acto de liberación personal, empoderamiento y heroísmo.

PRÁCTICA DE PODER

¿Alguien dijo o hizo algo, y ahora te sientes inseguro, enojado o traicionado? Resiste la tendencia a juzgar la situación o incluso la persona. En última instancia, no tiene que ver con ellos. Nadie puede hacerte sentir nada si no lo permites, o si esos sentimientos no están ya dentro de ti. En cambio, trata de aceptar que ya te encuentras en la situación y elige usarla como una oportunidad para aprender y para crecer. Tómate un tiempo para estar solo, tal vez ve a dar un paseo, y pregúntate a ti mismo: ¿Cuál es mi rol en esto? ¿Cuál es mi recompensa por sentirme victimizado? ¿Qué estoy sintiendo? ¿En que otra ocasiones me he sentido así? Sigue retrocediendo en el tiempo tanto como sea posible. ¿Cuándo fue la primera vez que recuerdas haberte sentido así? Captura tus ideas y observaciones sobre la experiencia en tu diario.

LA OTRA CARA DEL ESPEJO: DAR EL GIRO

La proyección es otro de los mecanismos clásicos de defensa en la psicología. Se activa cuando algún aspecto de nosotros mismos es demasiado difícil de aceptar, así que negamos o rechazamos esa parte y la escondemos en la "sombra" de nuestro inconsciente. En la sombra se encuentran las características, pensamientos y emociones que el ego, el yo consciente, no reconoce como suyos. Luego asignamos estos sentimientos indeseables a otros, proyectándolos como una película en una pantalla: somos capaces de ver claramente allí lo que también esta aquí, aunque no podamos verlo.

Ejemplos de esto incluyen a líderes religiosos y políticos santurrones, críticos y homofóbicos—Ted Haggard, Javier Suarez Pascagaza, Marku Koivisto, Carlos Divar, Larry Craig, Tony Anatrella, Roberto Arango-Vinent, Mark Foley y Eddie Long, entre ellos. ¿Con qué frecuencia nos enteramos de que estos tipos se han visto involucrados en escándalos sexuales pillados con las manos en la masa? Tales situaciones traen a mente a Hamlet y a su madre, la reina Gertrudis, respondiendo sarcásticamente: *"La dama protesta demasiado, creo"*.

Espejo

Ya vimos una ilustración del ego con el espejo de mano que usa para mirar el pasado. También utiliza ese mismo espejo como arma para demostrar que siempre tiene razón. El ego se lo impone en la cara a la gente para que puedan ver sus errores, sus fallos, sus deficiencias, y lo equivocados que están. "¡Ves, siempre haces lo mismo!" "¡Nunca llegas a tiempo!" "¡Otra vez dejaste las llaves en el lugar incorrecto!"

El problema con la proyección es que nos desempodera y nos mantiene atrapados en la mugre de la conciencia de víctima. Ser capaces de retirar nuestras proyecciones es particularmente difícil ya que, por definición, un punto ciego es difícil de ver. Es mucho más fácil enfocarnos en otros y culparlos. Juzgamos allí lo que no podemos aceptar aquí.

Mientras lo hagamos, sin embargo, mantenemos los aspectos que necesitan curación en el reino del inconsciente. Seguimos siendo incapaces de ver nuestros puntos ciegos. No habrá crecimiento ni sanación tampoco, mientras culpemos y hagamos responsable a otros. Y, como dice el refrán, siempre que haya un dedo señalando al culpable, como vemos en la ilustración, mira de cerca y verás tres apuntando hacia ti.

Hace unos años llevé a mi madre a un crucero de Río de Janeiro a Buenos Aires y compartimos un camarote. ¡Error número uno! De principio sabía que no era buena idea; estoy muy consciente de que necesito privacidad y tiempo a solas para mantener mi centro y mi paz interior. Mi mamá no viajaba a la ligera, así que yo tenía que cargar su equipaje, sus almohadas, así como mis propias cosas, mientras entrábamos y salíamos de autos y aviones y a través de pasillos estrechos en el barco. No estaba durmiendo bien. Mi madre tenía apnea del sueño, así que con su máquina de CPAP era como compartir la habitación con Darth Vader. También tenía sobrepeso y era diabética, y mientras la veía desbocarse en los bufés, me era necesario ejercer conscientemente la autodisciplina, recordándome a mí mismo que el viaje fue idea mía, lo pagué yo, y que sabía muy bien qué tipo de comida se sirve en los cruceros. Solo podía respirar profundo y practicar mis propias enseñanzas, ya que soy plenamente consciente de la responsabilidad personal. Pero me estaba tomando un esfuerzo intencional para no decir nada. La presión siguió aumentando a medida del viaje, cuando dos visitas a puertos de escala tuvieron que ser canceladas por problemas climáticos. Y mientras tanto, seguía sin dormir bien. El cansancio se acumulaba y empezaba a convertirse en irritación.

Por fin llegamos a Buenos Aires y como estábamos usando mis millas de viajero frecuente, terminamos quedándonos dos noches más. El último día, fuimos al famoso mercado de pulgas de Recoleta, y ella se enamora de un anillo. Ninguno de los dos teníamos suficiente dinero en efectivo, y esto era antes de que existieran Square, Apple Pay o Nequi. El cuento podría haber terminado aquí, pero no, de pronto escucho estas palabras salir de mi boca: «Bueno, tengo una reserva de emergencia en el apartamento», sin pensar que ningún ser humano racional querría echarle mano, ya que, sin duda, la compra de un anillo no califica como una emergencia. A lo que ella respondió, "¡Ah, qué bien!" En ese momento estoy consciente de que puedo decir que no, pero decido no hacerlo. Necesitaría otra serie de libros para contar las historias de los sacrificios que mis padres hicieron por sus nueve hijos. Cansado, sin dormir bien, sin tiempo a solas… ¡Ahora añade a eso la presión del tiempo y estaba ante la receta para la gestación de una tormenta perfecta! Para buscar el maldito anillo, había que atravesar la ciudad en dirección opuesta al lugar donde cenaríamos y después a otro sitio para un espectáculo de tango.

En el apartamento, hago lo que puedo para mantener la paciencia mientras vigilo el tiempo. Le recuerdo varias veces, "Mami, estamos atrasados", "Mami, tenemos que irnos", "Mami, hay que salir ya". Pero, por desgracia para mí, en ese momento de su vida, ya se movía muy despacio. Nos las arreglamos para llegar al mercado justo antes de que cerraran. Con el anillo en la mano vuelvo al taxi y hasta hoy, no puedo recordar lo que dijo… pero eso fue todo. Erupción volcánica, inspirada en la imagen del frenesí que presencié una vez en el Miami Seaquarium cuando le dieron de comer a los tiburones. "¡Has estado en un frenesí de comer y de compras toda la semana! ¡No tienes autocontrol ni disciplina!» Tengo suficiente presencia y autoconciencia para pasar por el ciclo de reacción y arrepentimiento en el momento. Mientras vomito las palabras suprimidas ya me estoy arrepintiendo: "¿Cómo pude decirle esas cosas a mi madre?"

La verdad es que ella reaccionó súper bien al respecto: no se defendió, no dió explicaciones, sino que simplemente dijo: «Sí, tienes razón». Claro, estaba feliz con el gran anillo en su dedo. Me alegro mucho de la experiencia y de haber comprado el anillo. Resulta que ese día era su aniversario, y cuando mi padre estaba vivo, siempre solía regalarle joyas ese día. Además, encima de eso, ¡mira que le he sacado jugo al cuento!

Aquí es donde se pone el cuento interesante. Pasan unos meses, y estoy en Nueva York cuando recibo un mensaje de mi amiga Holly, que es compradora personal. «Oye, vi que estás en la ciudad y quiero regalarte medio día de compras personales».

"Hum"—me pongo a pensar—"en realidad necesito algunas cosas nuevas para el trabajo, para las conferencias y los talleres, y además, nunca he tenido la experiencia de un personal shopper". . . 500 dólares máximo, me digo a mí mismo. Pero, 4.000 dólares más tarde (debería haber sabido que un comprador personal no me iba a llevar a Nordstrom Rack o a Ross Dress for Less), me encuentro un poco en shock en casa de mi amiga, rodeado de las bolsas de la compra. ¡Probablemente esto es más de lo que he gastado en ropa en 20 años! En realidad, resultó ser $3.000; había una chaqueta de cuero de $1.000 que devolví porque no pude quedármela. Pero en este punto del cuento, sigue siendo la cantidad total. No se me ocurre otra cosa que llamar a mi madre, la adicta a las compras, pensando que disfrutaría saber de mis adquisiciones. Mientras le cuento "compré esto y aquello y lo otro", debe haber estado esperando pacientemente el momento perfecto. Eso, o fue un destello de brillo o una inspiración divina, porque así toda tranquila y calladita dejó caer la bomba: "¡Ah, así que te dió el frenesí!" ¡Fuácata! Atrapado. Lo que apunta el dedo índice también está aquí. ¡Solo que yo lo tengo mucho mejor controlado!

Retirar nuestras proyecciones es materia de héroes. También aprendemos la práctica de dar vuelta el espejo: "¡Si está ahí, está aquí!" "¿Cómo es que yo hago eso?" Cubriremos esta dinámica más a fondo en el próximo libro sobre relaciones. Por ahora, comenzamos a preparar el escenario dándonos cuenta de nuestras proyecciones, ampliando nuestras percepciones y suavizando la tendencia a juzgar.

Una parte importante del trabajo de autoconocimiento, entonces, es entender nuestros defectos y debilidades. Nuestros botones. Porque, sin duda, otros los reconocerán y saltarán a la yugular en una discusión o pelea de poder. Entonces nos tendrán completamente en sus garras.

Reflexiones saludables

Debido a la naturaleza de los puntos ciegos, la retroalimentación clara y las sugerencias de una fuente externa, ya sea un terapeuta, consejero o coach, son útiles. O incluso un buen amigo que no se ponga de tu lado de forma reflexiva y compasiva: "Pobre de ti. ¿Cómo pudo ese salvaje tratarte de esa manera?" "¿Esa perra te dijo eso?" En lugar de eso, es importante tener a alguien que también apoye tus más altos ideales e intenciones, que también te ayude a crecer, sanar y mejorar. Mantener ese nivel de objetividad es algo que requiere mucha comprensión y compasión, aunque pueda parecer insensible en el momento. Romper con las tendencias de nuestro ego es nada menos que un trabajo heroico. Es a la vez desafiante e inmensamente gratificante, y es clave si nuestra meta es la libertad personal.

PRÁCTICAS DE PODER

- Cuéntale a alguien la historia de un disgusto reciente, o simplemente la grabas en tu teléfono. No seas amable, gentil, evolucionado y todo espiritual. Desencadénate y deja salir todo lo que llevas dentro de desagradable y crítico. Luego cuéntala de nuevo pero esta vez en tercera persona. Por ejemplo, en la primera ronda podrías decir: "Ese cabrón de Guillermo tuvo el descaro de avergonzarme en público. En medio de mi historia me interrumpe y me humilla contradiciendo lo que dije. Cuando lo corregí, prácticamente me llama mentiroso." La segunda versión podría sonar algo como "Christian estaba contando una historia de su infancia. Su amigo Guillermo le interrumpe para añadir un dato. Christian entonces dice: "No creo que fue así como sucedió." Guillermo responde: "Bueno, así es como lo recuerdo". ¿En qué se siente diferente?

- Reflexiona y crea una lista:

    » ¿Qué botón se activó en mí? ¿Por qué me molesta tanto?

    » ¿En qué situaciones y con qué tipo de persona se me hace más fácil perder el equilibrio y reaccionar?

    » ¿Cómo me siento cuando episodios como este suceden?

    » ¿En qué otras ocasiones me he sentido así?

    » ¿Qué patrones comienzan a surgir?

Capítulo 9
Las claves para liberarse

Vivir a la manera del ego es habitar una prisión hecha por uno mismo. ¡Qué trágico! Lo bueno es que, al estar hecha por uno mismo, podemos tomar la decisión de liberarnos. Somos nuestros propios carceleros, y nadie puede mantenernos allí contra nuestra voluntad.

¿Cómo nos liberamos? ¿Y cuál es el objetivo?

1) La intención es el primer paso

Primero, el deseo de ser libres tiene que ser fuerte. Salir de la conciencia de víctima, por ejemplo, es nada menos que un salto quantum en la evolución de nuestra conciencia humana. A nivel personal es nada menos que un acto heroico. Pero no hay manera de evitarlo si uno quiere ser libre; tal es el precio de la libertad. (Profundizaremos sobre la mentalidad de víctima más adelante).

2) Desidentificarse del ego

No somos nuestros egos. El segundo paso es empezar a desidentificarnos con la pelota de fútbol y reidentificarnos con el estadio.

En este proceso, ayuda el atribuir las tendencias más bajas, como la arrogancia, la reactividad, la actitud defensiva, la mentalidad de víctima, el autodesprecio, la soberbia, la manipulación, la justificación, la santurronería, el control compulsivo sobre los demás, a esta pequeña y dañada parte de lo que somos. Presta atención cuando se activen. En lugar de tomar todo personalmente y molestarte por la gran injusticia que han cometido contigo, dite: "Mi ego se siente amenazado" (en vez de "yo me siento amenazado") y empieza así a desidentificarte con él.

3) Vigilancia atenta e implacable

Han pasado más de 30 años desde que fui expuesto por primera vez a estas enseñanzas sobre el ego. En ese momento, cambiaron dramáticamente mi vida. Instantáneamente. En solo unos meses, comencé a enseñárselas a otros. Desde entonces las he compartido en muchas ocasiones por todo el mundo.

Aunque claro que todavía tengo un ego, en esta etapa de mi vida es muy raro que se active. Y cuando lo hace, casi nunca reacciono. Lo veo venir e intervengo antes de que sea muy tarde, lo que me permite escoger como lidiar con la situación, en lugar de reaccionar a ella: ¿Cómo quiero responder a esto? En las raras ocasiones en que el ego me atrapa y reacciono, entro y salgo de la experiencia rápidamente sin quedarme atrapado en ella, y puedo hacer las correcciones necesarias inmediatamente. A veces dejo que pasen unos días, para dejar que se calmen las cosas y asegurarme de que no estoy reaccionado. Si tengo alguna duda, recurro a alguien de confianza que tenga credibilidad para mí en estos asuntos, alguien que entienda las enseñanzas y que las practique, y que esté igualmente dedicado a la trascendencia del ego en sus vidas.

Cuando empecé a trabajar este asunto del ego, me podía quedar atascado en el tener razón y la autojustificación durante una semana o más, mientras esperaba que la otra persona (¡que obviamente tenía la culpa, sin duda estaba equivocada, y por supuesto debería enmendar o corregir la situación!) diera el primer paso. O quizás los exiliaba de mi vida. A medida que fui practicando el trascender el ego más profundamente con una pareja que también estaba dedicado al proceso, pude ver el progreso. Lo que primero nos tomaba una semana para solucionar, después de un tiempo, podíamos navegar en un par de días. Luego, podíamos resolver el asunto en un par de horas. A veces, éramos capaces de manejar el conflicto, lograr la resolución y llegar a un lugar de paz en el momento.

En el próximo libro sobre las relaciones conscientes (al igual que en los retiros del mismo tema: https://soulfulpower.com/retreats/) exploraremos mas profundamente cómo el tener una pareja dispuesta a hacer este tipo de trabajo de transformación personal, acelera enormemente el proceso de crecimiento.

Como ya hemos determinado, el proceso no es fácil. Cuanto más avanzamos en el camino espiritual, más furtivo se vuelve el ego y más sutiles son sus maquinaciones. Maia, mi maestra espiritual, solía hablar de este fenómeno como el ego espiritualizado. El ego aprende el lenguaje y los conceptos espirituales, y se las arregla para aparentar ser avanzado y espiritual, pero lo que en realidad hace es usar las mismas enseñanzas como armas, para ganar o tener razón.

Cuando viví en comunidad espiritual por varios años, el ashram era en un lugar en el que se suponía que todos practicábamos estas enseñanzas y conocimiento del ego. Una vez fui testigo de una discusión entre dos discípulos. Uno de ellos se paró con los brazos cruzados acusando al otro: "¡Tu ego está fuera de control en este momento!" Cierto, pero ¿qué hacía el otro, actuando tan soberbio y santurrón? Eso también es ego.

Mantener una vigilancia constante es un tercer paso, necesario y continuo. Con conciencia y práctica, el ego nos atrapa con menos frecuencia, y cuando lo hace, pasamos cada vez menos tiempo en sus garras.

4) El poder de elección

El ego es reactivo. Cada vez que uno de sus botones es presionado, se dispara, se pone defensivo, se desboca y se pelea, presionando uno de los botones de la otra persona en retribución. Pero cuando se calma y la adrenalina se disipa un poco, empieza a lamentar lo que hizo o dijo. "No puedo creer lo que le dije a Rosita; quisiera no haberlo dicho de esa manera. ¡Que mala persona soy"! En algún momento, todos nos hemos quedado atascados en esos frustrante y aburridos ciclos de Reaccionar y Arrepentirse. Introducir el poder de la elección, en lugar de la reacción, es el cuarto paso.

¿Cómo rompemos el ciclo de Reaccionar y Arrepentirse? Ser libre requiere que seamos dueños de que es nuestro problema—nuestros botones, nuestro dolor, nuestra ira. Considera este ejemplo: Eugenio, Ámbar y Lorena tienen una cita para almorzar. Después de media hora de esperar a Eugenio, Ámbar está cada vez más enfadada y molesta por su tardanza y el hecho de que no se haya comunicado con ellas. Lorena se encuentra relajada, disfrutando de su tiempo con Ámbar. Cuando Eugenio finalmente llega, con disculpas poco convincentes, Ámbar no puede contenerse y expresa su resentimiento disfrazado en humor: "Por eso es que no puedes mantener una relación", sabiendo que Eugenio ha roto con su novia recientemente. Sobreviven el almuerzo, pero la atmósfera de dolor, molestia y desagrado es evidente. Eugenio se siente culpable, y aunque está tratando de poner buena cara, se ha hundido en sentimientos de culpa y fracaso. Ámbar se siente peor aún pues sabe que lo que trató de cubrir con humor resultó hiriente y cruel. También sabe que no afrontó la situación de frente, sino que tomó la salida más fácil mediante la agresividad pasiva usando un chiste cruel y cargado de púas.

Hagamos una pausa para observar la diferencia entre las respuestas entre las dos mujeres. Lorena tiene otros botones, por supuesto, pero no este de la tardanza o el retraso en particular. Se dedicó a disfrutar de su tiempo con Ámbar mientras esperaban a Eugenio. Ámbar, sin embargo, tiene un historial de sentirse subvalorada por los hombres, derivado de su relación con su padre, un drogadicto cuya presencia en su vida fue muy inconstante. La falta de consideración de Eugenio activó su botón de poca valía y falta de merecimiento. Cuando era pequeña, Ámbar concluyó—erróneamente—que su padre no la amaba, y malinterpretó la ausencia del padre como si esto fuera su culpa. A un nivel más profundo, terminó creyendo que había algo malo o insuficiente en ella porque él no la amaba. Esto no era cierto, por supuesto, sino más bien, un malentendido de una mente joven que no tenía el sentido de sí misma ni las herramientas para interpretar la situación de otra manera. Aunque no tiene base en la realidad, esa herida del pasado se mantiene abierta y sigue impactando todas sus relaciones, especialmente aquellas con hombres.

Nada de esto significa que la falta de comunicación y el comportamiento desconsiderado de Eugenio sean aceptables. Ámbar puede elegir cómo manejar la situación en el futuro. Una opción sería aprender a comunicarle a Eugenio el efecto que su comportamiento tiene en ella, y lo que funciona y no funciona con respecto a su relación. También podría negociar los parámetros de la relación con él y en el peor de los casos, puede alejarse de la relación. Una técnica eficaz es decirle algo a Eugenio como: "Mira, Eugenio, de verdad aprecio nuestra amistad y me encantan nuestros almuerzos semanales, pero cuando llegas tarde, me siento poco apreciada, como si valoraras más tu tiempo que el mío. No me gusta sentirme así. ¿Crees que podríamos manejarlo de otra manera?" Fíjate que ella está abordando el tema desde una posición de vulnerabilidad, lo cual, como veremos pronto, es una postura verdaderamente poderosa. Tampoco está tratando de controlar el comportamiento del otro o decirle qué hacer. No le está dando a su ego ningún ultimátum o acusándolo de ninguna manera. Simplemente está señalando el efecto de sus acciones en ella de manera personal y pidiendo la participación del otro para cambiar una situación que le molesta a ella. Pero lo importante para ella es mantener el foco en sanar el problema central y de fondo. Eso significa que si quiere liberarse, necesita enfocarse en su botón de valor propio. De lo contrario, Ámbar estará siempre a merced de las acciones de otros que en cualquier momento pueden desencadenar sus sentimientos de no ser digna de amor y respeto, profundamente enraizados desde la niñez. Y seguirá atrayendo a personas que le reflejen eso, hasta que lo sane. Sin embargo, el acto heroico de darle cara a su rencor y sus heridas, que fueron reactivadas por el comportamiento desconsiderado de Eugenio, abre la puerta a su sanación.

Así que primero reconocemos que es nuestro botón, nuestro problema. El objetivo es reintroducir la posibilidad de elegir como lidiamos con la situación, en vez de simplemente reaccionar inconscientemente a viejas heridas. Con demasiada frecuencia, cuando la gente se da cuenta de que puede sacarnos de quicio llegando tarde, por ejemplo, nos tienen a su merced. Cuando les seguimos el juego y nos enfadamos o reaccionamos, hemos cedido nuestro poder. Eso es lo que sucede en la mayoría de las relaciones: Descubrimos y presionamos los botones del otro cuando peleamos. El resentimiento se acumula y la confianza se va por la ventana. Si no abordamos la situación subyacente, el pronóstico para tales relaciones no es bueno.

Para liberarnos, nos enfrentamos a la situación desde dos niveles. Primero, intentamos comprender el origen de nuestros patrones y reacciones. Conseguimos conocernos mejor a nosotros mismos y hacemos lo que tengamos que hacer para elevar nuestro autoestima. Segundo, la respiración consciente es la forma mas efectiva que conozco para sanar esas viejas heridas y traumas en su origen, permanentemente, de modo que cuando alguien intenta apretar nuestro botón, no pasa nada. Ese poderosa combinación es exactamente lo que ocurre en los programas de Soulful Power, (https://soulfulpower.com/) con efectos extraordinarios. Más sobre esto en breve. Nuestro trabajo entonces, consiste en aplanar nuestros botones para que nadie pueda activarlos. Eso es libertad. Y nada menos que un acto y un esfuerzo heroico.

PRÁCTICAS DE PODER

- Ahora que tienes una mejor perspectiva del ego, ¿cómo se muestra en tu vida? ¿Dónde crea problemas, caos y confusión? ¿Qué lo desencadena? ¿Qué patrones estás notando?

- Escribe tu propio Pacto de Héroe, tu declaración de emancipación. A continuación, hay un ejemplo de una declaración personal de emancipación que puedes adaptar y hacer tuya, como una forma de declarar tu intención.

Ejemplo de declaración de emancipación personal:

Me declaro libre de la tiranía del ego, de la necesidad de defender, de la necesidad de explicar quién soy, de la conciencia de víctima, de las tendencias adictivas. Reclamo el poder sobre mi cuerpo, mente y espíritu. Siempre tengo la posibilidad de elegir cómo responder a cualquier situación. Soy el amo de mi vida. Ya no permito que el miedo determine mis elecciones. Me entrego al bien más elevado sin apegarme al resultado. Dejo ir a la necesidad de saber cuando las cosas deben desarrollarse. Dejo ir a los patrones de esconder y limitar mi potencial, y el jugar en pequeño.

Ahora añade algunas de sus propias proclamaciones.

Capítulo 10
Camino a la libertad

Ya hemos visto las muchas trampas del Imperio del Ego: la Selva Impenetrable de la Defensividad, el Espejismo de la Proyección, la Ciénaga Maldita de la Codicia, el Laberinto de la Mente del Mono, el Desierto Engañoso de la Carencia, el Mar Hostil del Juzgar, el Volcán de la Arrogancia, el Precipicio de la Autojustificación, las Arenas Movedizas de la Reactividad, las Cuevas de la Culpabilidad, el Cráter Hechizado de Reaccionar y Arrepentirse, el Abismo de la Victimización, las Tinieblas de la Manipulación, el Pantano de la Insuficiencia, el Bosque Prohibido del Miedo al Fracaso.

Tantas trampas, pero afortunadamente, hay una salida. Tenemos algunos aliados, guardianes y protectores poderosos para guiarnos y mantenernos en el camino de la libertad:

- La autoconciencia nos mantiene honestos y al tanto de los peligros en la jornada.

- La elección y la responsabilidad personal son claves para la libertad y nos mantienen fuera de la prisión de la victimización.

- La compasión hace posible el perdón, y permite el proceso de sanarse a uno mismo y al pasado.

¿CÓMO RESOLVEMOS UN PROBLEMA COMO EL EGO?

Podemos rastrear tanto los conflictos interpersonales como los internacionales directamente al ego. En última instancia, este es la fuente de nuestros sentimientos de separación y alienación, de todo el sufrimiento. Algunas enseñanzas del Kabalá se refieren al ego como Satanás. En su alegre Satan: An Autobiography, por ejemplo, Yehuda Berg también se refiere al ego como un "doble de acción" y como nuestra "respuesta reactiva al mundo".[6]

Tan astuto, insidioso y manipulador como es el ego, ¿significa eso que es malvado y debe ser destruido? ¿O podría el ego ser completamente trascendido mientras estamos en el cuerpo, de modo que nunca se nos dispare de nuevo? No lo sé con certeza. Tengo entendido que mientras estemos en un cuerpo, en esta realidad de la tercera dimensión, necesitamos tener un ego que funcione como un eje a nuestra conciencia. Lo que sí sé es que es muy factible vivir una vida que no esté gobernada por él, que podemos liberarnos de sus miedos y su neurosis, de modo que rara vez nos impacta. Cuando lo logramos, somos capaces de elegir nuestra respuesta y trascender su naturaleza reactiva. En cierto sentido, la cuestión hipotética y filosófica de si el ego puede dejarse completamente atrás no es importante. Lo que importa es que nos liberemos de su control. La meta esencial es que aprendamos a manejar nuestros egos. Y eso es materia de héroes.

Nuestra meta es remover el ego del lugar que ha secuestrado como si fuese el sol, colocándolo en su lugar apropiado en órbita alrededor y al servicio del sol. En otras palabras, ya no le permitimos dirigir el espectáculo.

Incluso Gollum conserva rastros de su "humanidad", su auténtica naturaleza de hobbit. Es un personaje trágico que merece compasión. Y, como Gollum, el ego simplemente no está a la altura. Se experimenta a sí mismo en un constante estado de agobio, sintiéndose responsable y tratando sin éxito de controlar y micro gestionar cada aspecto de nuestras vidas. . . y también de las de los demás. En un esfuerzo inútil y lamentable, trata de controlar lo incontrolable. No es de extrañar que a menudo se siente abrumado, con una sensación de impotencia y desesperanza, sintiéndose como Atlas con el peso del mundo sobre sus hombros.

Mientras que el ego puede poner una fachada de que es duro y capaz, en el fondo se siente como un fraude, un impostor. Debajo de la bravuconería, se siente débil y dañado, incapaz e incompetente. Así que cuando reclamamos nuestro legítimo papel central y desplazamos al ego a su lugar apropiado en órbita alrededor del sol, cuando le permitimos sanarse y lo colocamos de nuevo en la alineación adecuada, en realidad liberamos al ego también, para hacer las cosas que hace bien.

¿Quiere decir esto que el ego no es del todo malo? Así es. El ego puede dar sentido a la información sensorial que de otra manera sería abrumadora. Es un gran organizador y puede entretejer esa información con nuestras experiencias pasadas y proyecciones de posibilidades futuras para crear un sentido coherente del ser. Además de proporcionar un sentido de identidad, el ego tiene otras funciones, como la planificación eficiente y la elaboración de estrategias.

El maestro espiritual norteamericano Adyashanti compara el ego con un personaje de una novela: "Cuando lees una novela, cada personaje tiene un punto de vista. Tiene creencias. Tiene opiniones. Hay algo que lo hace diferente de otros personajes. Nuestro ego es como un personaje creado por la mente que siempre se está diferenciando... Eso es básicamente lo que significa despertar: realizamos que realmente no somos ese personaje. No es necesario destruir el personaje llamado "yo" para despertar de él. De hecho, tratar de destruir el personaje hace que sea muy difícil despertar. Porque, ¿qué es lo que intenta destruir el personaje? El personaje. ¿Qué está juzgando al personaje? El personaje".

¿Cómo es el ego sanado y qué representa el estadio? El maestro y autor de renombre mundial Ram Dass lo enmarca de manera que se conecta de nuevo a nuestra metáfora del estadio:

"Tu ego es un conjunto de pensamientos que definen tu universo. Es como una habitación familiar construida de pensamientos; ves el universo a través de sus ventanas. Estás seguro en él, pero en la medida en que tienes miedo de aventurarte fuera, se ha convertido en una prisión. Tu ego te ha estafado. Crees que necesitas sus pensamientos específicos para sobrevivir. El ego te controla a través de tu miedo a la pérdida de identidad. Renunciar a estos pensamientos parece que te aniquilaría, y por eso te aferras a ellos... Pero hay una alternativa. No necesitas destruir el ego para escapar de su tiranía. Puedes mantener esta habitación familiar para usarla como quieras, y puedes ser libre de ir y venir. Primero necesitas saber que eres infinitamente más que la habitación del ego por la que te defines a ti mismo. Una vez que sepas esto, tienes el poder de cambiar el ego de ser prisión a ser tu base".

De la misma manera que el estadio necesita una pelota de futbol para cumplir su propósito, necesitamos un ego para funcionar efectivamente mientras estamos en un cuerpo. En lugar de tratar de deshacernos del ego, aprendemos a ser más conscientes de él, algo que es más simple de decir que de hacer, ya que el ego es muy astuto y engañoso. Y cuanto más conocimiento tenemos, más insidioso se vuelve y más sutil es su expresión.

Echemos un vistazo más profundo al proceso de sanación del ego.

PRÁCTICA DE PODER

Como profundizar tus habilidades de escuchar internamente:

Tal vez te sientas estancado o atrapado por una situación en tu vida personal o profesional. A menudo el ego, cuyo trabajo es mantener el status quo, ignorará los mensajes internos o adormecerá los sentimientos de inquietud o insatisfacción. ¿Cómo aprendemos a contrarrestar ese proceso y a escuchar la voz interior, incluso cuando nos puede estar incitando a hacer un cambio que provoca miedo? Tómate un descanso. Haz una pausa. Encuentra un lugar tranquilo donde puedas sentarte cómodamente por un rato. Relájate. Confía en que serás capaz de manejar cualquier resultado, que eres mayor que cualquier circunstancia en tu vida. A medida que permitas que la respiración se haga más lenta y profunda, déjate caer mas profundamente en tu cuerpo. Permítete sentir que estás sano y salvo. Permite que una pregunta o situación te vengan a mente y luego déjala ir. Sólo observa los pensamientos y sensaciones que surjan a la superficie. Después, apunta algunas notas en tu diario. Incluso cuando el cambio ocasiona miedo (al ego), aprender a escuchar la voz interior y luego seguir su guía, es el camino hacia la libertad, la paz interior y el fortalecimiento personal.

Ego sanado

Capítulo 11
La Sanación del Ego

Necesitamos desarrollar un fuerte sentido del yo antes de poder trascenderlo. Me gusta la forma en que Jeff Brown, autor de *Grounded Spirituality*, escribe sobre esto en Facebook: "Cuando tenía un sentido terrible de mi mismo, me era imposible admitir que era imperfecto o que estaba equivocado. Todavía no había desarrollado un ego sano, así que reconocer mi sombra era demasiado difícil. Quería desesperadamente ver algo bueno en mí, después de toda una infancia llena de crítica y comentarios negativos. Es importante recordar que la gente a menudo no puede reconocer sus propios defectos y errores, porque sus autoconceptos no son lo suficientemente solidos para poder manejar ese reconocimiento. Ahogándose en una piscina de odio propio, no pueden soportar ni una gota más de desprecio. Después de trabajar duro para superar mis sentimientos de culpa, pena y vergüenza—demostrando mi valor propio a través de varios proyectos exitosos—se me hizo más fácil reconocer mi sombra, mis errores, mi arrogancia. Y entonces, como mis problemas eran más transparentes, pude empezar la jornada de trabajarlos. Por eso, el ataque al ego que se nota en cierta parte de la comunidad espiritual que trata de ignorar a su sombra, es algo peligroso. Confunde a las personas y las desalienta a desarrollar un ego saludable que es necesario para manejar la realidad y valorarse a sí mismas. Necesitamos un cierto grado de fuerza egoica para evolucionar y florecer. Felicito a todos aquellos que han logrado un concepto saludable de si mismos. En serio."

En otras palabras, mientras estamos en el proceso de trascender el ego e iluminar nuestra naturaleza de estadio—es decir, nuestro ser superior—no podemos saltar por encima de la sombra y esperar que se desaparezca con unos cuantos OMs y afirmaciones de "amor y luz". No se puede ocultar la sombra con un simple "Namaste".

Tenemos que estar dispuestos a luchar con nuestros propios egos mientras recuperamos el control de nuestras vidas y nos dedicamos al desafiante trabajo de hacer lo que sea necesario para permitir que el ego sane, para aplastar sus botones de modo que cualquiera pueda presionarlos y no pase nada. Eso es lo que hacen los héroes.

Entonces, si no se trata de destruir el ego, ¿qué hacemos al respecto? ¿Cuál es la meta? ¿Cómo nos imaginaríamos un ego sanado?

El ego sanado

Como ilustra la imagen, las cicatrices del ego se han curado y sus botones se han aplanado. Ha soltado su control riguroso, y sus manos están ahora abiertas y libres. Se ha dado cuenta del lugar que le corresponde en órbita alrededor del sol, en lugar de pensar que es el sol. Su necesidad de controlar a todos y a todo se ha disipado, y se ha relajado lo suficiente para vivir en un estado de confianza. Ha aprendido a ir con el flujo. Ya no tiene una mentalidad paranoica de "yo contra el mundo". Se ha dado cuenta de que requiere mucha energía para mantener un estado permanente de oposición y contradicción a la vida. En su lugar, se ha establecido en un estado de "pronoia," o paranoia inversa, la creencia de que el Universo conspira para apoyarnos. Se mantiene libre.

Observamos también que, a través de nuestro trabajo, ha sido capaz de dejar a un lado sus máscaras de protección y sus armas de destrucción de la felicidad, que ahora yacen esparcidas a su alrededor. La bolsa del pasado está en el suelo, vacía. A través de la respiración consciente u otras modalidades, los traumas y las heridas del pasado se han sanado y resuelto, y las emociones atrapadas se han liberado. El ego es capaz ahora de recordar y aprender de las experiencias pasadas, pero ya no se encuentra atascado en reacciones a situaciones que ya no existen.

Su antigua armadura también ha sido removida. El ego se ha alineado con el ser superior y ahora se da cuenta de que puede derribar las defensas que, aunque hayan sido útiles en algún momento, ya no son necesarias. De hecho, esos viejos mecanismos de defensa han estado interfiriendo con nuestra capacidad de ser felices. Han estado causando problemas en nuestras relaciones, sin mencionar la cantidad de energía que se necesita y el precio que pagamos para mantener un estado constante de defensa, siempre anticipando un ataque inminente. El acto de bajar los escudos de defensa es liberador en muchos sentidos. Indica que nos hemos liberado de nuestra prisión hecha por nosotros mismos y que hemos descubierto el poder de la vulnerabilidad, permitiendo que los aspectos más profundos y sutiles de nosotros mismos brillen.

Los ojos del ego sanado están ahora muy abiertos; ahora nos vemos a nosotros mismos y a la realidad más claramente. Su boca y oídos son ahora proporcionados.

El ego sanado ha aprendido finalmente que no tiene nada que probar. Ha sanado los malentendidos del pasado que lo mantenía en ciclos de sobrecompensación por no creerse lo suficientemente bueno. Libre de todos esos obstáculos y con un fuerte sentido de si mismo en su lugar, ya no siente necesidad compulsiva de tener la razón. Esta apertura da lugar a interacciones más libres, justas, consideradas y a relaciones más abiertas con los demás. Con la auto-aceptación y la autoestima bien establecidas, ya no hay necesidad de sobrecompensación y grandiosidad, y las formas de ser exigentes, estrictas, rígidas y punitivas comienzan a desaparecer. Aprendemos a perdonar y a bajar a todos, incluidos nosotros mismos, de la cruz del perfeccionismo. Con la responsabilidad personal establecida, nunca más nos sentimos víctimas y ya no culpamos a los demás por nuestro estado de ánimo.

El ego sanado se encuentra ahora en una actitud de entrega empoderada. Un par de manos descansan hacia abajo, con las palmas abiertas en modo receptivo, en una postura confiada, libre y abierta, sin necesidad de defensa: "Puedo manejar cualquier situación que se me presente». Otro par de manos se eleva por encima de la cabeza en un símbolo de victoria y libertad: la víctima se ha transformado en vencedor. El tercer par está en forma de oración, en un estado de constante gratitud y humildad empoderada, honrando a toda la creación.

Habiendo removido el ego de su lugar autoproclamado como el sol, ahora estamos alineados con nuestra alma, nuestro ser superior, lo que nos permite una vez más sentirnos conectados, reverentes, humildes, viviendo en un estado de gratitud. Ya no nos sentimos solos o abandonados. Nos damos cuenta de que esos viejos sentimientos de separación, alienación y abandono eran sólo una ilusión. La culpa, la desesperanza y la impotencia sólo pueden existir en el Imperio del Ego.

Somos capaces de expresarnos con auténtico poder y honestidad radical. Somos libres de ser quienes somos en todo momento y en todas las situaciones. Aprendemos a expresar nuestra verdad con responsabilidad, con valor, gracia y compasión, y a comunicarnos con claridad, maestría y una auto-expresión congruente. Lo que que hacemos y decimos coincide con lo que sentimos por dentro. En la ilustración, el centro del corazón está abierto, un estallido de sol, como lo están el centro de poder y el centro de comunicación y expresión.

Una nueva relación con la vida significa que ya no nos sentimos limitados o estancados en la falta, lo que permite que nuestra generosidad innata surja. En vez de una relación de adversidad con la vida, desarrollamos una basada en la confianza. Sin más dudas sobre nuestro valor propio o merecimiento, aprendemos a vivir en equilibrio y de acuerdo con un universo abundante. Ya no estamos atascados en mentalidad de miedo y limitación; vivimos en una realidad en la que los milagros son comunes. Asumiendo la práctica de retornarnos de las memorias de un pasado que ya no existe o las fantasías y alucinaciones de un futuro que puede o no llegar a ser, nos encontramos cada vez más presentes y conscientes de nosotros mismos.

Con un enfoque e intención reenergizados, nos esforzamos por alcanzar la excelencia personal, pero con alegría y sin nada que probar, y siempre atentos al autocuidado. Habiendo aprendido a honrarnos a nosotros mismos y a nuestras necesidades, atraemos a nuestras vidas gente que también lo hacen. Ahora podemos apreciar un estilo de vivir sencillo, disfrutando de los dones del momento presente, respondiendo espontáneamente a las necesidades que se presentan. Ya no es necesaria la validación de otros, o por logros externos. Nuestro sentido del valor es ahora referenciado internamente, y está permanentemente establecido: «Sé quién soy, y lo soy en diferentes escenarios y en cada situación, con valentía y sin pedir disculpas».

De vez en cuando el ego se sentirá amenazado y se activarán los viejos mecanismos defensivos, pero cada vez ocurre con menos frecuencia, y cuando lo hace, pasamos menos tiempo atascados en esos patrones.

Herramientas de poder para sanar el ego

Suena genial, ¿verdad? ¿Quién no querría transformar su vida y vivir de esa manera? Aquí hay tres herramientas poderosas para comenzar la jornada hacia la sanación de tu ego hoy mismo.

1. **Auto-observación consciente.** Con práctica, autodisciplina y compromiso, desarrollamos la habilidad de romper con nuestras tendencias egoicas, sin ceder a sus tácticas y maquinaciones. Aprendemos a ser tan pacientes, centrados y enfocados como el puma que acecha a su presa.

2. **Respiración consciente.** En mi experiencia, nada es más efectivo o rápido en la sanación de traumas pasados y en la limpieza de la basura emocional que ha sido suprimida y acumulada por largo tiempo.

3. **Meditación.** La mayoría de las veces, la práctica de la meditación suele ser bastante aburrida. Observamos nuestra respiración o repetimos nuestro mantra y luego unos minutos más tarde nos damos cuenta de que hemos estado pensando en un proyecto en el trabajo. Obedientemente traemos nuestra atención de vuelta a la respiración. Unos momentos después nos damos cuenta de que hemos estado organizando nuestra lista de compras para la cena. Volvemos a poner nuestra atención en la respiración. Poco después, nos sorprendemos planeando una respuesta a la discusión que tuvimos anoche con nuestra pareja. Una vez más, volvemos a poner nuestra atención en la respiración. La mayoría de las veces, la meditación es así, bastante rudimentaria, nada elegante. De vez en cuando experimentamos exquisitos momentos de paz, sin pensamientos, o estados expandidos de conciencia, o un sentido de conexión con toda la creación. Esos son maravillosos cuando suceden. Pero la mayoría de las veces no hay música celestial, ni coros de ángeles, ni destellos de luz. Aun así, la humilde práctica de sentarse a meditar regularmente es como entrenar para un triatlón o un concierto de piano. Meses de entrenamiento, práctica, reflejos y experiencias por fin se cuajan y confluyen. Entonces, en momentos de crisis, cuando estamos a punto de ser secuestrados por el ego, es cuando entran en juego esas horas de auto-observación y podemos darnos cuenta: "¡Ah, mi ego acaba de ser disparado!" Y en vez de reaccionar, podemos escoger una respuesta o acción. "¿Cómo quiero lidiar con a ésta situación?" La meditación nos entrena para desarrollar la

conciencia testigo, un concepto derivado originalmente de la tradición contemplativa *Advaita Vedant*a, la cual significa la habilidad de observarnos a nosotros mismos como desde arriba, que es lo que hace posible el poder elegir en lugar de reaccionar.

PRÁCTICAS DE PODER

La auto observación es una herramienta de poder indispensable para los héroes y es el primer paso para desarrollar la conciencia testigo.

- Ajusta el temporizador de tu celular para cualquier período de tiempo que escojas, por ejemplo, cada hora. Una vez que se active, pausa lo que estés haciendo (claro, siempre que sea posible) y respira profundamente unas cuantas veces. ¿Qué está pasando en tu cuerpo? ¿Te sientes cansado, dolorido? Examina tu cuerpo y toma nota de cualquier sensación física. ¿Qué pensamientos cruzaban tu mente en ese momento? ¿Estabas pensando en algún proyecto? ¿Quizás te imaginabas tu cita de esta noche? ¿Eran pensamientos positivos, o te causaban miedo, agobio, preocupación? ¿Estabas en lo profundo de un recuerdo o fantaseabas sobre un posible acontecimiento futuro? ¿Y qué sientes en este momento? ¿Qué tipo de energías emocionales están recorriendo tu cuerpo? ¿Tristeza? ¿Ira? ¿Alegría? Toma notas en tu diario y ve si descubres algún patrón.

Capítulo 12
El auténtico ser superior

En el ejemplo del ego y el sol, el sol representa el Yo Superior, el Auténtico Yo, en contraste con nuestro Pseudo Yo, el sentido extremadamente limitado de nuestro ego. Llámalo el alma, el espíritu que nos habita; nuestra propia pequeña parcela de lo divino; nuestra pieza de bienes raíces sagrados.

El ego sanado, ahora realineado en su órbita alrededor del sol, nos permite ser energía plena para el bien en el mundo, nos ayuda a hacer surgir e implementar la pasión del Ser Superior para contribuir, para marcar una diferencia en el mundo. En contraste con la naturaleza crítica y reprobatoria del ego no sanado, el Ser Superior es comprensivo y compasivo. Evalúa y discierne, en lugar de juzgar. Mientras que el ego no sanado se siente separado y solitario, el Ser Superior siempre es consciente de su conexión con el Universo. Disfruta y expresa con elegancia la excelencia, en lugar de ser impulsado y controlado por el perfeccionismo. Permite los errores, como parte del proceso de desarrollo y aprendizaje. Es constante, no inconstante. Si el ego no sanado es temeroso y cobarde, el Yo Superior es valiente. Mantiene el corazón abierto, no importa lo que pase.

Recuerda: No estás solo

Como hemos visto, el miedo al abandono y la sensación de mortalidad son parte del precio que pagamos por tener un sentido individual de nosotros mismos. ¿Cómo recuperamos el sentido de conexión mientras estamos en un cuerpo? Ciertas prácticas meditativas, como la respiración consciente u otros estados shamánicos, pueden conducir a experiencias trascendentales de conciencia unitaria, cuando sentimos un sentido de pertenencia e interconexión, una experiencia de ser parte de todo. Tales momentos nos ayudan a darnos cuenta de que el abandono y la soledad son ilusiones del ego. En última instancia, la verdad es que no podemos estar solos aunque quisiéramos. También nos damos cuenta de que es el más delicado de los velos el que nos separa de otros estados de ser, otras realidades. A menudo, en el proceso de respiración consciente, la gente conecta con seres queridos que ya no están encarnados. Este tipo de experiencias ayudan al ego a sentirse conectado, y a darse cuenta de que ya no tiene que sentirse solo y separado.

Después de sobrevivir a un grave accidente de bicicleta, el cineasta Tom Shadyac, quien produjo la mayoría de las comedias de Jim Carrey, se propuso explorar qué es lo que está mal en el mundo y qué podemos hacer al respecto. No voy a estropear cómo resuelve maravillosamente esas preguntas al final de su brillante documental I Am, pero en el proceso revela investigaciones avanzadas sobre el corazón. Resulta que el corazón tiene un campo de energía más poderoso que el cerebro. (Científicamente medible, ¡no estamos hablando de auras!) En un experimento llevado a cabo en el Heart-Math Institute al norte de Santa Cruz, California, Tom se encuentra sentado en una mesa frente a un tazón de yogur, en el que han colocado electrodos que miden la respuesta eléctrica. No hay una conexión física directa entre él y el yogur. Cuando se le hacen preguntas de alto contenido emocional, como "¿Cómo va tu matrimonio?" o "¿Has hablado con tu abogado últimamente?", ¡el yogur tiene una respuesta! Si nuestras emociones no expresadas

> "LA UNIDAD NO COMO UNA EQUIVALENCIA DEL SER SINO COMO UNA COMPLETA Y MUTUA RESIDENCIA: YO ESTOY EN DIOS Y DIOS ESTÁ EN MÍ".
> —CYNTHIA BOURGEAULT

tienen un efecto medible en las bacterias de un tazón de yogur, ¿cómo no vamos a estar conectados entre nosotros? Lo que solía ser enseñanzas espirituales bonitas y poéticas, ahora está respaldado por la ciencia. Cuando consideramos la interconexión, la poderosa comunión de toda vida, y nuestra verdadera interdependencia, nos damos cuenta de que nunca estamos solos y no podemos ser abandonados.

¿CÓMO SABER QUIÉN ES QUIÉN?

Debido a que nuestro ego, incluso ya sanado, puede recaer en sus viejos patrones, tenemos que permanecer constantemente vigilantes. Con ese fin, ¿cómo podemos saber si esa voz en nuestras cabezas es el ego o nuestro Yo Superior? ¿Cómo podemos saber la diferencia, por ejemplo, entre una autojustificación obstinada, egoísta y orgullosa, y el tomar una posición virtuosa por nosotros mismos, por la verdad, por algo que valoramos?

Esto no siempre es fácil; mucho depende de lo que lo motiva. Pero incluso eso puede ser difícil de descifrar. El ego es brillante y astuto, un experto en racionalizar, y cuanto más avanzamos en el camino espiritual, más sutil se vuelve. He aquí algunas formas de ayudarnos a discernir la diferencia.

Como Maia Dhyan en su libro *A Call to Greatness* saca a la luz, el ego usa palabras grandes, pensamientos complejos y argumentos complicados. Se graduó de la escuela de leyes y siempre está construyendo un caso para probar que tiene razón. En contraste, el Ser Superior usa un lenguaje simple. Sus mensajes son simples: "Sí. No. Haz esto. ¡No te metas en eso!" Nos complicamos la vida y nos metemos en problemas cuando no le hacemos caso a esos sentimientos intuitivos. La voz del ego es tan fuerte, chillona y abrumadora que necesitamos aprender a calmar nuestra loca mente de mono lo suficiente para que podamos escuchar la voz tranquila y silenciosa del Ser Superior.

El ego es también inconstante y grandioso. Esta semana tendrá una idea de que «Ahora sé lo que tengo que hacer con el resto de mi vida, que no solo va a resolver la injusticia y el hambre en el mundo sino que me convertirá también en un multimillonario». Tres meses más tarde, se aburre y decide: «Eso no funciona. ¡Ahora, esto es en lo que necesito enfocar mis energías! ¡Esto va a resolver todos mis problemas!» Un año más tarde, después de que nos hemos aburrido y agotado y un par de proyectos han implosionado, la voz interior sigue con el mismo mensaje simple y consistente: "¡Haz eso"!

SIEMPRE HAY ESPERANZA

Debemos cultivar nuestros jardines. El trabajo de autosanación, autoconciencia y trascendencia del ego es la jornada más importante que cualquiera de nosotros podría emprender. ¡Y no es fácil! A lo largo del camino, nos encontraremos con demonios internos que necesitan ser aniquilados, pero es posible hacerlo. El viaje interno hacia la autocomprensión y el autodominio es la cosa más heroica que podemos intentar.

Este capítulo termina con una conclusión a nuestra historia de enemistad que inspira optimismo y esperanza. En 1979, los descendientes de los Hatfield y los McCoy se unieron y se enfrentaron en el programa de televisión Family Feud. Además del tradicional premio monetario, compitieron por un cerdo que se mantuvo en el escenario durante la semana del especial. Dos décadas más tarde, en el año 2000, las familias comenzaron a organizar reuniones familiares conjuntas. Su lema: "Sin peleas. . . Sólo diversión". (No feudin' . . . Just fun.") En 2013 firmaron oficialmente una tregua. Su reunión anual está ahora abierta al público y ofrece, entre otras actividades, un maratón. El nuevo lema: "Sin peleas... Sólo se corre". ("No feudin'... Just runnin'.") Incluso tienen una aplicación (Hatfield McCoy Feud Tour App) que guía a los turistas a los lugares y sitios históricos e incluye fotos, mapas GPS y documentos históricos.

Entonces sí, hay esperanza. Si los Hatfields y McCoys pueden encontrar una manera de resolver sus diferencias, ¡seguramente podemos lograr traer paz a nuestras relaciones y armonía a nuestras vidas! Existe una forma de liberarnos del cautiverio del ego. De ese acto de emancipación personal depende el destino del mundo, la resolución de todos los conflictos interpersonales e internacionales. A medida que más y más de nosotros nos demos cuenta de lo que es el ego y cómo nos limita, y cuando aprendemos a liberarnos de su dominio, el efecto dominó se sentirá en todo el mundo. ¡Llamando a todos los héroes!

Terminamos este capítulo con otra cita de Un Curso De Milagros:

> No podemos definir lo que es el ego, pero podemos decir lo que no es. Y esto se nos muestra con perfecta claridad. Es de esto que deducimos todo lo que el ego es. Donde había oscuridad ahora vemos la luz. ¿Qué es el ego? Lo que era la oscuridad. ¿Dónde está el ego? Donde estaba la oscuridad. ¿Qué es ahora y dónde se puede encontrar? Nada y en ninguna parte. Ahora la luz ha llegado: Su opuesto se ha ido sin dejar rastro. Este era el ego, todo el odio cruel, la necesidad de venganza y los gritos de dolor, el miedo a la muerte y el impulso de matar, la ilusión de separación y el yo que parecía solo en todo el universo. Sus preguntas no tienen respuesta, siendo hechas para callar la Voz de Dios, que hace a cada uno una sola pregunta: "¿Ya estás listo para ayudarme a salvar el mundo?[7]

Maniobrar el Imperio del Ego es una jornada de por vida. Ya tienes las herramientas de la comprensión y las claves de la libertad. Se te anima a crear tus propios sistemas de apoyo, tu propio Power Pod (grupo de empoderamiento), para ayudarte a mantenerte en el camino, para mantenerte real y responsable. Para eso solo podemos depender en nosotros mismos.

La aventura continúa. Ahora estamos listos para entrar en la Zona de Poder.

PRÁCTICA DE PODER

- ¿Quién está en tu equipo? El heroico viaje descrito aquí te llevará a través de subidas y bajadas, picos y valles, trampas y atolladeros. Tener tu Power Pod de compañeros de viaje marcará la diferencia en tiempos difíciles y proporcionará oportunidades para el apoyo mutuo, la responsabilidad personal y la inspiración. Por favor, únete al grupo *Libera Tu Héroe Interior* en Facebook. (https://www.facebook.com/groups/unleashyourinnerhero). Allí encontrarás a otros al igual comprometidos en su jornada de autodescubrimiento y liberación. ¿Hay otros con los que te gustaría compartir un Power Pod? ¿Qué nombre surge para describir a sus participantes? (¿Quizás basado en la geografía o en un tema favorito? Ejemplos: Quito Power Pod, Guerreros de la Verdad Power Pod, Grupo Arcoiris, Grupo de Chicas Poderosas).

Sección III

La Zona del Poder

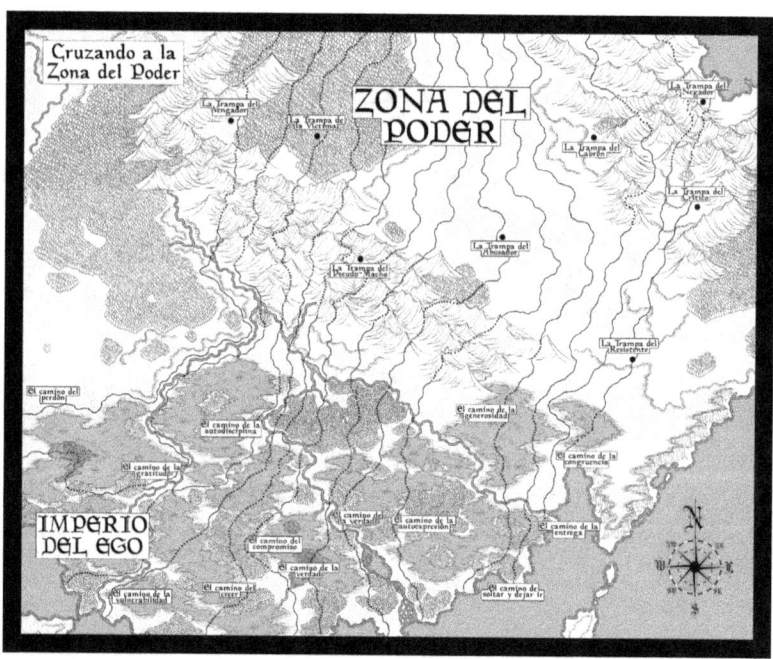

Mapa de la Zona de Poder

Capítulo 13
Poder Espiritual vs Poder Egoico

¿Alguna vez has sentido esa sensación de pavor que significa saber saber que está atrapado en una lucha por el poder? Primero te agarra el estómago... luego tu pecho se aprieta. O tal vez sientes que el pulso se acelera a medida que tus entrañas comienzan a hundirse. Sabes que estás atrapado en un juego de poder cuando la agenda de otra persona te hace perder el equilibrio. Puede ser tu jefe o tu pareja, incluso un hijo adolescente puede convertirse en un oponente empeñado en mostrarte quién manda.

Y luego está esa parte de nosotros que se pone instintivamente a la defensiva y responde: "¡Tú no me mandas! ¡Te mostraré quién tiene el poder!" El conflicto que resulta puede destruir relaciones, arruinar carreras y, cuando se desarrolla en el escenario mundial, traer naciones al campo de batalla.

Un juego de poder es como una resaca. Cualquiera que haya vivido cerca del mar sabe que lo peor que puede hacer es luchar y nadar contra ella. Esa batalla la perderás. El poder puede ser así. Y, sin embargo, nuestro cerebro está programada para luchar.

¿Qué pasaría si aprendiéramos otra forma de manejar las luchas de poder? ¿Si pudiéramos expandir nuestro repertorio en lo que respecta al poder y aprender a maniobrar los conflictos de poder con autenticidad, logrando el resultado que deseamos sin quedar atrapados en un ciclo de "reaccionar y arrepentirse"?

Hay mucha confusión en el mundo sobre el poder: ¿qué es?, ¿quién lo posee?, ¿qué significa?, ¿cómo funciona? Tenemos una relación ambivalente y conflictiva con él: lo queremos, pero tenemos miedo de abusar de él. Quizás la razón por la que sentimos conflicto acerca del poder es que estamos considerando tipos de poder fundamentalmente diferentes.

El poder mundano o egoico siempre tiene una agenda. Es egoísta. Logra sus objetivos por la fuerza, la dominación, el control o la manipulación y, a menudo, es abusivo, arrogante y engreído. Se basa en el miedo, es exclusivo, jerárquico y oprime a los demás para sentirse poderoso.

En contraste, el poder espiritual guía e inspira. Es humilde y sin pretensiones; su fuente y energía son internas. El poder espiritual se trata de una auténtica autoexpresión, del servicio a otros, de marcar una diferencia. Se basa en el amor, es inclusivo y no se ve amenazado por otros que tienen poder. Se sostiene libremente por sí solo. Simplemente es. Y es poderoso.

A medida que continúes en tu jornada heroica y encuentres tu camino a través de lo que llamo la Zona de Poder, te sentirás inspirado para relacionarte con el poder de nuevas formas que generen un nivel más profundo de satisfacción y efectividad en el mundo. Al mismo tiempo, desarrollarás tu propia expresión de poder, una que sea congruente con tus valores, creencias y forma de ser. La aventura en la Zona de Poder te enseñará a como liberarte de la resaca y alcanzar un lugar seguro.

La forma en que expresamos y nos relacionamos con el poder impacta toda área de nuestras vidas: el trabajo, la política, la religión, las relaciones personales y románticas, que es donde la mayoría de nosotros abandonamos o regalamos nuestro poder interior. La información explorada en este capítulo transformará tu relación con las relaciones y te guiará a la libertad.

Entrando a la zona de poder

Para entrar en la zona de poder, el héroe primero debe superar el miedo al rechazo y al conflicto. (Fíjate en el río y el abismo en el mapa.) Para poder lograrlo, el héroe tiene que resolver cualquier noción de ambivalencia sobre el poder que pueda albergar. De lo contrario, no habrá suficiente motivación. El impulso para reclamar el poder propio tiene que superar el miedo al rechazo o al conflicto.

El primer paso en esta jornada es comprender los diferentes tipos de poder. Exploraremos dos: el poder mundano o egoico y el poder espiritual.

El poder mundano se refiere a la forma en que el mundo ve el poder. Este es el poder filtrado a través del ego y todos sus esquemas, estratagemas y maquinaciones. A largo plazo, el poder mundano nos deja sintiéndonos vacíos e insatisfechos. Claro que puede comprarnos comodidad momentánea, placer, estatus y la ilusión de bienestar. Sin embargo, no es profundamente satisfactorio ni duradero. Debido a que su fuente es ilusoria y no auténtica, también podemos pensar en el como pseudo poder.

En contraste, el poder espiritual se origina en la parte más auténtica y profunda de quienes somos. Se caracteriza por una genuina autoexpresión. No tiene necesidad de imponerse sobre los demás para sentirse poderoso.

La siguiente tabla destaca aún más las diferencias entre estos dos tipos de poder.

Poder egoico	Poder espiritual
Enfoque Externo	Enfoque Interno
Interés Propio	Orientación al Servicio
Arrogante	Humilde
Jerárquico/Poder sobre	Horizontal/Poder con

Miedo/Control/Fuerza	Inspiración/Amor
Maquiavélico/Basado en la mente	Intuición/Basado en el cuerpo
Abusivo	Respetuoso
Excluye	Comparte
Reactivo/impulsivo	Responde a voluntad

Externo vs. Interno

El poder egoico o mundano tiene un enfoque externo y se asocia con la fama, el dinero, el estatus social o las conexiones políticas o religiosas. Debido a que su fuente es externa y por lo tanto depende de la validación y el reconocimiento de los demás, es inconsistente.

Por el contrario, el poder espiritual no necesita reconocimiento externo. Su enfoque y fuente son internos. Su poder proviene de un profundo nivel de autoconciencia y una conexión con uno mismo, la naturaleza y lo sagrado.

La película original de Star Wars tiene el mensaje que se encuentra en muchos otros libros y películas del género del héroe: que el poder auténtico se encuentra en nuestro interior. Mientras Luke se prepara para la única y casi imposible oportunidad que tiene de destruir la Estrella de la Muerte al disparar la bomba en el lugar preciso en el momento exacto, escucha la voz de Obi-Wan Kenobi, su Maestro Jedi, recordándole: «Confía en la Fuerza". El miedo y la duda se superan al confiar en la voz interior de la intuición. El poder de solo una persona puede derribar un imperio.

> "BUSCA CONOCER EL PODER QUE HAY DENTRO DE TI".
> —JOSEPH CAMPBELL

Asimismo, en El mago de Oz, la Bruja Buena le dice a Dorothy: "¡Has tenido el poder todo el tiempo, querida!» Esa historia también sigue el marco del viaje del héroe; el camino de ladrillos amarillos representa el camino hacia la libertad y el empoderamiento.

Interés Propio vs. Orientación al Servicio

El pseudo poder es egoísta, siempre tiene una agenda y puede cegarse al efecto que sus acciones tienen en los demás. Se puede abusar de él para beneficio personal, para imponer la voluntad de uno a otro, para controlar o manipular un resultado. El poder mundano es insaciable y está impulsado por la codicia; su agenda generalmente es de ganar más poder.

Cuando volvemos a ver a Kylo Ren en Star Wars Episodio IX, The Rise of Skywalker, permanece bajo la influencia del Lado Oscuro. Siempre hambriento de más poder, cuando descubre que el Emperador Palpatine, el exlíder del Imperio Galáctico, aún vive, se siente obligado a destruirlo. En el ámbito del poder mundano, que otros tengan poder es una amenaza para el poder propio.

El poder espiritual tiene una perspectiva más amplia y tiende a ser desinteresado. Ese tipo poder no se persigue como un fin en sí mismo, sino como un medio para servir e impactar a otros.

En la misma película, la siguiente escena nos deja ver la diferencia. Los héroes, Rey, Finn y Poe, han encontrado la nave que necesitaban para recuperar un *wayfinder*, un dispositivo para ayudarlos a localizar el planeta oculto de los Sith, donde se esconde el Emperador Palpatine. En el proceso de salir de la nave se encuentran con un Vexis, una serpiente blindada gigante, que bloquea su camino. Mientras Finn y Poe (hombres típicos, por lo menos en este ejemplo), se preparan para dispararle a la enorme criatura, Rey se da cuenta de que está herida. Aunque Rey ejerce un poder incalculablemente mayor que sus compañeros, usa la Fuerza para curar la herida de la serpiente, que luego se retira, permitiéndoles pasar fácilmente. El poder espiritual es benévolo, desinteresado y generoso.

Es importante aclarar el concepto de servicio. Parecido a los diferentes tipos de poder también hay diferentes expresiones de servicio. Originado en el nivel del ego, el pseudo servicio es condicional y, a menudo, adquiere una calidad de víctima y de abnegación que puede resultar en agotamiento y resentimiento. Casi de manera contradictoria, el servicio auténtico y empoderado incluye cuidarse a uno mismo.

Para poder servir auténticamente, no somos egoístas pero tampoco abnegados. Como nos instruyen al viajar por avión, primero debemos ponernos nuestra propia máscara de oxígeno antes de ayudar a los demás, aunque sean niños. Tenemos que cuidar de nosotros mismos para poder ayudar a los demás.

En uno de mis retiros, Roberta descubrió un patrón subconsciente de hacer por los demás como forma de buscar validación y aceptación. Ese tipo de pseudo servicio, o servicio con la expectativa de recibir algo a cambio, nunca satisface y suele ser frustrante. Roberta se dio cuenta de que para ella, el patrón se había formado de niña, cuando se convirtió en la hija que le solucionaba los problemas a su madre alcohólica. Al darse cuenta de aquel patrón fundado en el dar condicional y en el malentendido de que tenía que hacer algo para recibir el amor de otra persona, comenzó a reevaluar todas sus relaciones y a poner en lugar límites más saludables. Pudo sanar su herida original que no era suficiente y aprendió a dejarse ser amada solo por ser quien era, sin necesidad de tener que hacer nada para comprobar su valor. A partir de ese momento, pudo dar y servir libremente por su generosidad innata, y no porque buscara el amor o la aprobación de otros. ¡Eso es libertad!

> "EL PODER ES LA CAPACIDAD DE HACER COSAS BUENAS POR LOS DEMÁS".
> —BROOKE ASTOR

Arrogante vs. Humilde

En su significado griego original, la palabra héroe significa protector o defensor. A lo largo de la historia, nuestros mayores héroes han sido precisamente eso, guerreros que lucharon, protegieron y, a menudo, dieron su vida por su gente, sus comunidades o sus países. La mayoría de las veces, los héroes no eran conocidos por su humildad sino más bien por su vanidad y arrogancia. Odiseo, que sufrió numerosas tribulaciones por su arrogancia e Ícaro, que voló demasiado cerca del sol con alas de plumas y cera, son ejemplos en la literatura. El líder militar, el general Patton, es otro ejemplo de héroe arrogante, como lo es Napoleón, cuya invasión impulsiva y desastrosa de Rusia provocó el fin de su imperio. Tanto en la vida como en la literatura, la arrogancia o el orgullo es un factor determinante bastante constante del héroe, y a menudo es la causa de su caída.

En *La bella y la bestia*, Gaston, de cuerpo, un especimen perfecto, pierde a Bella debido a su desagradable ensimismamiento y orgullo. En el mundo de las finanzas, tanto en el cine como en la vida real, abundan los ejemplos de éxito que se convierten en exceso de confianza y una sensación de indestructibilidad, lo que lleva a una caída inevitable: Gordon Gekko en *Wall Street*, Jordan Belfort en *Wolf of Wall Street*, el caso de tráfico de información privilegiada de Martha Stewart y los esquemas fraudulentos de Enron y Bernie Madoff.

Regresando a nuestra discusión sobre el poder, aquellos que ejercen el poder mundano son como un pavo que se hincha para parecer más grande, más fuerte e impresionante para la danza de seducción. Los pavos en nuestra sociedad —muchos líderes corporativos, políticos y religiosos, por ejemplo— están tan llenos de sí mismos que ni siquiera pueden solucionar las necesidades reales de sus comunidades. Como dice sabiamente Albus Dumbledore en los libros de Harry Potter, "Es una cosa curiosa. . . pero quizás los que mejor se adaptan al poder son los que nunca lo han buscado".

En nuestra cultura de selfis y celebridades, de la fama instantánea en las redes sociales y televisión de "realidad" falsa, hay mucha necesidad de humildad, de poder espiritual. Este tipo de poder no necesita validación externa, ni de probarle nada a nadie. Aquellos que lo tienen son lo suficientemente fuertes como para resistir la tentación de usar su poder para fines egoístas o para el engrandecimiento personal. La persona con poder espiritual es humilde y esta consciente del deber sagrado y la responsabilidad que acompaña a ese poder. Piense en Gandhi, o Gandalf, en El Señor de los Anillos, vestidos simplemente con sus túnicas monásticas y sandalias, pero con un poder inmenso que usaban solo cuando era absolutamente necesario. Gandhi logró derribar al imperio inglés, cuando estaba en su apogeo, sin dar un puñetazo o disparar un tiro. Eso es poder.

> "EL PODER AUTÉNTICO NO TIENE QUE HACER ALARDE O LUCIRSE. ES CONFIADO, SEGURO DE SÍ MISMO... CUANDO LO TIENES, LO SABES".
> —RALPH ELLISON

JERÁRQUICO VS. HORIZONTAL

El poder mundano se origina en un malentendido: que ejercer influencia o control sobre otro es lo que nos hace poderosos. Requiere que seamos capaces de aplastar o pisar a otros para sentirnos poderosos. Esto fomenta la competencia negativa y un estado de conflicto constante.

El poder espiritual es horizontal; se trata de *poder con* en lugar de *poder sobre*. Las personas que poseen un poder auténtico no oprimen o abusan ni buscan imponer su agenda a nadie más. Tampoco necesitan establecer su autoridad y negar a otro su soberanía. La autoexpresión y la comunicación auténtica son síntomas del poder espiritual.

La cooperación es de naturaleza tan intrínseca como la competencia. De hecho, como el documental *I Am* indica, Charles

Darwin usó solo dos veces la conocida y frecuentemente citada frase "supervivencia del más apto" en su libro clásico *The Descent of Man*, mientras que usó la palabra amor 95 veces.

En las leyendas artúricas, los caballeros se reunían en Camelot en la icónica Mesa Redonda, que simbolizaba la igualdad de estatus de todos los miembros. Poder con, no poder sobre.

> "EL PODER SOBRE LOS DEMÁS ES DEBILIDAD DISFRAZADA DE FUERZA. EL VERDADERO PODER ESTÁ DENTRO DE TI Y TÚ TIENES ACCESO A EL".
> —ECKHART TOLLE

De nuevo, en *Star Wars Episodio IX*, Poe se acerca a Finn y comparte abiertamente el nuevo papel de comandante que le otorgó la Princesa Leia. "No puedo hacer esto sin ti", le dice a su amigo, en esta escena que revela un aspecto más vulnerable e igualitario del poder, a diferencia del previo incidente con la serpiente.

Miedo/Control/Fuerza vs. Orientación/Inspiración/Amor

El poder egoico controla mediante el miedo, la fuerza y la intimidación. Su modus oprandi es la dominación. Tristemente, esta es la forma de poder mas común del mundo. El miedo informa todas las acciones del poder egoico, que frecuentemente se expresan con violencia. ¿Cuántas guerras más serán necesarias para que aprendamos que la venganza y la violencia solo engendran más de lo mismo? Es más poderoso, más valiente, romper los ciclos del poder violento.

La palabra coraje proviene del francés *coeur*, que significa "corazón». La raíz de la palabra es *cor*, la palabra en latín para corazón. El poder espiritual se origina en el corazón. En cierto sentido, es una expresión de amor, no de un pseudo amor débil y sentimental, sino de un amor feroz y poderoso que trasciende todo.

Si hay una palabra que mas asociamos con heroísmo, es coraje. Es interesante que uno de los más altos honores otorgados por el ejército de los EE. UU. es el Corazón Púrpura. Como dice Zeus en la película animada *Hércules*, "Un verdadero héroe no se mide por el tamaño de su fuerza, sino por el tamaño de su corazón».

El poder espiritual es auténtico y natural, y no busca imponer su agenda a los demás, aunque aquellos que poseen el poder espiritual ciertamente pueden tomar una posición feroz e implacable frente a la injusticia.

El poder espiritual inspira y persuade, no coacciona. No controla ni microgestiona, sino que fluye con las sorpresas de la vida y la imprevisibilidad de la naturaleza humana. El poder auténtico es libre y busca liberar a otros.

Uno de los temas recurrentes en las películas de X-Men es el conflicto fundamental entre Magneto y Charles Xavier. Aunque su objetivo final es el mismo, ambos quieren un mundo en el que los mutantes puedan ser libres y prosperar, tienen perspectivas divergentes sobre la mejor manera de lograrlo. La visión de Xavier es transformar el miedo y la desconfianza de la sociedad hacia los mutantes para que todos puedan vivir en paz en la tolerancia y el respeto mutuos. Con ese fin, su escuela se esfuerza por enseñar a los mutantes cómo dominar sus poderes de manera responsable y usarlos al servicio de la humanidad. Su filosofía, entonces, se trata de poder con—y aceptación a través de la inspiración, el servicio y el amor.

El enfoque de Magneto es una expresión del poder mundano. Para él, que los mutantes usen sus poderes para ayudar a la misma sociedad que busca perseguir y oprimirlos no tiene sentido. Su enfoque tiene una orientación más tribal y está orientado a la supervivencia del más apto: poder sobre.

De manera similar, en la serie de ciencia ficción de Julian May *La saga del exilio plioceno*, la humanidad ha alcanzado un nivel de evolución en el que cierto número de seres humanos han desarrollado poderes extraordinarios, como la telepatía, la psicoquinesia y la curación psíquica. Para el resto de la humanidad, los que tienen poderes se ven con miedo y desconfianza, lo que lleva inevitablemente al conflicto. En un momento crucial, un gran número de los superdotados se encuentran rodeados en un refugio en la cima de una montaña y se enfrentan a una elección existencial cuando las milicias armadas se acercan con la intención de destruirlos. Si bien saben que pueden combinar su poder y aniquilar las fuerzas que se acercan, muchos sienten que eso sería un abuso de su poder. Después de mucha discusión, deciden colectivamente no usar su poder para la violencia. En ese momento, miles de naves espaciales intervienen con tecnologías avanzadas que resuelven todos los problemas de la humanidad: hambre, enfermedades, desequilibrio ambiental, en unos pocos años. Al elegir el amor, la humanidad pasa la prueba y somos iniciados en la conciencia galáctica.

> "CUANDO EL PODER DEL AMOR SUPERE EL AMOR AL PODER, EL MUNDO CONOCERÁ LA PAZ".
> —JIMI HENDRIX

Maquiavélico/Basado en la mente vs. Intuición/Basado en el cuerpo)

Mientras que el poder egoico está asociado con la mente y los procesos mentales, el poder espiritual reside más en el cuerpo, en el corazón y en el centro llamado *dantian* en las artes marciales. El lenguaje del primero consiste en palabras y razonamientos complejos, mientras que el segundo proviene del lenguaje simple de la intuición y los sentimientos. El poder egoico tiene que ver con ideas grandiosas, estrategias complicadas y esquemas maquiavélicos. Su mundo encubierto de movimientos calculados y agendas ocultas está altamente controlado.

El poder egoico también usa la manipulación como una forma de controlar a los demás y obtener lo que quiere. En una caricatura reciente, un tipo corporativo con un traje caro se sienta en una mesa con un inmigrante de piel oscura y mal vestido y un trabajador pobre, blanco. El rico, sentado frente a un plato rebosante de dulces, le dice al trabajador blanco, que mira fijamente el único dulce en su plato: "Cuidado, que vienen por el tuyo". El poder mundano es manipulador y divisivo, y utiliza el miedo a la supervivencia, la carencia, la soledad u otras amenazas como arma.

En la serie de *Star Wars*, ya sea Darth Vader y el Imperio o el Emperador Palatino y la Primera Orden, el poder se expresa a través del miedo, la fuerza y la manipulación, la forma en que gobiernan todos los tiranos. En el Episodio IX, en la batalla final cuando parece que los rebeldes están a punto de ser aniquilados por la fuerza inconmensurablemente superior de la Primera Orden, Poe se da cuenta de que "La Primera Orden gana haciéndonos pensar que estamos solos. No lo estamos." El camino del tirano es de separación y división. Los déspotas ganan al hacer que aquellos a quienes buscan controlar se sientan separados y solos, débiles e indefensos frente al poder atrincherado y la fuerza abrumadora. Una vez que Poe ve a través de esas estrategias manipuladoras y supera su crisis de duda, de repente miles de naves espaciales se materializan desde el hiperespacio y los rebeldes ganan la batalla.

Los mensajes y el lenguaje del poder espiritual tienden a ser simples, sutiles, intuitivos y en el momento, como "¡Usa la fuerza, Luke!» *En El señor de los anillos*, el poder de Frodo proviene de su coraje, persistencia, lealtad y su habilidad innata para confiar en su intuición, incluso cuando todas las pruebas apuntan a lo contrario.

Wonder Woman, la Mujer Maravilla, tiene gran fuerza, poder y enfoque, cualidades que en general atribuimos a las energías masculinas. Sin embargo, también está impulsada por cualidades femeninas, como un profundo sentido de empatía y compasión. Es guiada por su intuición. Permanece conectada con su pasado, su familia de Amazonas y su misión. Enfrenta a todo desafío con el coraje que proviene de su convicción. Es el amor lo que anima su poder.

> "SOLÍA QUERER SALVAR EL MUNDO. PARA PONER FIN A LA GUERRA Y TRAER LA PAZ A LA HUMANIDAD. PERO LUEGO, VISLUMBRÉ LA OSCURIDAD QUE VIVE DENTRO DE SU LUZ. Y APRENDÍ QUE DENTRO DE CADA UNO DE ELLOS SIEMPRE HABRÁ AMBOS. UNA ELECCIÓN QUE CADA UNO DEBE HACER POR SÍ MISMO. ALGO QUE NINGÚN HÉROE VENCERÁ JAMÁS. Y AHORA SÉ QUE SOLO EL AMOR PUEDE SALVAR AL MUNDO. ASÍ QUE ME QUEDO Y LUCHO POR EL MUNDO QUE SÉ QUE PUEDE SER ".
> —MUJER MARAVILLA

Abusivo vs. Respetuoso

A menudo se abusa del poder egoico o se expresa de manera excesivamente fuerte. El abuso de poder ocurre cuando la persona que lo lleva a cabo tiene el control de las circunstancias en una situación, ya sea a través de la autoridad legal o el dominio absoluto. Por ejemplo, las manifestaciones Black Lives Matter contra la brutalidad policial y el racismo sistémico en los Estados Unidos y en todo el mundo surgieron en respuesta a la ejecución injusta del poder.

El abuso de poder no es dominio exclusivo de los políticos, la policía o los ricos, también se puede encontrar, por ejemplo, entre los líderes espirituales. Lamentablemente, hay muchos ejemplos de abusos de poder en las relaciones entre maestros y alumnos. La vulnerabilidad y la franqueza que requieren estas relaciones pueden conducir a ese tipo de seducción del poder.

La forma en que Estados Unidos expresó su poder en los años posteriores al 11 de septiembre es otro ejemplo de abuso de poder. Partiendo de una mentalidad de arrogancia basada en el miedo, la respuesta a esa tragedia fue exagerada y paranoica, además de sus aspectos de interés propio. En muy poco tiempo, el país logró desperdiciar la buena voluntad del mundo y las oportunidades —y responsabilidades— que presenta ser la única superpotencia mundial, provocando en muchos odio y resentimiento. Todavía se sufren los efectos de la invasión de Irak, que no era responsable por la destrucción de las torres.

El poder espiritual demuestra un profundo respeto por las implicaciones del poder y es consciente de expresarlo de acuerdo con las necesidades de cada circunstancia. Los buenos líderes, al igual que los buenos padres, saben cómo calibrar su forma de comunicación para que los miembros del equipo, o los hijos, puedan recibirla. A veces se necesita un enfoque más autoritario y directivo. En otras ocasiones, una comunicación más suave es más efectiva. Mientras que el enfoque egoico consiste en señalar con el dedo o abusar del cargo, el poder espiritual invita participación, y no es menos poderoso. Una vez mi exprofesora Maia llevó su carro al taller de reparación de autos para hacer unos arreglos y el mecánico se comportó en forma grosera. Pasó un rato y la situación iba de mal en peor. El tipo se puso agresivo. En lugar de tomarlo como un ataque personal o ser desagradable a cambio, ella respiró profundo, se calmó, lo miró a los ojos y le dijo simple pero firmemente: "Disculpe, no quiero que me traten de esta manera". El tipo se detuvo en seco, la miró, y su comportamiento cambió por completo.

> "EL PODER NO PROVIENE DEL CAÑÓN DE UN ARMA, SINO DE LA CONCIENCIA DE NUESTRA PROPIA FUERZA CULTURAL Y DE LA CAPACIDAD ILIMITADA DE EMPATIZAR, SENTIR, CUIDAR Y AMAR A NUESTROS HERMANOS Y HERMANAS".
> —ADDISON GAYLE, JR.

EXCLUYE VS. COMPARTE

El que practica el poder mundano lo intenta acaparar. Lo comparte de mala gana cuando no queda otro remedio o cuando una alianza en particular le beneficia a su propia agenda. Este tipo de pseudo poder es basado en el miedo y la carencia. La expresión de poder de cualquier otra persona o sus esfuerzos por obtener poder se interpretan como una amenaza. Y este tipo de persona tratará de sofocar esas amenazas con acciones preventivas, acaparando secretos y fuentes de información, por ejemplo.

Por el contrario, el poder espiritual es transparente y permite el flujo de información y emociones. Mientras que el poder mundano ve las emociones como una debilidad y vive en un estado defensivo como si estuviera sitiado, el poder espiritual acepta la vulnerabilidad como fuerza. Es tan seguro en sí mismo que no hay necesidad de defender nada.

De hecho, el poder espiritual busca empoderar a los demás. Entiende que el poder no es un juego de suma cero. Es confiado y autosuficiente y sabe que el poder de otro no disminuye el suyo. Busca expandir más que limitar el poder. Predica con el ejemplo. Se da a sí mismo y no intenta atesorar.

> "EL CONOCIMIENTO ES PODER; Y EL PODER SE COMPARTE MEJOR ENTRE AMIGOS ".
> —OTIS CHANDLER

Reactivo e Impulsivo vs. Responde a Voluntad

Una persona que vive planificando sus estrategias y manipulaciones tiende a vivir en un estado estresante de miedo y en una actitud defensiva hacia la vida. Esto puede resultar en una estado de reactividad defensiva y casi instintiva, que se presta fácilmente al abuso. Incluso la mentalidad de "ataque preventivo" es una forma de vivir reactiva, ya que percibe en todo lugar una amenaza constante a su seguridad o estatus. Esta actitud reactiva causa daño a las relaciones y conduce con frecuencia a sentimientos de arrepentimiento.

Al contrario, la persona que practica el poder espiritual confía en si misma y es consciente de el efecto que sus acciones pueden tener en los demás. Evalúa cuidadosamente las opciones y responde a voluntad, en vez de reaccionar automáticamente. Esta forma de ser requiere honestidad con uno mismo, autodisciplina y una evaluación constante de nuestros motivos. En el ejemplo de la gasolinera anterior, Maia podría haber reaccionado con la misma antipatía y grosería del mecánico. Se pudo haber quejado al gerente, o amenazarlo que iba a hacer que lo despidieran. La discusión pudo haberse convertido en una confrontación mas seria, en una lucha de poder entre egos que intentaban superarse el uno al otro. Pero además de estar segura en si misma y sin tener necesidad de ejercer poder sobre el operativo del taller, también tenía claros sus límites. Entendió que, en última instancia, el comportamiento del tipo no tenía nada que ver con ella, y pudo darle el beneficio de la duda: Tal vez solo estaba teniendo un mal día. Pero aún así le hizo saber que no quería que la trataran de esa manera. No confrontó al otro ego, que ni siquiera sabía lo que es un ego, diciéndole qué hacer o no hacer: "¡NO me hablarás de esa manera!" No lo insultó ni le puso un ultimátum: "¡Dejas de hablarme de esa manera o voy a asegurar de que te despidan, animal! Simplemente le dejó saber cómo quería que la trataran con actitud tranquila pero firme. Y su método resultó exitoso.

"EN ÚLTIMA INSTANCIA, EL ÚNICO PODER AL QUE EL SER HUMANO DEBE ASPIRAR ES EL QUE EJERCE SOBRE SÍ MISMO".
—ELIE WIESEL

PRÁCTICAS DE PODER

- Captura en tu diario un ejemplo reciente de una situación en la que quedaste atrapado en una lucha por el poder. Ahora que tienes conocimiento del poder egoico y el poder espiritual, ¿cómo percibes las situación? ¿Cómo manejarías la situación de manera diferente?
- Cuales son tus creencias negativas en relación al poder?
- Cuales son tus creencias positivas en relación al poder?
- ¿En que forma estás vendiendo tu poder? (¿En qué áreas de la vida? ¿En qué relaciones?)

Capítulo 14
¡Peligro! Trampas de poder por delante

El objetivo de este viaje a la Zona de Poder no es establecer una dicotomía de poder o demonizar automáticamente el poder mundano. Más bien, el objetivo es ampliar nuestra forma de pensar sobre el poder y ofrecer una forma diferente de verlo.

El poder no es intrínsecamente bueno o malo. Nuestra intención y como lo expresamos determinan si el poder tiene un resultado constructivo o destructivo. La parafernalia del poder tampoco es intrínsecamente mala: la fama, el dinero, la notoriedad, el estatus social, la influencia y las conexiones políticas pueden utilizarse para mejorar el mundo o con fines egoístas y dañinos.

En su libro *Tipos de poder*, James Hillman advierte sobre establecer el amor como la antítesis del poder. El poder no es enemigo del amor, afirma, pero con demasiada frecuencia se presenta como lo opuesto al amor, el alma, la bondad y la belleza. "La corrupción comienza no en el poder, sino en la ignorancia al respecto.... Dar una cuidadosa consideración a algo, mantener un profundo interés en ello, ¿no es esto amor?[8] Como dice Hillman, uno de los problemas de establecer esta dicotomía es que muchas personas terminan renunciando al poder para volverse más "amorosas".

Esto nos ayuda a comprender por qué tantos de nosotros tenemos una relación conflictiva con el poder. Uno de los temas más comunes entre los participantes de mis retiros es el miedo de que puedan abusar del poder o causar daño si toman posesión de su poder. Lo queremos, pero le tememos.

A veces el poder mundano es lo que se necesita. Una situación de crisis, como la activación de una alarma de incendio en un teatro llena de gente, no sería el momento de encuestar al grupo: "Hum. A ver, ¿cuántas de ustedes, almas maravillosas, piensan que deberíamos tomar esta salida? Por favor levante la mano ". Un líder evaluaría rápidamente la situación y dirigiría a las personas de manera clara y sin disculpas: "¡Por aquí! ¡Vengan!" O, cuando se ve uno atrapado en medio de un juego de poder político en el trabajo, es útil entender las tácticas y estrategias del poder mundano. Usado conscientemente, este tipo de poder es ciertamente eficiente y logra sus fines. Comprender cómo funciona el poder mundano puede ayudarnos a obtener lo que queremos en determinadas situaciones.

Las preguntas son: ¿Cómo empleamos el poder con integridad, conscientemente, sin causar daño a nosotros mismos o a los demás? ¿Qué riesgos corremos cuando decidimos usar el poder? ¿Cómo lo manejamos sin dejarnos atrapar por su carácter seductor, sin caer en una de sus trampas? A medida que avanzamos por el Imperio del Ego, es importante mantenerse atento a las trampas del poder.

El poder se presta al abuso

El potencial de abusarlo es una de las causas principales de la ambivalencia que muchos sentimos hacia el poder, y una de las razones por la cual lo rechazamos. Cuanto más conscientes de nosotros mismos seamos y más conscientemente vivamos nuestras vidas, menos estaremos sujetos a tendencias egoicas, incluso inconscientes, y, por lo tanto, es mucho menos probable que abusemos del poder.

El objetivo es ser cada vez más conscientes de lo que nos motiva: los pensamientos, las emociones y los patrones que determinan nuestro comportamiento, de modo que seamos cada vez más capaces de elegir cómo queremos ser en una situación determinada, en lugar de reaccionar impulsiva y automáticamente. Quizás temamos al poder porque en algún momento del pasado lo usamos indebidamente al reaccionar exageradamente, causándole daño a otros. Lo que queremos es introducir el elemento de elección en cada situación. Quizás no podamos elegir nuestros sentimientos y emociones, pero ciertamente podemos elegir cómo vamos a ser y cómo responderemos cuando esas emociones afloren. La meta final está clara, y en las próximas páginas veremos más específicamente cómo la logramos.

Para los antiguos griegos, el hubris, la arrogancia, era el peor de todos los crímenes. Como ya vimos, se refiere a un orgullo desmedido, excesivo, cegador, que a menudo conduce a la caída del héroe. ¿Cuántos políticos o líderes religiosos más necesitamos presenciar caer en redes de su propia creación? Richard Nixon. Bill Clinton. Manuel Noriega. Marcial Maciel. Fernando Karadima. José María Escrivá de Balaguer. Donald Trump. La lista continua.

No es tanto que estos hombres —porque suelen ser hombres— sean hipócritas, sino que quedan atrapados por sus propias represiones y proyecciones. Así es como funciona la proyección como mecanismo de defensa: juzgamos allí lo que no podemos ver o reconocer aquí. Cuanto más conscientes seamos, y cuanto más aceptemos quiénes somos, menos seremos impulsados por fuerzas inconscientes y reprimidas. También será menos probable que seamos presas de la arrogancia.

El poder es seductor

¿Será que tememos que, como Gollum en El señor de los anillos, seamos tan seducidos por el poder que perdamos todos los vestigios de nosotros mismos, de nuestra humanidad?

No hay duda de que el poder es seductor, al igual que muchos de sus atavíos. Una vez más, la fama, el dinero y el estatus no son intrínsecamente malos. Sólo cuando nos apegamos a ellos, cuando comenzamos a vender nuestras creencias, nuestras convicciones, nuestra naturaleza más profunda para adquirirlas, mantenerlas o expandirlas, estamos en riesgo. Cuanto mejor nos conocemos a nosotros mismos y valoramos quiénes somos intrínsecamente, menos probable es que dependamos de factores externos, superficiales y transitorios para sentirnos validados y satisfechos. Con presencia y autoconciencia podemos tener estas cosas —y poder— sin que nos posean.

El poder corrompe

"El poder corrompe" es casi siempre las primera respuesta en mis retiros cuando comenzamos el proceso de enlistar las creencias negativas sobre el poder. Si bien hay algo de verdad en la invectiva de Lord Acton, cuando se lee en contexto indica que se refería en particular a las estructuras de poder político: "Y recuerde, donde usted tiene una concentración de poder en unas pocas manos, con demasiada frecuencia hombres con la mentalidad de gánsteres toman el control. La historia lo ha demostrado. Todo poder corrompe; el poder absoluto corrompe absolutamente." En otras palabras, no se refería al poder personal, que es nuestro enfoque aquí.

También es cierto, como señala el escritor de ciencia ficción David Brin, que "el poder corrompe, pero en realidad es más cierto que el poder atrae a los corruptibles. A los cuerdos generalmente les atraen otras cosas, no el poder «. Entonces nos preguntamos, ¿cómo es que Jesús, cuando es tentado por el poder en la cima de la montaña en el desierto, o Galadriel, reina de los elfos en *El señor de los anillos*, pueden resistir la atracción corruptora del poder y no convertirse en su esclavo?

¿Cómo manejamos el poder con integridad, sin necesidad de abusarlo o negarlo? ¿Cómo sabemos cuándo se cruza la línea? Es complicado y puede ser una pendiente resbaladiza. A veces es muy seductor el poder.

Pienso que la solución es desarrollar un fuerte sentido de sí mismo, lo que solo es posible al conocerse uno mismo en profundidad.

Tal vez no tengamos la oportunidad de demostrar nuestro temple en un viaje heroico por el mundo, del cual regresamos a la comunidad habiendo adquirido sabiduría y conocimiento para compartir. Pero todos tenemos acceso, y yo diría, el llamado, para explorar el Gran Mundo Interior, donde se encuentra la sabiduría. Allí, en la fuente, encontramos la autoaceptación y el amor propio. De manera natural, nos convertimos en una expresión congruente de quiénes somos. Nos conectamos con nuestro propio héroe interior. Cuanto más auténticamente poderosos nos sentimos, menos necesidad hay de compensar en exceso con las estrategias y los juegos del poder egoico. El llamado al heroísmo es universal, ¡ahora más que nunca!

> EL AUTOCONOCIMIENTO Y LA AUTOCONCIENCIA SON LOS AMULETOS QUE NOS PROTEGEN CONTRA LAS FUERZAS SEDUCTORAS Y CORRUPTORAS DEL PODER.

Y hay ejemplares. El chef español Jose Andres viene a mente. Su labor humanitario al frente de la ONG World Central Kitchen durante la pandemia y la crisis humanitaria en Ucrania ha sido reconocido mundialmente. Y al parecer, él ha podido manejar la fama sin perder la humildad y generosidad. Igualmente, la cantante Gloria Estefan, ganadora de múltiples premios incluidos siete Grammys, y su esposo Emilio, son reconocidos por su generosidad al haber ayudado a muchos otros artistas latinos a conseguir el éxito. En Miami, donde viven, han apoyado en muchas formas a la comunidad latina siempre manteniendo su humildad y sin abusar del privilegio que disfrutan.

Más adelante consideraremos algunas prácticas que nos ayudarán con este proceso. Pero primero, veamos algunas otras maneras en que podemos aprender a discernir la diferencia entre los tipos de poder.

PRÁCTICAS DE PODER

Reflexiona y anota en tu diario sobre las siguientes preguntas:

- * ¿Qué te impide entrar plenamente en tu poder? (¿Qué personas, situaciones, creencias podrían verse afectadas por tu cambio en relación al poder?)

- * ¿Qué te asusta del poder? (¿Qué podría pasar si realmente entraras en tu poder?)

Sección 4:

Deconstruyendo nuestra relación con el poder

Capítulo 15
Debemos cultivar nuestro jardín

¿Cómo discernimos la diferencia entre los tipos de poder? Y, ¿cómo podemos entrar en una expresión de poder sana, que sea congruente con nuestra auténtica naturaleza? ¿Cómo despiertan el poder espiritual los héroes y los líderes conscientes?

¡Haz tu tarea!

Primero debemos hacer nuestra tarea o, empleando las palabras de Voltaire, cultivar nuestros propios jardines. Debemos estar dispuestos a profundizar en nuestro mundo interior y hacer el trabajo necesario para que las áreas que lo necesiten sean sanadas, a través de los métodos y modalidades que nos atraigan, ya sea terapia, respiración consciente, o coaching espiritual. Nos entregamos a la heroica jornada del autodescubrimiento y la autosanación, lo más honorable que podemos hacer, en mi opinión. Al hacerlo, nos convertimos en canales claros de poder espiritual, minimizando las posibilidades de que se contamine con nuestras propias necesidades egoicas y resulte en abuso o sobrecompensación.

Hablando de este tema de la sanación emocional, me gustaría darte mejor idea de cuán poderoso es el proceso de la respiración consciente. Habiendo facilitado este proceso durante más de tres décadas, todavía no he encontrado nada que sane tan profundamente, tan rápido y en tantos niveles. Es la constante en cada retiro o taller que ofrezco, junto con las enseñanzas del ego. Esos dos crean una combinación super poderosa: mientras hacemos el trabajo heroico de descubrir nuestras tendencias egoicas, ocurre aún más sanación en el trabajo de respiración. Innumerables veces he sido testigo de personas sanar experiencias traumáticas de la niñez y más allá, que inconscientemente impactaron su comportamiento, elecciones y relaciones durante toda la vida. La mayoría de nosotros recibimos mensajes negativos que desde una edad temprana han impactado nuestras vidas. O quizás malinterpretamos situaciones desde nuestra perspectiva limitada en ese entonces, solo para llevar esas nociones erróneas de nosotros mismos toda una vida.

Laura, por ejemplo, recuerda haber escuchado a sus padres discutir sobre quién la llevaría a la práctica de fútbol cuando tenía cinco o seis años. Poco tiempo después se separaron. La pequeña Laura asumió que era culpa suya, y también interiorizó y personalizó la partida de su padre: "¿Cómo pudo abandonarme? ¿Que hice mal? ¿No me amaba lo suficiente?" Ese malentendido había infundido y distorsionado todas las relaciones que había tenido con los hombres. Debido a que no se valoraba a sí misma, atraía a hombres que no eran compatibles con ella porque no eran sus iguales. Durante un retiro, llegó a comprender el patrón conceptualmente, y luego, durante una sesión de respiración consciente, tuvo un destello de la memoria original, lo que le permitió sanar y deshacerse de la vieja creencia de que ella "no era suficiente". Desde ese entonces dejo de estar dispuesta a vender su poder o conformarse con menos. A los pocos meses de haber tenido el valor necesario para lanzarse a ese trabajo de sanación tan profundo, conoció a un chico que era compatible con ella, intelectualmente, emocionalmente, físicamente, profesionalmente y en términos de valores compartidos. Siguen juntos.

Como vemos, cultivar nuestros propios jardines es una necesidad y un proceso continuo. El poder espiritual se trata de una auténtica autoexpresión. Un aspecto intrínseco de eso es valorarnos a nosotros mismos. Un fuerte sentido de autoestima es indispensable y para lograrlo debemos hacer nuestro trabajo de autosanación. Como escribió Séneca: "El más poderoso es aquel que se tiene a sí mismo bajo su propio poder".

En este jornada de transformación es importante que tengamos acompañantes que nos ayuden a mantenernos honestos, espejos claros para mantenernos humildes y reales, que estén igualmente comprometidos con su propia sanación y al servicio del mundo. En esos espejos transparentes veremos esos puntos ciegos en la parte posterior de nuestras cabezas que no podríamos ver de otra manera.

¿Qué más se interpone en nuestro camino? ¿Qué ramas de nuestro jardín están bloqueando la luz y necesitan ser podadas? ¿Qué formas de miedo hemos permitido que nos detengan de seguir nuestros sueños, de dar un paso hacia nuestra plenitud, de estar completamente abiertos a la alegría, de realizar nuestro potencial?

Deconstruyendo nuestra relación con el poder

Deconstruir nuestra relación con el poder es parte de cultivar nuestro propio jardín. Implica comprender la diferencia entre poder espiritual y egoico. También implica identificar nuestros propios obstáculos particulares al poder y las fugas de poder. ¿Cuándo y por qué lo resistimos, lo rechazamos o lo tememos? ¿En qué situaciones tendemos a ceder nuestro poder?

El primer paso, que ya comenzamos a dar, es identificar las creencias y presunciones sobre el poder que hemos asumido de la sociedad y la cultura. Esto también incluye analizar las creencias que hemos adquirido sobre nosotros mismos.

Falsos conceptos sobre el poder

¿Cuáles son algunos de los temores o conceptos erróneos que comúnmente se tienen sobre el poder?

- El poder no es femenino.
- Poder quiere decir tener control sobre alguien o algo.
- El poder corrompe.
- El poder conduce al abuso.
- El poder aísla (genera miedo o celos en los demás, falta de aceptación, pérdida de amigos, por lo que terminamos solos).
- Todos los hombres se sienten amenazados por mujeres poderosas.
- Las buenas chicas no buscan el poder. Son serviles y se mantienen en su lugar.
- El poder provocará un cambio al status quo. (Es cierto, cuando tomemos nuestro poder, las cosas cambiarán y eso puede dar miedo, pero la alternativa—que pasen otros 5, 10, 20 años y sigamos atrapados en las mismas situaciones limitantes e insatisfactorias—es infinitamente más aterradora.)

Creencias sobre uno mismo

Mientras echamos un vistazo a nuestras creencias, ampliemos ese inventario para incluir nuestro jardín interior. ¿Qué creencias sobre nosotros mismos se han convertido en maleza y necesitamos podar? ¿Qué malentendidos de nuestro pasado estamos dispuestos a quemar como un montón de hojas en otoño? No importa cuales de las creencias negativas que adoptamos acerca de nosotros mismos—que somos estúpidos, feos, un desastre, un problema, no aptos para ser felices, indignos de amor, la respuesta es siempre la misma: ¡Mentira! Esas creencias negativas simplemente no son ciertas, sino malentendidos de mentes jóvenes que no conocían nada mejor. Quizás alguien nos dijo algo de manera incorrecta, sin darse cuenta del efecto que tendría en nosotros. Tal vez fue un mecanismo de supervivencia, una forma de protegernos del fracaso o el abandono. Cualquiera que sea el origen, fue una confusión, una mentira, un concepto erróneo, y nunca es demasiado tarde para corregirlo. Cultivar nuestro jardín también significa ser conscientes de los mensajes que nos decimos a nosotros mismos. Quizás lo más importante es identificar nuestros propios obstáculos al amor: ¿Qué me ha impedido aceptarme y amarme a mí mismo y a los demás por completo? Esto también es cosa de héroes.

PRÁCTICA DE PODER

- Haz una lista de creencias negativas o limitantes sobre ti mismo. No lo juzgues, evalúes ni analices todavía. Incluso aunque algún punto pueda parecer un poco superficial, resiste la tentación de corregirlo. Por ejemplo: "soy demasiado (de esto), no lo suficiente (de lo otro)". El proceso de crear una lista completa será poderoso. Cuando hayas terminado, quémalo.

Capítulo 16
Juegos de Poder: El Negador

El segundo paso para aclarar y resolver nuestra ambivalencia sobre el poder es comprender bien nuestros patrones de poder poco saludables, lo que no suele ser fácil ya que a menudo son inconscientes. Estos son juegos de poder que hemos utilizado como formas de hacer frente y conseguir lo que queríamos. En algunas ocasiones nos protegieron o ayudaron, pero ya no son efectivos, y hay un precio que pagar por usarlos. Estos son algunos de los peligros que encontramos en la Zona de poder. Creemos que estas estrategias son expresiones de poder, pero son meros señuelos, ilusiones y delirios de poder.

¿Por qué querría alguien reprimir o negar su poder? Consideraremos esta pregunta más profundamente un poco más adelante, pero por ahora, basta con decir que el poder nos da miedo, nos confunde o abrigamos malentendidos al respecto. Las mujeres, en particular, pueden sucumbir al condicionamiento cultural y aceptar la creencia de que tienen que disminuir u ocultar su poder si quieren encontrar una pareja adecuada. Aunque esto sucede cada vez menos a medida que la educación y las oportunidades se vuelven más disponibles y las estructuras patriarcales se implosionan poco a poco en todo el mundo, demasiadas mujeres todavía asumen la creencia de que están destinadas simplemente a desempeñar funciones de apoyo y crianza como cuidadoras y máquinas reproductoras. No hay nada inherentemente impotente en los roles de cuidado o maternidad; de hecho, ciertamente pueden ser promulgadas de formas poderosas e incluso feroces. El problema es la aceptación de las mentiras culturales y el condicionamiento, las creencias que mantienen a las mujeres sin poder y jugando a lo pequeño.

¡Y no es para menos! Además de la ambivalencia general hacia el poder en nuestra cultura, durante demasiado tiempo se ha enseñado a las mujeres, a veces coaccionadas mediante el uso de una fuerza física abrumadora, a reprimir su poder. Todavía sucede hoy, y como evidencia no tenemos que buscar culturas donde las mujeres tienen que cubrirse el cuerpo o caminar detrás de sus hombres, y en las cuales no pueden salir de casa sin estar acompañadas. Hay muchos ejemplos mas cercanos.

En 1988 en Estados Unidos, "tierra de oportunidades", donde la igualdad para todos está teóricamente garantizada por la Constitución, la Convención Bautista del Sur, la denominación protestante más grande de los Estados Unidos con cerca de 16 millones de miembros, agregó una sección a su declaración de fe, que dice: "Una esposa debe someterse gentilmente al liderazgo de servicio de su esposo, en la misma forma que la iglesia se somete voluntariamente al liderazgo de Cristo. Ella, siendo a imagen de Dios como lo es su esposo y por lo tanto igual a él, tiene la responsabilidad que Dios le ha dado de respetar a su esposo y servir como su ayudante en el manejo del hogar y la crianza de la próxima generación ".[9]

La decisión de la denominación en el año 2000 de prohibir a las mujeres ministras llevó al expresidente Jimmy Carter a romper una tradición familiar y renunciar a la Convención Bautista del Sur, citando un «credo cada vez más rígido» y describiendo tales interpretaciones como una «distorsión del significado de las Escrituras".[10]

En la Iglesia Católica Romana, uno de los baluartes más poderosos del patriarcado, el Artículo 5 de la Congregación para la Doctrina de la Fe, antes conocida como la Sagrada Congregación Suprema de la Inquisición Romana y Universal, (sí, esa Inquisición), dirigida por Josef Cardinal Ratzinger hasta su ascenso al Papa Benedicto XVI, decretó tan recientemente como julio de 2010 que "tanto el que intenta conferir la sagrada ordenación a una mujer, y la que intente recibir la ordenación sagrada ", serán excomulgados. Es interesante y dice mucho que este "crimen grave" se encuentre en la misma categoría de infracciones que los sacerdotes pedófilos.[11]

Y aún hoy en día, las mujeres solo ganan 77 centavos por cada dólar que gana un hombre en los EE.UU., y esta desproporción es más amplia en otros países.

Si bien existen complejas razones históricas y sociales para el desequilibrio de poder de género, los porqués y los cómo son, en última instancia, inconsecuentes.

No hace falta decir que las mujeres no son las únicas minorías que sufren opresión en el mundo de hoy. Las personas de color, lost latinos, los inmigrantes y las personas LGBT se encuentran a menudo sin poder, excluidos y discriminados. Me centro en las mujeres específicamente aquí porque la misoginia se conecta con todos los demás problemas que enfrentamos como especie.

¡Basta! No podemos seguir así.

Por ahora, demos un vistazo más profundo a los patrones de negación del poder para que podamos entenderlos y desactivarlos, porque eso es lo que hacen los héroes, de cualquier género, raza u orientación sexual.

¿CUÁLES SON ALGUNAS DE LAS ESTRATEGIAS PARA RENUNCIAR AL PODER?

Ajetreo. Podemos evitar mirarnos a nosotros mismos al dejarnos llevar por el ajetreo. No solo eso, sino que la descarga de adrenalina que a veces nos produce la actividad continua, al hacer malabares con diez proyectos a la vez, puede crear una sensación de poder, de estar al tanto de las cosas. Por supuesto, lo contrario también es cierto y podemos terminar sintiéndonos fuera de control y abrumados. De cualquier manera, podemos estar evitándonos a nosotros mismos y a nuestro verdadero poder.

Falsa humildad. La humildad no significa abnegación, humillación o degradación de uno mismo. En contraste con la falsa humildad, (cuando tememos ser percibidos como orgullosos y modificamos o minimizamos nuestros atributos, experiencia o logros), la humildad es un estado interno del ser que no se preocupa por lo que piensan los demás. Quizás de manera contradictoria, proviene de un auténtico lugar de poder: somos simplemente quienes somos. Punto. No necesitamos la validación de nadie y no tenemos necesidad de demostrar nada a nadie. La arrogancia, por otro lado, generalmente proviene del exceso de confianza y un sentido inflado de uno mismo que enmascara sentimientos más profundos de insuficiencia y una necesidad de validación externa.

Uno de los problemas de negar nuestro poder es que sabemos gracias a la física que la energía no se puede destruir; simplemente cambia de forma. El poder reprimido tiene que salir por alguna parte, de alguna forma. Ese poder frustrado y no expresado puede convertirse en ira reprimida, que luego se escapa de manera inapropiada o se manifiesta en síntomas corporales como ataques cardíacos, úlceras o cáncer de estómago, hígado o vesícula biliar.

Por ejemplo, el típico síndrome de patear al perro. Nos quedamos callados mientras el jefe es grosero e injusto con nosotros, nos tragamos nuestros verdaderos sentimientos, decimos "Sí, señor" o "Sí, señora", aunque estamos furiosos por dentro. Luego, al alejarnos, esa energía tiene que salir de una forma u otra. Nos desquitamos con otros que ocupan un lugar más bajo en la jerarquía de poder: los subordinados, la pareja, los hijos.

Jugando a empequeñecernos. En mis retiros para el empoderamiento de la mujer, no puedo recordar ni una sola vez en que alguna no levantara la mano cuando pregunté si en algún momento se habían minimizado a ellas mismas o habían negado algún aspecto de su personalidad por la preocupación de ser vistas como "demasiado" sobresaliente. Claro que los hombres también lo hacen, pero el condicionamiento es diferente y ocurre con menos frecuencia. Paradójicamente, jugar a lo pequeño puede verse como un tipo de arrogancia. Al actuar como si fuéramos algo que no somos, superponemos una visión falsa y más pequeña de quiénes somos y negamos nuestra verdadera naturaleza. ¿Cómo nos atrevemos, en este momento en el que todos somos necesarios para dar un paso en nombre de la humanidad, para unir nuestro planeta mientras elegimos colectivamente entre la destrucción y la transformación? Marianne Williamson captura esto maravillosamente en esta cita de *A Return to Love*, que ha dado la vuelta al mundo e incluso apareció en uno de los discursos de Nelson Mandela. Vale la pena repetir:

> Nuestro miedo más profundo no es que seamos inadecuados. Nuestro miedo más profundo es que somos poderosos sin medida. Es nuestra luz, no nuestra oscuridad, lo que más nos asusta. Nos preguntamos: ¿Quién soy yo para ser brillante, hermosa, talentosa, fabulosa? En realidad, ¿quién eres tú para no serlo? Eres una hija de Dios. Tu pequeñez no le sirve al mundo. No hay nada inteligente en encogerse para que otras personas no se sientan inseguras a tu alrededor. Todos estamos destinados a brillar, como hacen los niños. Nacimos para manifestar la gloria de Dios que está dentro de nosotros. No está solo en algunos de nosotros; está en todos. Y cuando dejamos que brille nuestra propia luz, inconscientemente damos permiso a otras personas para que hagan lo mismo. A medida que nos liberamos de nuestro propio miedo, nuestra presencia automáticamente libera a los demás.[12]

PRÁCTICA DE PODER:

- ¿Cuál es tu recompensa por no asumir tu poder? (¿Qué puedes hacer o no hacer como resultado de negar tu poder?)

Capítulo 17
Juegos de Poder: El Pseudo-Macho

Una sobrecompensación por sentimientos profundos y a menudo subconscientes de impotencia, este patrón se manifiesta como una fachada de bravuconería. Actuamos como un "tipo duro" por fuera, mientras que por dentro apenas nos mantenemos de una pieza.

El problema con esta estrategia en particular es que ser poco auténtico, actuando como si fuéramos algo que no somos, requiere mucho trabajo y consume una cantidad excesiva de energía.

Otra consecuencia negativa de la táctica del Pseudo-Macho es que podemos endurecernos y entumecernos por dentro. La supresión de emociones no se puede hacer de forma selectiva. Cuando reprimimos emociones como el miedo, la ira o la vulnerabilidad, también terminamos reprimiendo a todas las demás. Nuestra capacidad de sentir alegría esta conectada a nuestra capacidad de sentir tristeza y dolor. Cuando suprimimos la ira o la tristeza, también suprimimos la alegría y acabamos entumecidos emocionalmente.

Hillary Clinton puede considerarse un ejemplo del Pseudo-Macho. Durante la campaña demócrata de 2008, se presentó en forma tan fuerte que en ocasiones se parecía al propio George W. Bush en sus amenazas de salir a patear traseros a nivel mundial. Para ser justos, me imagino que siendo mujer sentía que proyectarse como super fuerte era la única forma de aportar credibilidad al rol de comandante en jefe. Sin embargo, ocho años mas tarde, en el ciclo electoral de 2016, parecía mucho más cómoda en su papel de liderazgo. Después de su mandato como senadora y secretaria de estado de los EE.UU., parecía caer en una expresión más natural, relajada y auténtica de su poder. Incluso habló sobre el amor en sus discursos.

Curiosamente, Obama en 2008 encarnó mucho más los principios de poder mas "femeninos" como la inclusión y el diálogo. Millones de personas por todo el mundo sintieron su autenticidad y conectaron con eso. Creo que esa es la razón por la que tantos le apoyaron. Le habló a una parte de nosotros que ya esta harta del poder patriarcal, mundano y egoico.

> "EL PODER ES COMO SER UNA DAMA... SI TIENES QUE DECIRLE A LA GENTE QUE LO ERES, NO LO ERES".
> ~MARGARET THATCHER

PRÁCTICAS DE PODER

- ¿Hay alguien en tu vida que emplee la táctica Pseudo-Macho? Describe un incidente reciente en el que alguien que conozcas lo haya usado. ¿Cómo te sentiste después?

- ¿Has utilizado alguna vez la técnica Pseudo-Macho? ¿Cómo te sentiste después?

- En una escala del 1 al 10, ¿qué tan cómodo te sientes con tus emociones? (1 = ¿Pero ¿qué son las emociones? 10 = Soy completamente capaz de sentirlas y expresarlas con valentía, responsabilidad y coherencia, según sea necesario).

Capítulo 18
Juegos de Poder: El Crítico y El Juez

Como ya hemos visto, juzgar es una de las características del ego. Debido a que rara vez nos guardamos nuestros juicios para nosotros mismos, el Juez se manifiesta como el Crítico. Criticar a los demás directamente, ya sea solos o en presencia de otros, puede ponerlos "en su lugar" y debilitarlos. Estos juegos de poder se pueden ver a menudo en el lugar de trabajo.

Es trágico ser testigo de la frecuencia con la que la gente que viene a mis retiros todavía sienten el efecto de las heridas emocionales causadas por padres hipercríticos. Aunque la intención de estos padres haya sido buena, de "endurecer" y preparar a sus hijos para el mundo, la manera de comunicarla y sus efectos no lo fueron. El daño causado fue profundo y duradero.

Enfrentarse directamente a alguien puede causar miedo y ansiedad. Para evitar la confrontación, en cambio expresamos nuestros sentimientos de maneras sutiles, indirectas y encubiertas que no son efectivas. Ese resentimiento que no ha sido comunicado se acumula hasta el punto de que ya no puede ser reprimido, y comienza a gotear de manera indirecta a través de críticas veladas, sarcasmo y chistes con púas. Ese tipo de humor malicioso puede ser muy chistoso, pero como depende de reducir a los demás, no solo los disminuye a ellos sino también, en última instancia, a uno mismo. Menospreciar a otra persona, ya sea abierta o encubiertamente, para sentirnos bien con nosotros mismos, solo genera una falsa y vacía sensación de poder, seguridad y bienestar.

Es cierto que el humor que se burla de los demás puede servir para calmar situaciones tensas o muy cargadas cuando no se usa de manera irrespetuosa o mezquina. Pero esa línea divisoria es muy fina. Además, no es necesario. Hay muchos ejemplos del tipo de humor brillante, incisivo y transformador que no menosprecia a los demás.

El chisme es otra forma de ejercer el poder en forma parecida y poco saludable. Incluso posee menos integridad que la crítica directa porque se hace a espaldas de otro. El chisme es una herramienta de los impotentes y puede tener consecuencias dañinas, afectar la reputación de los demás y destruir vidas, amistades y relaciones. Disminuir a otro nos disminuye a nosotros mismos. Aunque pueda parecer que aumenta nuestro poder momentáneamente, es una forma barata de ganar estatus. Es mejor seguir el consejo: "Si no tienes nada positivo que decir sobre alguien, es mejor no decir nada". La pregunta: "¿Cómo me siento después?" siempre proporcionará información valiosa. Es posible obtener un placer momentáneo de los chismes, pero la mayoría de las veces terminamos sintiendo que necesitamos una ducha después de haberlo hecho.

Por otro lado, si tienes información que podría evitar que otra persona sufra, es importante compartirla. La intención es lo que mas cuenta. Si honestamente estás tratando de proteger a esa persona, necesitas ser lo mas honesto posible y reconocer si lo que le estás diciendo es solo rumor o de oídas.

Para la autora Erica Jong, "El chisme es el opio de los oprimidos". Nada menos que Albert Einstein dijo lo siguiente: "Si A es igual al éxito, entonces la fórmula es: A es igual a X más Y y Z, siendo X trabajo, Y juego y Z mantener la boca cerrada». Lo que me recuerda al dicho: El pez muere por la boca".

Dos últimos puntos sobre este tema: La regla # 1 en el libro de Dale Carnegie *Cómo hacer amigos e influir en las personas* es "Nunca criticar, condenar ni quejarse". Ya a estas alturas, confío en que te des cuenta de que esto no significa ocultar nuestra verdad para ser amables o evitar conflictos. Cuando hay problemas que deben abordarse en nuestras relaciones, aprendemos cómo crear límites saludables y comunicar nuestros sentimientos y necesidades con valentía, poder y gracia. Y finalmente, está esta cita atribuida al sabio indio Shirdi Sai Baba: "Antes de hablar o decir algo, pregúntese: ¿Es amable? ¿Es cierto? ¿Es necesario? ¿Mejora el silencio?" Sabio consejo para los héroes.

> "JUZGAR A UNA PERSONA NO DEFINE QUIÉN ES ELLA... DEFINE QUIÉN ERES TÚ."
> —WAYNE DYER

PRÁCTICAS DE PODER

- ¿Cuándo fue la última vez que criticaste a alguien a sus espaldas? ¿Cómo te sentiste después? Desde su punto de vista actual, ¿de qué otra manera podrías haber manejado la situación? Escribe sobre esto en tu diario.

- Por un día de esta semana, mantén un registro en tu diario de las veces que notes al crítico interno. ¿A quién te recuerda esa voz? ¿Qué patrones notas? ¿Hay ciertas situaciones o personas que tienden a activar el crítico interior?

Capítulo 19
Juegos de Poder: El Abusador

Podemos pensar en abusar del poder como "pasar al lado oscuro", como la experiencia de Darth Vader en *Star Wars*, cuya jornada hacia el lado oscuro examinaremos más adelante. Normalmente esto se debe a la sobrecompensación por una herida. Pero no hay necesidad de pensar en extremos como la Estrella de la Muerte haciendo explotar un planeta entero. Pasamos al lado oscuro cada vez que nos permitimos reaccionar, vengarnos, decir algo hiriente a alguien más, patear al perro, golpear a la esposa o los hijos.

Como ya vimos, Estados Unidos es un buen ejemplo de abuso de poder. La forma en que desperdiciamos la buena voluntad del mundo después del 11 de septiembre, abusando y corrompiendo el estatus de superpotencia, es nada menos que trágica. Ya sabemos, o deberíamos haber aprendido, que no se puede apagar un incendio con gasolina. El surgimiento de ISIS y la continua participación militar en el Medio Oriente, con todos sus incalculables costos humanos y financieros, son evidencia de los efectos de ese abuso de poder.

La mayoría de las veces, los abusadores son cobardes y propensos a fanfarronear. Como dijo Benjamin Disraeli, «el valor es fuego y el *bullying* es humo". Los acosadores son efectivos para identificar a presas que sean más débiles que ellos y que no sepan defenderse. Pero cuando se destapa su farol y se les enfrenta, los acosadores en general se retiran.

Tendemos a pensar en el abuso de poder en el sentido de fuerza bruta; sin embargo, a menudo se experimenta de otras formas. Por ejemplo, el abuso sexual infantil; un jefe que mantiene a su equipo caminando sobre vidrio con la amenaza implícita de despedirlos; irregularidades sexuales entre psicoterapeutas y sus pacientes o líderes religiosos y aquellos a quienes ministran; una estrella de cine malcriada que aterroriza un set o demuele una habitación de hotel.

Tristemente, debido a lo que implica sobre la naturaleza humana, los niños también pueden ser increíblemente crueles entre sí. Considera el ciberacoso, que ha sido responsable de varios incidentes de suicidio de adolescentes. Aproximadamente el 42 por ciento de los jóvenes en los EE.UU. ha experimentado acoso cibernético y el 5 por ciento ha sentido temor por su seguridad.[13]

Uno de los factores que explican la prevalencia y el peligro del acoso cibernético es que puede proporcionar anonimato al perpetrador. Y debido a que utiliza el ataque emocional y psicológico en lugar de la fuerza bruta que se experimenta más típicamente en el patio de la escuela, en el ciberacoso encontramos una mayor participación femenina.

Cuando estaba en la escuela secundaria, experimenté un breve período como bully. Tomé parte en burlarme de un estudiante, al cual todos molestaban. Lo confieso aquí porque podría ayudar a entender que puede motivar el acoso escolar. Como mencioné anteriormente, yo era un recién llegado y me sentía como un extraño en la secundaria. Durante el primer año no tuve amigos ni pertenecí a ningún grupo. En el décimo grado me hice amigo de algunos chicos que, por alguna razón, pasaron un semestre molestando a este pobre estudiante para la diversión de todos los demás, pero obviamente no para él. Mi única participación, mi *pièce de résistance*, fue un poema inspirado en el nombre que le habían dado debido a su hábito de comerse una empanada (*meatpie*) diariamente en el almuerzo. El poema, *Ode to Meatpie* (*Oda a Meatpie*), fluyó una tarde con inquietante facilidad mientras viajaba hacia mi casa en el autobús, y circuló subrepticiamente durante la clase al día siguiente. Lamentablemente, aunque yo conocía el abuso en carne propia, yo sabía lo que es sentirse diferente y marginado, participé en ayudar a marginar a esta otra persona. De alguna manera retorcida, me hizo más aceptado y mi estatus de "coolness", mi popularidad, aumentó.

Además de aumentar el nivel de aceptación de mis compañeros, sospecho que había una dinámica subconsciente más profunda: el deseo de desviar la atención de mí mismo y mi conflicto interno por ser gay. Es interesante y revelador que tres de nosotros en este grupo finalmente resultamos ser gay. Por supuesto que no creo que ser gay cause ser bully. Mas bien creo que tiene que ver con los mecanismos de defensa de desplazamiento y de buscar un chivo expiatorio. También creo que es un comentario sobre una sociedad que convierte una parte intrínseca del ser humano en un mal, causando que los oprimidos se conviertan en opresores. Como sociedad, cuando la palabra gay se usa como un insulto y un arma, encarnando todo lo que podría ser insultante y despectivo para los adolescentes e incluso los preadolescentes, debemos analizar las consecuencias que eso puede generar. En este caso, creo que el autodesprecio y el conflicto interno que sentíamos por nosotros mismos y nuestro precario estatus social en la escuela encontraron una vía y toda esa angustia, confusión, frustración, miedo e ira se proyectó sobre un miembro más débil de la clase. Desde mi punto de vista actual, puedo ver que la manera de ser congraciadora que hiciera a este estudiante tan desagradable era solo un síntoma de su propia falta de identidad y amor propio. Aunque solo ocurrió esa vez, ciertamente causé daño a esta persona. Por eso, lo siento profundamente.

> "CUALQUIERA A QUIEN SE LE HAYA CONFIADO EL PODER ABUSARÁ DE ÉL SI NO ESTÁ TAMBIÉN ANIMADO POR EL AMOR A LA VERDAD Y LA VIRTUD, YA SEA UN PRÍNCIPE O UNO MÁS DEL PUEBLO".
> —JEAN DE LA FONTAINE

PRÁCTICAS DE PODER

- ¿Han habido situaciones en tu pasado en las que participaste en el acoso o intimidación a otros? Desde la perspectiva actual, ¿qué dinámicas subyacentes influyeron ese comportamiento?

- ¿De qué manera tu ego, tu crítico interior, todavía te acosa?

- Si tu mismo fuiste acosado o bullied, lamento mucho que hayas tenido esa experiencia. Nadie, especialmente los jóvenes, debería tener que pasar por eso. ¿Has realizado algún trabajo de sanación en torno a eso? ¿Te ayuda mi experiencia en el colegio a comprender la situación?

Capítulo 20
Juegos de Poder: El Vengador

La venganza es una victoria hueca y no logra conseguir lo que realmente queremos: reclamar el poder que sentimos (correcta o incorrectamente) que nos ha sido quitado. Cuando buscamos venganza, intentamos equilibrar y corregir un mal percibido.

Sin embargo, como muchos de nosotros hemos descubierto, el sentimiento de satisfacción resultante es efímero y vacío, y con frecuencia la situación ni siquiera cambia. No hemos logrado resolver el conflicto y posiblemente lo hemos empeorado. Como diría Gandhi: "Ojo por ojo hace que todo el mundo quede ciego". Cuando tomamos venganza a nivel personal, nos disminuimos, degradamos y nos podemos poner en peligro. A nivel internacional, arriesgamos nuestra supervivencia.

Aunque pueda parecer contradictorio, hay más poder, como enseñó Jesús, en «poner la otra mejilla». Una escena en la película *Gandhi* representa la famosa Marcha de la Sal, durante la cual el líder espiritual guía a miles de indios más de 400 kilómetros hasta el mar para recolectar sal en un acto simbólico de desobediencia civil y en protesta por un impuesto exorbitante e injusto. Cuando su camino es bloqueado temporalmente por militares británicos, los indios, con miedo y determinación en sus rostros, avanzan hacia la entrada, donde inevitablemente son abatidos por los soldados. Al ver esa escena, por más desgarradora que sea, uno puede sentir con cada golpe la voluntad y el poder del Imperio Británico menguando, y el surgimiento del de la India.

Satyagraha, el concepto de resistencia a la opresión sin utilizar violencia, deriva de las palabras sánscritas *satya* para "verdad" y *graha*, "aferrarse firmemente a", que también se puede traducir como "fuerza del amor o fuerza del alma". En otras palabras, poder espiritual.

No hace falta decir que no estamos hablando de convertirnos en una alfombra donde otros se limpien los zapatos o permitir que otros se aprovechen de nosotros. Elegimos conscientemente que acción tomar. Hay un momento para confrontar, y podemos aprender a hacerlo con gracia sin menospreciarnos ni abusar de los demás, de una manera que se pueda recibir, y no desviar, defender o negar. Y ciertamente sin generar una reacción que continuará alimentando el ciclo interminable de violencia y venganza, ya sea física, emocional o espiritual.

Uno de los problemas de la venganza es que nos mantiene atrapados en la situación, rumiando sobre ella, sintiéndonos enojados o victimizados, planeando nuestra retribución. Mientras nos mantengamos en esa prisión, perpetuaremos nuestro propio sufrimiento y mantendremos nuestras propias heridas abiertas y sin curar. Nos quedaremos atascados, sin poder ir más allá de la situación. La paz y la sanación seguirán siendo inalcanzables.

En la icónica serie *Star Wars*, que George Lucas basó en la jornada del héroe, Anakin Skywalker se une al lado oscuro y sucumbe al poder mundano cuando se entrega a sentimientos de venganza. Enfurecido y completamente fuera de control cuando llega demasiado tarde para rescatar a su madre, abusa de sus poderes Jedi y masacra a los asaltantes que la habían esclavizado.

Otras dos cosas para reflexionar sobre este tema: Una, "No hay venganza tan completa como el perdón», dijo Josh Billings, el humorista y escritor del siglo XIX. Nos centraremos en esta cualidad, un aspecto del poder espiritual, más adelante. Y dos, en palabras de Francis Bacon, el científico y filósofo del siglo XVI: "Al vengarse, un hombre se iguala a su enemigo; pero al pasar por alto la venganza, demuestra superioridad».

Al superar el deseo reactivo de venganza, nos liberamos.

Los héroes eligen liberarse, no vengarse.

PRÁCTICA DE PODER

- Piensa en una situación en la que te vengaste de alguien, aunque haya sido sutilmente, por ejemplo, chismear o torcer la verdad sobre esa persona. ¿Cómo te sentiste después? ¿Qué efectos generó tu comportamiento?

Capítulo 21
Juegos de Poder: El Cabrón

Muchos de nosotros hemos sido dañados o heridos por un cabrón. Y casi todos tenemos uno interior que puede levantar la cabeza bajo presión. Más que el lamentable desliz ocasional, el problema es cuando el comportamiento se convierte en un patrón.

Mientras que el Bully o el Abusador suele ser más directo y descarado, el Cabrón o la Cabrona pueden ser más sutiles y manipuladores, creando conflictos, causando estragos, enfrentando a uno contra el otro, actuando de manera amable y amigable mientras clavan un cuchillo en la espalda. Son oportunistas y pueden cambiar de dirección en un abrir y cerrar de ojos. Amigos hoy, enemigos mañana.

Joan Crawford, como la presentan en la película *Mommie Dearest,* es un ejemplo, como lo son Aubrey, la líder de las Bellas, en la película *Pitch Perfect*; Alexis en la serie de televisión *Dynasty*; Catalina Creel en la serie *Cuna de lobos*; Frank Underwood en *House of Cards*; y Soraya Montenegro en las telenovelas mejicanas.

Este patrón probablemente se origine en una compensación excesiva por heridas pasadas o un sentido de impotencia y, como los demás, solo ofrece una satisfacción transitoria y hueca. Como dice el dicho: "La venganza es un plato que se sirve frío, pero a menudo se come solo." Rara vez engendra lo que nosotros, animales sociales que somos después de todo, realmente queremos: amor, respeto, amistad, sentido de pertenencia, sentimientos de empoderamiento, comunidad. Los héroes aprenden a evitar la trampa del Cabrón, que es tanto señuelo como expresión de poder egoico.

Una nota sobre la Cabrona (Bitch, en inglés) y los estilos de liderazgo: la evidencia de la misoginia no es difícil de encontrar en nuestra sociedad. Las mismas cualidades que en un hombre evocan admiración y se consideran fuertes cualidades de liderazgo: decisión, dirección, claridad en la comunicación, el hablar primero, la disposición para comunicar sus preferencias, límites o necesidades, en una mujer pueden ser reducidas e interpretadas como síntomas de ser una persona difícil o desagradable, o una perra.

> "LA VENGANZA NUNCA ES BUENA, MATA EL ALMA Y LA ENVENENA."
> —FRANCISCO DE QUEVEDO

PRÁCTICAS DE PODER

- Piensa en una situación en la que desataste tu cabrón interior sobre alguien, o dejaste salir tu deseo de venganza. ¿Cómo te sentiste después? ¿Qué efectos tuvo tu comportamiento en la persona involucrada y en tu relación con ella?

- ¿Qué personajes malvados o "hijo de p." te encanta odiar? ¿Qué cualidades aprecias en ellos? ¿Cuales rechazas?

Capítulo 22
Juegos de Poder: El Resistente

Resistir es una forma de rebelarse, un intento de afirmar nuestro poder de manera indirecta, poco saludable, no muy elegante ni, a largo plazo, efectiva. Por fuera podemos estar diciendo "Sí, querida", mientras que internamente, quizás incluso inconscientemente, estamos pensando: "Que te jodan; lo haré cuando me dé la gana. Te mostraré quién manda aquí".

Este patrón de comportamiento a menudo se ve en el lugar de trabajo, saboteando proyectos, por ejemplo, o arrastrando los pies, frenando la producción. Podemos estar diciendo «sí», pero nuestras acciones revelan «no».

En las relaciones personales, el negar las relaciones íntimas puede ser una expresión de agresividad pasiva, una forma de resistencia aún más compleja. Podemos decir "Lo siento, cariño, me duele la cabeza", pero nuestro diálogo interno puede ser más como: "¡Cuando las ranas críen pelo conseguirás algo esta noche!" Como el poeta y dramaturgo Oscar Wilde bromeó con su penetrante perspectiva de la naturaleza humana: "Todo en el mundo tiene que ver con el sexo, excepto el sexo. El sexo se trata de poder".

¿Cómo nos perjudica la agresividad pasiva? Aunque este comportamiento es a veces inconsciente, decir una cosa y hacer otra genera conflicto interno y requiere altos niveles de gasto de energía psíquica. Negamos, incluso ante nosotros mismos, que estemos actuando de manera rebelde o resistente. En última instancia, no es empoderador ni satisfactorio. Aunque esto, al igual que otros juegos de poder, puede provocar un placer inmediato, como conducir a otro al punto de la exasperación, ese sentimiento es temporal y no proporciona el alivio que produce una auténtica expresión de poder personal. Incluso para nosotros mismos, si somos honestos, se siente furtivo, subterráneo y débil. En algún nivel, reconocemos que nos estamos acobardando y evitando una confrontación directa.

Hay mucha libertad y poder en simplemente ser nosotros mismos y decir lo que nos agrada y lo que no, los que nos viene bien y lo que no.

PRÁCTICAS DE PODER

- Identifica a alguien en su vida que tiende a utilizar el comportamiento pasivo-agresivo como un juego de poder. ¿Qué tan efectiva es la estrategia? ¿A menudo logran su objetivo u obtienen lo que quieren? ¿A qué precio? ¿Cuál es el impacto en su relación contigo y con los demás?

- Piensa en algún momento en el que pudiste haber caído en un comportamiento pasivo-agresivo. Desde su perspectiva actual, ¿cómo podrías manejar la situación de manera diferente hoy?

Capítulo 23
Juegos de Poder: La Víctima

Renunciar a la víctima es el acto de empoderamiento más importante que podemos realizar. No es fácil, ya que la dinámica de la víctima es sutil e insidiosa y ha sido inculcada en nuestra conciencia. Es nada menos que un acto de heroísmo.

Al presentar el ego en mis retiros, esta es la parte más difícil para muchas personas. Como Juana, quien durante años había estado en una relación conflictiva con su exmarido, a quien culpaba de muchas cosas, incluido el hecho de que se sentía atrapada con el gran peso financiero de una casa que todavía tenían y que ella había estado tratando de vender por mucho tiempo. En un retiro le dije que la situación de la casa se resolvería sola una vez que sanara la relación con el ex. Ella luchó conmigo todo el fin de semana. Había construido un caso casi hermético de por qué tenía razón y cómo él la había perjudicado y herido y como la mantenida controlada e impotente. Seguí repitiendo que no se trataba de él, que no había excusa para lo que él había hecho o dejado de hacer, pero que si ella quería ser libre, necesitaba perdonarlo y dejar ir su ira. Por fin, en la última sesión de respiración del domingo, tuvo una visión de sí misma como un ángel que flotaba gentilmente por encima de él mientras él dormía y lo besaba en la frente. El perdón había ocurrido. El lunes le hicieron una oferta por la casa. (Señores, no exagero: ¡esta forma de ser realmente funciona!)

De manera similar, Carlota se aferraba a sentirse indignada con su exmarido por todas las cosas que había hecho. Ella también discutió conmigo todo el fin de semana insistiendo que nunca lo perdonaría. En su caso, tomó varios años, pero finalmente me mandó un mensaje diciendo que finalmente lo había hecho y que ahora estaba en una nueva relación excelente. Que es lo que yo le había dicho, que tenía que limpiar y dejar ir lo viejo antes de que pudiera llegar lo nuevo.

Por otro lado, algunos que han asistido a mis retiros y han recibido las enseñanzas del ego aún continúan viviendo en modo de víctima. Por ejemplo, Bernardo quien llevaba años estudiando conmigo, aunque no consistentemente, continúa culpando a sus antiguos empleadores prejuiciosos, a su estado de salud, al sistema injusto, al gobierno indiferente por su situación. Si no es una cosa es otra. Hace poco, cuando una vez mas traté de que viese que era el mismo cuento con protagonistas diferentes y que solo había un constante en todos esos casos, la cogió conmigo. Esta vez era yo el malvado, el enemigo, y al fin tuve que desconectarme de él. Así es de fuerte el aferro a el estado de ser de víctima. Sean on no sean reales sus argumentos, Bernardo necesita hacer su trabajo interior antes de que las cosas cambien para él. Si bien siento una profunda empatía y compasión por todos los que enfrentan problemas dolorosos, a menudo soy testigo de primera mano de cómo nos mantenemos encarcelados y desempoderados siendo víctimas, siempre que responsabilicemos a alguien o algo externo a nosotros de nuestra forma de ser.

Sé que esto es difícil. ¡No uso la palabra heroico a la ligera! Sin duda, la discusión sobre la consciencia de víctima es lo que más resistencia ha provocado en mis retiros a lo largo de los años. Es la parte que menos me gusta de mi trabajo: luchar con alguien que no quiere o puede ver que está atrapado en esa prisión. Lo que les resulta difícil de ver en ese momento es que en realidad estoy abogando en su nombre, defendiendo su libertad y tratando de mantener un corazón abierto incluso cuando me oponen o atacan. Aunque entiendo que el ataque no es personal y que el ego tiene un profundo apego al status quo, incluso cuando éste es lamentable, no es nada agradable la experiencia. Salir del modo víctima es nada menos que un acto heroico, al igual que perdonar lo imperdonable por el bien de nuestra libertad. No se trata de *ellos*, y claro que no justifica lo que hicieron o dejaron de hacer. Se trata de nuestra libertad.

Jugar a la víctima funciona; de lo contrario no lo haríamos. Puede ser una forma efectiva pero contraproducente de obtener simpatía o atención: "Pobre de mí. ¡Ay de mí! ¡Mira lo que me ha hecho mi madre/padre/esposo/maestra/cura/el mundo!» Como expresión de poder egoico, también se puede utilizar para conseguir que otros hagan lo que queremos, y en este sentido puede ser una forma de ganar o mantener el control sobre los demás.

Pero, ¿a qué precio asumimos ser la Víctima? Esta estrategia es la antítesis del poder auténtico. Mientras sigamos culpando o responsabilizando a los demás, sacrificamos nuestro propio poder.

Con el poder viene la responsabilidad. "Espera. ¿Qué dijiste? ¿Responsabilidad?" Sí, así es. La responsabilidad personal es inevitable en el camino hacia el empoderamiento. Si no estás dispuesta a hacerlo, lo entiendo, pero también podrías cerrar este libro ahora mismo y dárselo a un amigo.

¿Por qué cederle nuestro poder a otro? ¿Por qué es más fácil que otra persona sea responsable por nuestro estado de ser?

Aquí llegamos a la mayor recompensa de este juego de ser víctima, que es que podemos escondernos, desaparecer, jugar en pequeño, lamer nuestras heridas en un rincón sintiéndonos mal por nosotros mismos. Nos mantenemos a salvo (o eso creemos) de la posibilidad de fallar. Sin embargo, el problema es que también mantenemos alejada la posibilidad del éxito, asegurando así el fracaso. Lo que atentamos es eludir la responsabilidad. Es mucho más fácil mirar hacia otro lado, poner la responsabilidad de nuestros fracasos o situación en otros. "Bueno, tuve mala suerte, malos genes, padres incapaces, mala educación, problemas de salud..." La lista de razones es interminable.

Creada por nosotros mismos porque siempre tenemos la opción de cómo presentarnos en respuesta a las inevitables sorpresas de la vida.

> MIENTRAS BUSQUEMOS FUERA DE NOSOTROS MISMOS LA CAUSA DE NUESTROS PROBLEMAS, PERMANECEREMOS ATRAPADOS EN PRISIONES DE VICTIMIZACIÓN HECHAS POR NOSOTROS MISMOS.

Echemos un vistazo más de cerca a esa palabra *responsabilidad*. Mi ex maestra, Maia Dhyan, enseñaba que al dividir la palabra obtenemos *responder* y *habilidad*: la capacidad de responder. ¿Cómo elijo responder a esta situación? Yo daría un paso más. Podemos pensar en la responsabilidad como "el poder de responder".

Por supuesto, asumir la responsabilidad de nuestras vidas y nuestras acciones no es fácil. En realidad estamos hablando nada menos que de un salto evolutivo en la conciencia.

Algunas enseñanzas espirituales dicen que a nivel del alma elegimos las circunstancias de nuestra vida: nuestras familias, el lugar de nacimiento, todo lo que nos sucede, incluso las enfermedades y los eventos catastróficos. Si bien puedo aceptar eso teóricamente, y puedo ver el potencial de aprendizaje y crecimiento al retarnos a nosotros mismos, no sé con certeza si esta es la forma en que funcionan las cosas. Sin embargo, de lo que no tengo la menor duda es que no importa qué obstáculos nos presente la vida, siempre podemos elegir cómo vamos a ser y cómo responderemos a cualquier circunstancia.

Me siento afortunado de que, cuando estaba en el último año de la escuela secundaria, mi profesor de Psicología de Colocación Avanzada llevó a nuestra clase a ver una charla del psiquiatra austriaco Viktor Frankl. Fiel a su vocación, durante sus años en los campos de concentración, Frankl se preguntaba por qué algunas personas sobrevivían y otras no. Llegó a la conclusión de que la supervivencia no tenía nada que ver con la inteligencia, la fuerza, el tamaño del cuerpo, la apariencia, la clase social, los bienes, la educación o cosas por el estilo. Más bien, eran aquellos que tenían un propósito de vida, los que encontraban la voluntad de sobrevivir. Frankl se dio cuenta de que tener un sentido de la vida le permitía a uno elegir la propia respuesta a cualquier situación de la vida. Es por eso que tener claro nuestro propósito es tan importante, y por qué profundizamos en eso en los retiros de Soulful Purpose (https://soulfulpower.com) y el Libro 3 de esta serie, El llamado a los héroes.

Como escribe Frankl en *Man's Search for Meaning (El hombre en busca de sentido)*: ""Nosotros, que vivimos en campos de concentración, podemos recordar a los hombres que caminaban entre las barracas reconfortando a los demás, regalando su última pieza de pan. Pueden haber sido pocos en número, pero ofrecen suficiente prueba de que todo puede ser arrebatado a un hombre menos una cosa: la última de las libertades humanas, elegir la actitud en cualquier conjunto de circunstancias, elegir nuestro propio camino".[14]

Asumir la responsabilidad de nuestras vidas, renunciar a la Víctima, no implica negar o ignorar nuestro pasado o exonerar el comportamiento de alguien o justificar sus abusos de poder. Pero sí significa dejar ir nuestros sentimientos de victimización, de haber sido hecho daño en alguna u otra forma. Dejamos de enfocarnos en eso, ceder nuestro poder a eso, porque se ha convertido en nuestra identidad. Básicamente, estamos archivando el viejo y ya aburrido guion de nuestras vidas y creando un nuevo contexto para ellas: "Vale, eso sucedió. No estuvo nada bien y quisiera que no hubiese pasado. Ojalá las cosas hubieran sido diferentes. La vida pudo haber sido más fácil. La pregunta es ¿qué voy a hacer ahora? No sé si lo elegí a nivel del alma o no, pero al menos puedo elegir ahora cómo responderé a la situación. ¿Cómo elegiré ser en este momento, a pesar de todo lo que sucedió en el pasado? Esa elección nadie me la puede quitar. Ya no. Estoy comprometido a lograrlo, a ser lo máximo que pueda ser, ahora y para siempre, pase lo que pase".

Culpar a los demás (el mundo, la vida, Dios, el sistema, las estructuras de poder, nuestros padres, el patriarcado, el jefe injusto, la esclavitud, la homofobia o el sacerdote pederasta) nos mantiene sin esperanza atrapados en la impotencia, atrapados en la conciencia de víctima. ¡Lo cual es muy poco atractivo! Esta forma de ser en realidad no funciona. En cambio, decidimos ya no sucumbir a esa tendencia ni permitir ese patrón en nosotros mismos. Dejamos atrás al "Pobre de mí. Ay de mí.» Ya no nos sirve. Dejamos de culpar a los demás. Ahora. Punto. Si todavía sigues leyendo esto, es hora de desterrar a la víctima interior.

Reclamar el poder de la elección siempre es, de manera inevitable, fortalecedor. Al darnos cuenta de que el universo no nos quiere hacer daño, nos convertimos en los arquitectos de nuestras vidas y todo cambia. Cuando dejamos de tener una relación adversarial o de víctima/perpetrador con la vida, nos abrimos a sincronías y milagros inesperados. Las cosas comienzan a encajar inesperadamente como por diseño o arte de magia. Cuando dejamos de lado la mentalidad de víctima y comenzamos a vivir de esta manera, incluso el pobre ego comienza a liberarse de su aburrido repertorio de comportamiento y sentimientos. ¡Qué libertad! ¡Qué alivio!

Ese es el camino heroico.

> "ENTRE ESTÍMULO Y RESPUESTA, HAY UN ESPACIO. EN ESE ESPACIO ESTÁ NUESTRO PODER PARA ELEGIR NUESTRA RESPUESTA. EN NUESTRA RESPUESTA RADICA NUESTRO CRECIMIENTO Y NUESTRA LIBERTAD".
> —VIKTOR FRANKL

PRÁCTICAS DE PODER

- Identifica a alguien en tu vida que tiende a jugar a la víctima como un juego de poder. ¿Qué tan efectiva es esta estrategia? ¿A menudo logran su objetivo o obtienen lo que quieren? ¿A qué precio? ¿Cuál es el impacto en su relación contigo y con los demás?

- Piensa en un momento en el que pudiste haber caído en un comportamiento de víctima. Desde tu perspectiva actual, ¿cómo podrías manejar la situación de manera diferente hoy?

Capítulo 24
Como superar los juegos de poder

Hasta cierto punto, estos juegos de poder, estas técnicas de supervivencia, nos han ayudado a salir adelante y nos han llevado hasta aquí. Esto es cierto para la mayoría de nuestros patrones de comportamiento, sin importar cuán poco saludables sean. Fueron desarrollados como mecanismos de adaptación a una edad temprana cuando no podíamos encontrar una mejor manera de lidiar. En lugar de culparlos, necesitamos comprender que ya no necesitamos el tipo de protección que han proporcionado. Somos mucho más fuertes de lo que pensamos. Hemos demostrado que sabemos sobrevivir, de lo contrario no estaríamos aquí todavía, y ahora podemos dejar atrás estos patrones de comportamiento, como una piel de serpiente que nos ha quedado pequeña, mientras aprendemos formas más eficientes de ser.

Y si una postura moral de valores altos no te inspira lo suficiente para evitar estos patrones de poder poco saludables, recuerda esto: Lo que va, generalmente, vuelve. Es decir, tomamos el camino correcto porque es lo correcto y porque estamos eligiendo abrazar una política moral personal de "No hacer daño". En otras palabras, nos comprometemos a no abusar y a no utilizar mal el poder. Si eso no es suficiente como motivador, entonces quizás esto ayude: ¡Tarde o temprano, el Poli del Karma vendrá por nosotros!

Hemos comenzado a desmontar nuestras creencias sobre el poder, hemos discutido la importancia de cultivar nuestros propios jardines y hemos examinado algunos patrones o estereotipos poco saludables del poder.

De diversas maneras importantes y por razones que se detallan al principio de este libro, he dado énfasis particularmente en estas páginas al empoderamiento de las mujeres. Sin embargo, no podemos ignorar la otra mitad de la ecuación si buscamos llevar sanación y equilibrio a nuestro mundo. En el próximo capítulo, exploraremos lo que significa ser un hombre en el siglo XXI.

PRÁCTICAS DE PODER

- ¿En que tipo de situaciones o relaciones te sientes menos en poder?
- ¿En cuales te sientes más poderoso?

Capítulo 25
Una nueva versión de masculinidad

Aunque todos hemos sufrido por causa de abusos de poder, está claro que las mujeres han pagado un alto precio en términos de reglas opresivas, trato abusivo y falta de oportunidades, incluida la falta de libertad para expresarse plenamente y explorar todas las opciones que ofrece la vida. Pero ¿qué hay de los hombres? El sistema patriarcal también ha paralizado sus opciones y oportunidades.

La Asociación Americana de Psicología tuiteó recientemente: «Las investigaciones muestran que los niños y los hombres corren un riesgo desproporcionado de disciplina escolar, desafíos académicos, disparidades de salud y otros problemas de calidad de vida".[15] Y según el Instituto Nacional de Salud Mental de los EE.UU., la tasa de suicidios entre los hombres es casi cuatro veces mayor que la de las mujeres.[16]

¿Por qué? Henry Rollins intenta responder a esa pregunta en el *Los Angeles Times*: "A los 13 años, era, y todavía soy, un adicto al trabajo. Desde entonces hasta ahora, no se trata de dinero y está más allá de la autosuficiencia. Es lo que creo que debe hacer un 'hombre de verdad'. No puedo deshacerme de esto, pero al menos sé de dónde lo saqué. Estos estándares, y las posturas a las que se retuercen muchos hombres estadounidenses, no dejan de tener consecuencias. Más allá de la ira desplazada, los sentimientos de insuficiencia y desesperanza, los hombres que mantienen sus emociones bajo control, como una posición de estrés utilizada para inducir la confesión, a veces se rompen. Los hombres blancos estadounidenses, en su mayoría de mediana edad, representaron el 70 por ciento de los suicidios en 2017 ".[17]

Es muy interesante también que, a nivel mundial, las mujeres viven 7 años mas que los hombres. ¿Cómo es eso? ¿Será posible que como resultado de la opresión intolerable y repensible que las mujeres han experimentado durante los últimos miles de años, los hombres hayan pagado un precio igualmente alto por su dominio al crear inconscientemente una prisión hecha por ellos mismos? ¿Están experimentando ahora repercusiones a largo plazo de este tipo de masculinidad tóxica? ¿El patriarcado les quita el poder a los hombres, pero de diferentes maneras?

Al designar a las mujeres y lo femenino como inferiores, los hombres han limitado su propio repertorio de comportamiento y experiencia humana. El condicionamiento comienza desde una edad temprana: "¡Te voy a endurecer, muchacho!" "Los chicos no lloran". "Tiras como una niña". "¡Hazlo como un hombre!"

Si eres un "hombre de verdad", no puedes usar ciertos colores, hacer ciertos movimientos con las manos o cruzar las piernas de cierta manera. En el patio de recreo cuando era pequeño, cruzar los dedos de una manera u otra, no recuerdo cuál, significaba que eras femenino, que eras menos que un hombre. ¡Que absurdo!

El entrenamiento de la misoginia, que comienza a una edad temprana, puede ser sutil e insidioso. Hace unos años, cuando el famoso actor y exgobernador de California Arnold Schwarzenegger llamó a sus oponentes demócratas "hombres niñitas" (girly men), los californianos, como era de esperar, se quejaron de su lenguaje irrespetuoso, despectivo y ofensivo. Sin embargo, la premisa subyacente, el punto implícito que la feminidad es algo malo o inferior y, por lo tanto, puede usarse como un insulto, se pasó por alto. ¡Y ahí radica el problema!

Hasta hace poco tiempo, la mayoría de los humanos—sobre todo los hombres—crecimos con la creencia de que no está bien sentir emociones porque es señal de debilidad. La ira, quizás, es la excepción, pero eso todavía se ve como una pérdida de control, y tener todo bajo control es una meta varonil. Los sentimientos fueron degradados y relegados al reino de lo femenino, que se consideraba inferior y subordinado. Las emociones fueron ignoradas, reprimidas y exiliadas. ¿El resultado? Expresiones inapropiadas y reactivas de emociones. Rabia (acumulación de ira reprimida). Depresión (dolor congelado, no expresado). Problemas de salud: úlceras, cáncer y infartos. También hay un alto precio que pagar en relaciones poco saludables, altos niveles de divorcio y falta de intimidad. ¿Quién quiere a un zombi robótico, insensible y poco demostrativo como pareja?

En su libro *El hombre que querían que fuera*, Jared Yates Sexton escribe sobre cómo su problemática relación con su padre finalmente comenzó a cambiar a medida que este se acercaba al final de su vida. "Pero lo más asombroso, aparte de la aparente transformación de mi padre, fue que papá, aparentemente agotado por años de casi silencio, comenzó a hablar abiertamente sobre la carga de la masculinidad. Me contó que las expectativas que había tenido, como padre, como hijo, como hombre, habían saboteado sus relaciones y le habían impedido expresarse, o disfrutar realmente de la intimidad, emocional o intelectualmente, toda su vida.... La masculinidad tradicional, tal como la conocemos, es un estado antinatural y, como consecuencia, los hombres están constantemente en guerra consigo mismos y con el mundo que los rodea".[18]

Y si los problemas de salud, los problemas de longevidad y las mayores tasas de suicidio no fueran lo suficientemente graves, los hombres se están quedando atrás en términos de educación y oportunidades laborales. A medida que continuamos evolucionando como especie y más mujeres se emancipan de las cadenas impuestas por un sistema patriarcal anacrónico que ya no es sostenible, menos dependientes se vuelven de sus contrapartes masculinas. En los Estados Unidos, el número de mujeres graduadas universitarias ha superado a los hombres. Según Statista.com, en un notable aumento comparado a años previos, el 39 por ciento de las mujeres en los Estados Unidos habían completado cuatro años, mientras que solo el 36 por ciento de los hombres había alcanzado ese objetivo. Y en 2015, según la Oficina de Estadísticas, en el 38 por ciento de los matrimonios heterosexuales en Estados Unidos, la mujer ganaba más que su contraparte masculino. Ese es un cambio dramático desde 1987, cuando ese número era menos del 25 por ciento.[19]

A medida que las mujeres reclaman su poder, lo quieren todo cada vez más—y debería poder tenerlo. En la cama, muchas desean sentir placer, respeto, honor, y a veces ser conquistadas, devoradas. En la vida quieren una pareja igual, no solo generosa en la cama, sino responsable, receptiva, respetuosa, comunicativa, consciente de sí misma, divertida, graciosa, inteligente, sensible e interesada en más que los autos, las armas y los deportes.

¡Y todo eso no es fácil de cumplir! No es de extrañar que muchos hombres se sientan amenazados, confundidos y excluidos a medida que cambian las dinámicas de poder. A medida que la sociedad va cambiando y las mujeres se empoderan y rechazan las viejas formas de ser, muchos hombres se encuentran perplejos por las nuevas reglas y expectativas de lo que significa ser un hombre. En algunos casos, esa confusión y el miedo subconsciente o no expresado de no poder estar a la altura se convierte en ira y se proyecta hacia las mujeres.

Según datos recopilados por el Giffords Law Center, en EE. UU. 600 mujeres son asesinadas a tiros anualmente por sus parejas íntimas.[20] Además, un escrito en en la revista *Mother Jones* sobre tiroteos masivos reveló una inquietante conexión con la masculinidad tóxica. De los 22 tiradores en masa estudiados, todos hombres, el 86 por ciento tenía antecedentes de abuso doméstico, el 50 por ciento dirigido específicamente a las mujeres; y el 32 por ciento tenía antecedentes de acecho y acoso. Dos de los perpetradores se consideraban "incels", una cutura de "misóginos virulentos que se identifican a sí mismos como célibes involuntarios y expresan sus fantasías de ira y venganza contra las mujeres en línea».[21]

Houston, tenemos un problema. Necesitamos una versión actualizada de la masculinidad.

¡LA MASCULINIDAD NECESITA UNA ACTUALIZACIÓN!

¿Qué hace que el hombre sea más que un pene, testículos, un cromosoma Y, y testosterona extra? ¿Es la mentalidad de "follar o matar"? ¿La arrogancia, la sensación de superioridad, la habilidad de golpear a otro hasta convertirlo en papilla? ¿Ser capaz de patear una pelota de fútbol o disparar una pistola?

¿En serio? Qué manera tan simplista, superficial y limitante de definir la hombría. ¡Qué confundidos estamos! La verdad es que la mayoría de los hombres tienen miedo de sentir, de dejarse llevar. Se rigen por la falsa creencia de que sentir y expresarse son menos masculinos, signos de debilidad.

Es comprensible que muchos se crean insuficientes y temen no estar a la altura revista en este nuevo mundo nuestro. No solo es que las reglas han cambiado; es un juego completamente nuevo. El movimiento transgénero nos obliga a todos a redefinir y expandir nuestros conceptos de género. ¡Incluso hemos sido testigos de un hombre (que no ha completado su transición) quedarse embarazado!

Necesitamos una masculinidad reimaginada. Es hora de evolucionar. La mentalidad de los cavernícolas ha gobernado el mundo durante demasiado tiempo, y si no hacemos algo al respecto pronto, bueno, estaremos en problemas mucho mayores como especie. Necesitamos una verdadera liberación masculina para poder limitar el daño que nos hace la masculinidad tóxica a todos.

Entonces, ¿qué significa ser un hombre en el siglo XXI? Quedan muchas oportunidades para establecer la hombría en nuestra época de cambio. Ahora nos enfocamos en algunos roles masculinos tradicionales redefinidos, reimaginados, mejorados y actualizados.

El proveedor

Las estadísticas anteriores apuntan a una razón por la que muchos hombres están teniendo dificultades adaptándose a este nuevo entorno. No es sólo que la tecnología esté reemplazando muchos de los trabajos que solían realizar los hombres, sino que las mujeres están empezando a ganar más dinero. En muchos hogares, los hombres ya no pueden identificarse como el principal sostén de la familia. Así que adiós al hombre como proveedor. No quiero parecer frívolo ni simplista. Siento compasión por los hombres de las generaciones mayores para quienes mantener a sus familias es una identidad fundamental. Ver industrias colapsar y los trabajos asumidos por máquinas o subcontratados a otros países con mano de obra más barata tiene que ser difícil, por decir lo mínimo. Encontrarse de repente dependiendo de otros o teniendo que recibir asistencia del gobierno después de toda una vida de trabajo duro debe ser profundamente doloroso. Como resultado, muchos hombres seguramente internalizan eso como un fracaso personal y sienten vergüenza, humillación y una falta de propósito.

No tiene que ser así; los hombres no tienen que renunciar a la identidad de proveedores, simplemente deben ampliarla. Como hombre, todavía puedes ofrecer mucho, incluyendo un espacio psicológico y emocional seguro en el cual tu cónyuge y familia puedan prosperar, descubrir quiénes son y vivir al máximo. Puedes proporcionar estabilidad y convertirte en un pilar en la estructura familiar, compartiendo la sabiduría y la fortaleza que provienen del autoconocimiento y la disposición para hacer el trabajo de sanación personal. Al brindar amor incondicional, apoyo, elogios frecuentes y permitir espacio para errores e imperfecciones, puedes ayudar a crear un entorno en el que el amor propio y la autoaceptación prosperen. No hay mejor regalo que puedas darles a tus seres queridos. También puedes proporcionar a tu familia un ejemplo de vivir con honestidad, integridad y otros valores elevados.

¿Y no sería poderoso y alentador saber que tu cónyuge puede no depender de ti financieramente y aún así te elige libremente, desde un lugar de amor y no de necesidad?

El protector

En nuestro mundo cada vez más complejo, la mayoría de las cosas están fuera de nuestro control, de las cuales no podemos ofrecer protección. Sin embargo, aún puedes proteger a tus seres queridos lo mejor que puedas impartiendo sabiduría y experiencia. Al enseñarles el amor propio, el respeto por sí mismos y la autoconciencia, los estás preparando para enfrentar cualquier desafío que se les presente. Puedes ayudar a protegerlos modelando una forma diferente de vivir heroicamente y asegurándote de que siempre se sientan vistos, valorados y respetados.

Puedes ayudar a proteger a los pobres, los débiles y los marginados. Protege a los jóvenes: conviértete en un mentor o entrena a un equipo de la liga infantil. Protege a los animales. Sirve como un guardián sagrado de la Tierra. ¡No hay duda de que podríamos usar más emprendedores ecológicamente conscientes y creativos para defender y proteger el planeta en estos momentos! En su libro *La Espiritualidad Oculta de los Hombres: Diez Metáforas para Despertar el Sagrado Masculino*, Matthew Fox recomienda invocar el arquetipo del Hombre Verde como inspiración: un custodio de la tierra que personifica un poder lleno de alma, una fuerza que es a la vez poderosa y compasiva.[22]

En esta era de desinformación y "hechos alternativos", protege la verdad tal como la ves. Esto requiere mantenerse alerta, informado y realizar tu propia investigación y diligencia debida, especialmente en las redes sociales. Defiende los valores en los que crees, especialmente con el ejemplo. Involúcrate. Actúa. Levántate cuando sea necesario.

Recurre al arquetipo del Rey Siervo. Puede que no tengas un reino que gobernar, pero tu hogar es tu reino. Crea para tu familia un santuario libre de miedo, odio y negatividad. Protege a tus empleados o miembros del equipo de la competencia negativa y la mediocridad. Anímalos a que den lo mejor de sí mismos, a alcanzar su mejor versión personal. Crea un entorno que fomente el crecimiento personal y profesional, uno en el que puedan prosperar como personas, no solo como empleados. Declara tu hogar y tu lugar de trabajo como zonas universales de paz, lugares donde se valora y se fomenta activamente la paz interior.

Protégete del agotamiento y el desgaste, del cinismo, la indiferencia y el pensamiento negativo. Protege también a tu espíritu de la falta de sentido, la represión emocional y los comportamientos poco saludables. Para hacerlo, debes vivir de acuerdo con tus palabras. Mira hacia adentro y conócete a ti mismo. No podrás hacer esto mientras cambias de canal en el sofá.

> "UN HOMBRE MUERE CUANDO SE NIEGA A DEFENDER LO QUE ES CORRECTO. UN HOMBRE MUERE CUANDO SE NIEGA A LUCHAR POR LA JUSTICIA. UN HOMBRE MUERE CUANDO SE NIEGA A DEFENDER LO QUE ES VERDAD".
> —MARTIN LUTHER KING JR.

El cazador

Relacionado con el proveedor, el cazador es un papel que los hombres han desempeñado desde la antigüedad. En estos tiempos de tiendas de comestibles abiertas las 24 horas, bodegas en cada esquina, Amazon, Uber Eats y Rappi, los cazadores ya no están en alta demanda. En su lugar, ¿qué tal buscar soluciones a los muchos problemas que enfrentamos como especie?: la guerra, la pobreza, el terrorismo, la desigualdad de ingresos, el hambre, el odio, la xenofobia, la inmigración, la polarización, la crisis ambiental? Persigue tus propios obstáculos internos para el crecimiento. Te sentirás mucho más fuerte, libre y feliz. En el proceso, brindarás un profundo servicio a su familia y más allá.

El conquistador

Necesitamos desesperadamente una expresión más saludable del ímpetu a conquistar, una que no sea destructiva y abusiva. Aplica esa energía a la conquista interior: la última frontera. Conquista las tendencias más bajas del ego. Conquista tus propios demonios internos.

> "NO SOMOS CONSUMIDORES. DURANTE LA MAYOR PARTE DE LA EXISTENCIA DE LA HUMANIDAD, ÉRAMOS CREADORES, NO CONSUMIDORES: FABRICÁBAMOS NUESTRA ROPA, REFUGIO Y EDUCACIÓN, CAZÁBAMOS Y RECOLECTÁBAMOS NUESTRA COMIDA... NO SOMOS ADICTOS. PROPONGO QUE LA MAYORÍA DE LAS ADICCIONES PROVIENEN DEL HABER ABANDONADO NUESTROS VERDADEROS PODERES, ES DECIR, NUESTROS PODERES DE CREATIVIDAD".
> —MATTHEW FOX, CREATIVIDAD

Conquista tus propios miedos y obstáculos para el amor. "Conquistar" a una mujer es mucho más que llegar a su cama o desflorarla. Venga. ¿Qué prueba eso? ¿Qué tal si en cambio te propusieras conquistar su miedo o resistencia al amor? Para poder hacer eso, primero debes:

- Conocerte profundamente.

- Ser responsable y digno de confianza.

- Ampliar tus objetivos sexuales desde satisfacer tus propios deseos hasta amar y servir a tu pareja, creando condiciones para que ella se sienta lo suficientemente segura como para entregarse por completo al éxtasis del placer. Esta es otra área que contribuye a los sentimientos de insuficiencia en muchos hombres. En nuestro mundo distorsionado por la pornografía, los hombres se comparan desfavorablemente con estándares imposibles de belleza y rendimiento, lo que crea más presión, inseguridad y malestar en la intimidad. En el próximo libro sobre las relaciones, así como en los retiros de Relaciones Conscientes, profundizamos en lo que hace a un buen amante.

El explorador/descubridor

Descubrir lugares geográficos inexplorados es otra forma en la que los hombres se han destacado y desempeñado un papel importante históricamente. En nuestros tiempos, no quedan muchas fronteras por explorar. El espacio (la "frontera final", una frase popularizada por la narración de apertura del programa de televisión Star Trek) permanece sin explorar, pero la tecnología aún no está lista y los requisitos físicos, mentales y educativos eliminarían a la mayoría de nosotros de ese papel. Para la inmensa mayoría de nosotros, el espacio interior también permanece inexplorado. ¿Quieres ser un valiente explorador? Atrévete a mirar hacia adentro. Valdrá mucho la pena y cambiará tu vida y todas tus relaciones. ¡Y sí, incluso puede ayudarte en el ámbito sexual! Descubre la paz mental, la ecuanimidad, la fortaleza interior. Despierta y da rienda suelta a tu poder espiritual, sin necesidad de demostrarlo. Conócete a ti mismo. Verás cómo eso aumenta tu atractivo y magnifica tu magnetismo sexual, en caso de que necesites más incentivos.

El constructor/creador

En lugar de follar o matar, haz el amor y construye.
Canaliza el impulso de construir. Asume un proyecto. Hay tanto por hacer. Involúcrate en la construcción de viviendas para personas sin hogar, un jardín urbano, una sala de meditación en el trabajo o un proyecto de reforestación.

El poder real es, en última instancia, espiritual. Viene de las profundidades del alma. Es el poder de la creación. Las mujeres son conductos innatos de las fuerzas de la creación y, por lo tanto, son naturalmente poderosas. El poder de engendrar vida ... ¿qué más podría ser más poderoso?

Para los hombres, lo que se necesita es un cambio en la forma de pensar, un cambio de percepción. La creación no se trata solo de la reproducción. Conviértete en un conducto para la creatividad, ya sea a través del arte, la construcción, la carpintería, la jardinería. Esa energía creativa, ese potencial, está dentro de cada uno de nosotros. Y al igual que el poder real, es un regalo. Requiere abrirnos a ello, convertirnos en canales para ello y permitir suficiente tiempo para su expresión. ¡Pero no sucederá mucho mientras miras la televisión!

El Solucionador de Problemas es otra expresión del Creador y una hermosa cualidad de lo masculino. Sin embargo, para aquellos de ustedes en relaciones con mujeres, tengan en cuenta de no activar automáticamente el modo de solución de problemas. A veces, las mujeres simplemente quieren expresarse y ser escuchadas.

"NO SOMOS MEROS TELEVIDENTES PASIVOS. NO ES LA ESENCIA DE LOS HUMANOS SER PASIVOS. SOMOS JUGADORES. SOMOS ACTORES EN MUCHOS ESCENARIOS.... TENEMOS CURIOSIDAD, ANHELAMOS EL ASOMBRO, DESEAMOS EMOCIONARNOS, ENTUSIASMARNOS, EXPRESARNOS. EN RESUMEN, ESTAR VIVOS.... TAMPOCO SOMOS ENGRANAJES EN UNA MÁQUINA. SERLO SERÍA RENUNCIAR A NUESTRAS LIBERTADES PERSONALES PARA NO PERTURBAR LA MÁQUINA, SEA LO QUE SEA ESA MÁQUINA. LA CREATIVIDAD NOS MANTIENE CREANDO LA VIDA QUE DESEAMOS VIVIR Y TAMBIÉN AVANZANDO EN EL PROPÓSITO DE LA HUMANIDAD "
. —MATTHEW FOX, CREATIVIDAD

El guerrero

El arquetipo del guerrero está profundamente arraigado en nuestras percepciones colectivas de lo que significa ser un hombre. No solo se expresa a través de guerreros militares reales, sino también a través de nuestros primeros respondedores y figuras deportivas.

A medida que creamos formas nuevas y más saludables de expresar la masculinidad, también podemos expandir esta energía para incluir al guerrero espiritual que exhibe el coraje de:

- Mirar hacia adentro y vencer a sus demonios internos, sus limitaciones.

- Ser ferozmente y sin disculpas auténtico en la autoexpresión, pase lo que pase.

- Atreverse a sentir y expresar sus sentimientos de manera responsable, con coraje y compasión.

- Decir no a la injusticia y el abuso.

- Estar dispuesto a hacer el trabajo que requiere una relación consciente.

- Liderar con integridad

Dirije la energía del guerrero para hacer frente a la falta de vivienda, la pobreza, la contaminación, la injusticia—todas amenazas para nuestra supervivencia.

El destructor

A los hombres les gusta hacer estallar cosas. Las conversaciones entre hombres sobre deportes pueden incluir lenguaje y metáforas sorprendentemente bélicas, tal vez sirviendo como canales saludables para energías violentas y destructivas.

Si tienes que destruir algo, aniquila la mediocridad, la complacencia, la injusticia, la ignorancia. Enfrenta tu propio ego. Estalla tus propios miedos, dudas y limitaciones autoimpuestas. Esto será mucho más satisfactorio y beneficioso que una adquisición corporativa o una victoria militar.

El profeta/activista/revolucionario siempre ha luchado por la destrucción de sistemas que ya no funcionan, al mismo tiempo que aboga por el nacimiento de algo nuevo. Piensa en Mandela, Gandhi, Havel, King, Jesús. En el mundo latino, César Chávez y Rigoberta Menchú también vienen a mente.

Embarca en una misión de destrucción sagrada que tenga un enfoque tanto interno como externo: tus propias preocupaciones y complejos, cualquier cosa que inhiba la autoaceptación y lo que necesita ser reparado en el mundo. En el judaísmo, Tikkun Olam es una directiva para ayudar a reparar el mundo.

En el hinduismo, la destrucción es una forma de creación. Invoca a Shiva, la energía sagrada destructora que debe ocurrir para que se produzca un nuevo nacimiento. Shiva también está asociado con el poder de la reproducción y la regeneración, y uno de sus símbolos es el lingam o falo.

"TODO ACTO DE CREACIÓN ES PRIMERO
UN ACTO DE DESTRUCCIÓN".
—PABLO PICASSO

El Nutridor

Este no ha sido un papel tradicional para los hombres, pero lo incluyo aquí para nombrarlo y dar permiso. ¿Es menos hombre aquel que es gentil? Se necesita un gran conocimiento de uno mismo, mucha autoacceptación, y confianza en uno mismo como hombre, para ser gentil y nutridor en un mundo que ha clasificado esas cualidades como femeninas.

¿Cuáles son algunas de las cualidades que admiramos en los hombres? Fuerza, valentía, carácter, integridad, poder, confiabilidad, responsabilidad, honestidad, humildad, generosidad. A medida que ampliamos nuestra forma de pensar en lo masculino, ¿podemos agregar gentileza y cariño?

En su libro *Bendición original*, Matthew Fox escribe sobre la necesidad de dejar atrás el patriarcado "que crea ciudadanos unidimensionales tanto de mujeres como de hombres y culmina en una vida y relaciones violentas".[23] Nuestro mundo necesita desesperadamente expresiones más profundas, completas y expansivas de lo que significa ser un hombre. A medida que dejamos de lado las asociaciones antiguas y agotadas entre lo femenino y la debilidad, podemos dar la bienvenida nuevamente a cualidades como la gentileza en nuestra expresión. La verdad es que todos tenemos energías masculinas y femeninas recorriendo nuestro cuerpo. Y si necesita ejemplos de fuerza en lo femenino, ponte a ver un video de YouTube sobre hombres que experimentan aproximaciones de dolores de parto inducidos mecánicamente.

Tal como alude la expresión "amor de madre oso", lo femenino puede ser feroz. La diosa hindú Kali es un poderoso ejemplo. Al igual que Shiva, ella es una Destructora. De hecho, fue convocada por los dioses masculinos cuando estaban perdiendo una batalla contra los demonios. Siempre que mataban a uno y una gota de sangre golpeaba el suelo, otro surgía. Al Kali recoger las gotas de sangre con su lengua antes de que tocaran el suelo, la razón por la que generalmente se le representa con la lengua fuera, cambió de dirección la batalla y triunfaron los dioses.

El mundo se beneficiará de más hombres amorosos, cariñosos y físicamente demostrativos, incluyendo a los propios hombres.

LOS HOMBRES Y EL PODER

Un aspecto del poder espiritual es el coraje de cuestionar nuestras creencias en lugar de aceptar ciegamente y sin cuestionar lo que ha sido transmitido a lo largo de las generaciones, en su mayoría por hombres con una visión distorsionada y limitada de la masculinidad.

Cada vez más hombres descubren su poder auténtico y le dan la bienvenida a relaciones y dinámicas de poder equilibradas con sus parejas femeninas. Más seguros en su propia sexualidad, no se sienten amenazados por las expresiones de los demás. La misoginia y la homofobia son dos caras de la misma moneda. Las culturas y religiones que prohíben la homosexualidad son las mismas que oprimen a las mujeres.

Como se ha propuesto en estas páginas, todos necesitamos encontrar expresiones adecuadas del poder. Hemos establecido que esto no significa ser una alfombra donde otros se limpian los zapatos. El poder espiritual incluye tener en cuenta la protección de nosotros mismo y nuestros seres queridos, nuestra propiedad y nuestro país. Pero no abusando del poder.

> "YO SÍ SOY UN HOMBRE. UN HOMBRE, TAN HOMBRE, QUE ME DESMAYO CUANDO SE DESPIERTAN LOS CAZADORES. UN HOMBRE, TAN HOMBRE, QUE SIENTO UN DOLOR AGUDO EN LOS DIENTES CUANDO ALGUIEN QUIEBRA UN TALLO, POR DIMINUTO QUE SEA. UN GIGANTE. UN GIGANTE, TAN GIGANTE, QUE PUEDO BORDAR UNA ROSA EN LA UÑA DE UN NIÑO RECIÉN NACIDO".
> —FEDERICO GARCÍA LORCA, *EL PÚBLICO: DRAMA EN CINCO CUADROS*

Una serie titulada *"Asesinos de hombres"* en el sitio web Art of Manliness identifica el poder (el poder mundano egoico, aplicando los conceptos que aquí exploramos), como uno de los culpables: 'El poder es necesario, sin él nada se haría. Los oficiales de policía no serían tomados en serio si no tuvieran el poder de arrestar, los países podrían ser invadidos si no tuvieran un ejército (o armas nucleares) para defenderse, y los gerentes de negocios no podrían lograr casi tanto si no tuvieran el poder de contratar y despedir a su personal.... El poder adecuadamente controlado puede utilizarse para mejorar la vida de nuestros seres queridos, colegas y la sociedad en su conjunto. Pero los hombres deben estar atentos para evitar el potencial del poder para corroer su alma, cegarlos ante decisiones éticas y llevarlos a su ruina'.[24]

En la próxima parte, mientras avanzamos por la Zona de Poder, encontramos trece formas en la que los héroes muestran su empoderamiento. Todos estos caminos hacia el poder espiritual son congruentes con el viaje del héroe y pueden apoyarnos en nuestro viaje hacia la libertad.

PRÁCTICAS DE PODER

- ¿Qué cualidades asocias con lo masculino?
- ¿Qué cualidades asocias con lo femenino?
- Elige uno de los roles reinventados mencionados en este capítulo. Comprométete a probarlo y darle expresión durante el próximo mes o más. Por ejemplo, si te sientes atraído por el rol del Protector, podrías ofrecerte como voluntario en el refugio de animales local.

Sección 5:

Caminos hacia el poder espiritual

Capítulo 26
El camino del perdón

Has seguido todas las trampas del ego, incluida nuestra ambivalencia hacia el poder y sus expresiones malsanas. En esta siguiente fase de la jornada, exploramos 13 cualidades que conducen al poder espiritual. Asumirlos como prácticas de vida acelerará tu proceso de empoderamiento y te llevará a la libertad personal. No son fáciles, pero con el tiempo pueden convertirse en algo natural. Son cuestión de héroes.

Perdón: herramienta de poder para la libertad

Como hemos visto, la metamorfosis de Anakin Skywalker en Darth Vader comenzó en el momento en que se dejó llevar por la rabia y se lanzó a una salvaje y vengativa matanza tras la muerte de su madre a manos de traficantes de esclavos. ¡Tremenda reacción egoica! Con todo su entrenamiento Jedi, debió haber tenido suficiente autopresencia para contar hasta diez o tomar una respiración profunda. Ese fue su momento de elección.

Por supuesto, sabemos que el perdón no es fácil en una situación como esa, o incluso en muchas menos drásticas. En muchos casos, el perdón es nada menos que heroico. Sin embargo, el perdón no se trata realmente de la otra persona que nos hizo daño. Se trata de liberarnos de las cadenas del victimismo. Mientras alberguemos sentimientos de haber sido perjudicados o mantengamos algún nivel de justicia propia o victimización, seguimos atrapados en esa experiencia. Nos guste o no, el perdón es la única salida, la única forma de completar plenamente la experiencia, dejar atrás el pasado y seguir adelante. Aunque la otra persona también será liberada por el perdón, en última instancia se trata de liberarnos a nosotros mismos. Nos volvemos mejores por ello, y al liberarnos recuperamos nuestro propio poder.

EL PERDÓN NOS LIBERA DE LAS CADENAS DE LA VICTIMIZACIÓN.

Maia, mi ex maestra, tenía una hermosa manera de pensar en el perdón. Cuando cambiamos el orden de las sílabas en inglés de *forgive* (perdonar), tenemos *give for* (dar para/por). Damos a los demás (y a nosotros mismos, lo que a menudo es más difícil) el espacio para ser humanos, para cometer errores, para ser imperfectos. Cuando perdonamos, le damos a la otra persona el beneficio de la duda, en lugar de juzgarla.

Cuando nos tomamos las cosas personalmente, cuando nos aferramos a la sensación de haber sido agraviados de alguna manera, perdemos nuestro poder. Damos a los demás demasiada influencia sobre nuestro estado de ser.

Una de las cosas que me fastidia es cuando alguien me corta el paso en el carril rápido, solo para entonces reducir la velocidad. «¿Por qué? ¿Por qué no te quedaste en ‹tu› carril?" Ni siquiera me importa que se adelanten frente a mí, pero ¿para que reducir la velocidad?

No importa si la persona está completamente despistada y no tenga idea de lo que acaba de hacer o si lo está haciendo a propósito para molestar. Si me permito enojarme y frustrarme, soy yo quien paga el precio. Es mi bilis la que se libera en mi estómago, mi presión arterial que sube, mi sistema nervioso que se estresa innecesariamente. Si la persona lo hizo a propósito, estará disfrutando el haberme molestado. Cualquiera que disfrute este tipo de juego de poder tan simple y estúpido debe tener una vida bastante mediocre, sentirse impotente en general y, por lo tanto, es digno de compasión. Si están distraídos y apenas conscientes, también son dignos de compasión. ¿Quién sabe qué puede estar pasando en sus vidas? Quizás acaban de ser despedidos o tienen un ser querido en el hospital. Extenderles el beneficio de la duda me libera de un drama emocional innecesario.

Y además, si soy sincero, ¿no he hecho lo mismo algo parecido? Quizás no sean igual los detalles, pero ¿nunca me he distraído mientras conducía e impactado a otros en la carretera? Claro que lo he hecho. Caminar un poco en sus zapatos suaviza la crítica santurrona del ego — "¡Yo nunca haría eso!" — y nos libera a los dos.

Para los antiguos hawaianos, el perdón era una parte importante del proceso de resolución de conflictos. De acuerdo con la *Diccionario hawaiano*, el concepto de *ho'oponopono* deriva de dos palabras: *ho'o*, "a" y *pono*, que puede significar "bondad, honestidad, moralidad, deber, correcto, o justo".[25] Juntos crean el significado de "corregir o enmendar".

Tradicionalmente, el *ho'oponopono* se utilizaba como un medio para abordar conflictos o discordias dentro de la familia. El proceso involucraba oración, discusión, confesión, arrepentimiento, restitución mutua y perdón. Recientemente, Morrnah Simeona, una *kahuna* (sacerdotisa o sanadora) hawaiana, expandió el concepto de *ho'oponopono* para incluir la resolución de problemas entre grupos fuera de la estructura familiar y lo introdujo como una herramienta de autoayuda. Desde su muerte en 1992, uno de sus estudiantes, Stanley Hew Len, con la ayuda de Joe Vitale, coautor de *Cero límites,* ha estado difundiendo esta versión de *ho'oponopono*. Como administrador de una unidad psiquiátrica para criminales dementes en Honolulu, el método de tratamiento de Len inicialmente consistía en repetir la frase "Lo siento. Por favor, perdóname. Te quiero. Gracias." A menudo realizada incluso sin contacto directo con el cliente, la práctica produjo un nivel de sanación tan dramático entre los reclusos que no solo redujo la rotación del personal y el ausentismo, sino que también condujo al eventual cierre de la unidad. Ahora ofrece seminarios para ayudar a las personas a mejorar la calidad de sus vidas y enseña la responsabilidad personal total, lo que significa que nos hacemos responsables de las acciones de todos, no solo de las nuestras. Básicamente está diciendo: si algo está en ellos, está en mí. La forma en que me enseñaron la práctica, un poco equivocada, fue "Lo siento. Te perdono. Te quiero. Gracias." Con el debido respeto al trabajo de Len, y aunque entiendo su filosofía de asumir la responsabilidad personal y pedir perdón incluso por las acciones de los demás, prefiero la versión que aprendí porque reconoce ambos lados. A veces, la otra persona necesita la experiencia de ser perdonada.

La persona que me enseñó esta práctica descubrió su efectividad de manera personal. Mientras trabajaba en la junta directiva de un ONG internacional, se le pidió que encabezara un comité para encontrar un reemplazo para el fundador, un tipo carismático que estaba a punto de jubilarse. En el transcurso de dos años, cada vez que estaban cerca de hacer una recomendación, uno de los miembros del comité inevitablemente encontraba algo mal con el candidato y frustraba el proceso. Ya al punto de jalarse los pelos, sin la menor idea de como resolver la situación, mi amigo decidió probar el *ho'oponopono*. Cada vez que pensaba en el miembro del comité saboteador, en lugar de enojarse o frustrarse, lo retenía en su mente mientras repetía: "Lo siento. Te perdono. Te quiero. Gracias." En la próxima reunión, dos semanas más tarde, el tipo anunció inesperadamente que había decidido retirarse del comité de búsqueda, abriendo el paso para que el proceso se pudiera por fin desarrollar.

El perdón es un paso inevitable en el camino hacia la libertad y el poder espiritual.

PRÁCTICA DE PODER

- ¿A quién perdonarás hoy? Elige una persona y escríbele una carta. Explícale cómo su comportamiento te impactó y qué efectos tuvo en tu vida. Comparte los sentimientos negativos que tuviste inicialmente y cómo ahora, gracias a lo que quizás hayas aprendido, te has vuelto más fuerte. Si es posible, comunícale que la perdonas, aunque no es necesario hacerlo.

Capítulo 27
El camino de la gratitud

La gratitud es una energía renovable. Es una fuerza magnética, atractiva y transmutativa que se perpetúa a sí misma, engendrando aún más cosas por las que estar agradecido. La palabra "gracias" no solo se usa para agradecer sino que también se refiere a un estado de gracia. Podemos decir que la gratitud es un estado de ser. Vivir con gratitud, una actitud de gratitud, transforma desafíos y situaciones que desearíamos que hubieran resultado de otra manera. Ya sabemos que podemos enfocar estas situaciones como oportunidades de aprendizaje, el grano de arena que se transforma en una perla. Cuando aprendemos a estar agradecidos por todo, lo bueno y lo desafiante, nuestro corazón se llena de gracia.

Estudios científicos recientes indican que una simple práctica de gratitud activa al hipotálamo, lo que afecta los niveles de estrés y otras regiones del cerebro asociadas con la liberación de dopamina, un neurotransmisor que causa sensación de "sentirse bien" y que también ayuda a tomar iniciativa.[26]

La gratitud nos da el poder de cambiar cualquier situación, o al menos nuestra actitud hacia ella. Al principio requiere práctica, hasta que se convierte en algo natural y permanente, un estado del ser. Podrías empezar adoptando la práctica de escribir tres cosas cada día por las que está agradecido. Algunos optan por llevar consigo un diario de gratitud. Incluso hacer una lista de una sola vez puede ser un proceso poderoso y lograr este estado del ser.

En un momento de mi vida me sentía atrapado, aprisionado por una situación. Parecía no haber una salida elegante. Sentado en la cima de una colina en San Francisco con vista hasta el mar, me puse a crear una lista de las cosas que no me gustaban de mi vida. Después de un rato no se me ocurría nada más sobre mi situación actual, pero decidí seguir, agregando todo lo que no me había gustado en toda mi vida. Después de un par de horas no quedaba nada más dentro de mí. Me sentí limpio, vacío, purificado. De forma espontánea, comencé a crear una lista de cosas por las que estaba agradecido. Esa simple práctica me sacó de la depresión y me ayudó a cambiar la forma en que percibía ciertas experiencias. Al final del proceso, de forma muy natural, comencé a notar en mi lista de gratitud algunas de las mismas cosas que habían estado en mi "lista de odio".

Como parte de nuestra práctica, hacemos un esfuerzo por recordar cuánto tenemos por lo cual estar agradecidos. Recordamos, por ejemplo, que en nuestro mundo un total de 712 millones de personas viven en pobreza extrema con menos de $2,15 al día.[27] Eso significa que cerca del 10 por ciento de la población del planeta ¡apenas sobrevive a nivel físico! Entre aquellos de nosotros lo suficientemente afortunados de vivir en el mundo desarrollado con un techo sobre nuestras cabezas y acceso a la educación, comida, electricidad y agua potable, una gran mayoría todavía está atrapada en una carrera de ratas tratando de llegar a fin de mes, apenas sobreviviendo y sin vivir plenamente. Teniendo en cuenta el hecho de que uno de cada cinco adultos en el mundo todavía es analfabeto, el hecho de que estes leyendo este libro sobre el empoderamiento personal y la transformación espiritual es un gran privilegio. Vista en este contexto más amplio, la depresión es un lujo.

La gratitud nos da poder sobre cada situación. Es contagiosa. No estamos hablando de una gratitud etérea, superficial o ingenua, sino de una actitud sincera y genuina, y que genera agradecimiento por el don de estar vivo, por el privilegio de habitar un cuerpo.

Vivir de esta manera es liberador y requiere solo un sacrificio: debemos renunciar a nuestro apego al sufrimiento, la lucha, el drama y la adicción a la conciencia de víctima. Como exploraremos más a fondo más adelante, la palabra "sacrificio" proviene del latín *sacrificium*, que significa "acto sagrado" o "convertir en sagrado." Al dejar ir estas cosas, hacemos nuestra vida sagrada, llena de gracia. Cambiar nuestra perspectiva de sufrir a ser agradecidos es un acto sagrado que nos libera de patrones autoimpuestos de dolor y nos permite vivir con mayor alegría.

> "LA GRATITUD CONVIERTE LO QUE TENEMOS EN SUFICIENTE, Y MÁS. CONVIERTE LA NEGACIÓN EN ACEPTACIÓN, EL CAOS EN ORDEN, LA CONFUSIÓN EN CLARIDAD. DA SENTIDO A NUESTRO PASADO, TRAE PAZ PARA EL PRESENTE Y CREA UNA VISIÓN PARA EL MAÑANA."
> —MELODY BEATTIE

PRÁCTICA DE PODER

- Durante la próxima semana o mes, comprométete a hacer una lista de gratitud. Nombra tres cosas cada día por las que estás agradecido.

Capítulo 28
El camino de la autodisciplina

Hay tres aspectos de la autodisciplina que se aplican a esta discusión: mental, emocional y espiritual.

La autodisciplina mental se refiere a los esfuerzos necesarios para dejar de identificarse con el ego. El camino del poder espiritual requiere una vigilancia constante. El ego es una parte tan profundamente arraigada en nosotros y puede ser tan inteligente y sutil en su expresión que se necesita mucha práctica y conciencia de uno mismo cuando estamos en el camino hacia el autodominio. En pocas palabras, ya no permitimos que nuestro ego se salga con las suyas. Nos hacemos cargo de nuestros pensamientos, nuestras emociones y nuestras vidas. Cuando el ego comienza a sentirse victimizado o auto justificado y superior, aprendemos a decirle: "Gracias, pero no gracias. Elijo verlo de otra manera ". Con la práctica, la voz del ego se vuelve gradualmente más suave, menos intrusiva y nos secuestra con menos frecuencia. Y cuando nos secuestra, es por menos tiempo.

Comenzamos por aprender a identificar las voces del ego: la duda de uno mismo, el cuestionamiento constante, el crítico interior despiadado, la justicia propia, la víctima. Lo vemos, lo reconocemos, nombramos la dinámica, reconocemos su origen egoico y recontextualizamos la experiencia. Además de la vigilancia, esto requiere autodisciplina. Verlo es una cosa; tener la voluntad de hacer algo al respecto, otra.

Y sí, todos podemos hacerlo. Eximirnos de responsabilidad diciendo 'No tengo autocontrol' es dejar que el ego gane de entrada, sin ni siquiera intentarlo. Estamos rindiéndonos al comienzo del primer asalto. La vigilancia se puede aprender, y la autodisciplina se puede desarrollar, paso a paso. La práctica es todo lo que se necesita. A medida que nos volvemos más conscientes de nosotros mismos, aprendemos a corregir nuestra forma de pensar. Lo bueno es que, como con cualquier otra cosa, se vuelve más fácil. La famosa bailarina Martha Graham dijo: "Aprendemos con la práctica. Ya sea que se trate de aprender a bailar practicando la danza o de aprender a vivir practicando la vida, los principios son los mismos. Uno se convierte en algún sentido en un atleta de Dios."

La autodisciplina emocional significa que al mismo tiempo que nos damos permiso para sentir todas nuestras emociones humanas, también empleamos la autodisciplina en cuanto a la forma y el momento de su expresión. No dejamos escapar todo lo que estamos sintiendo o atacamos a alguien porque estamos molestos y "tenemos derecho a nuestras emociones". Parte del proceso de maduración es aprender a expresar nuestras emociones con responsabilidad y elegancia sin necesidad de reprimirlas. Cuando hacemos una elección consciente con respecto a cómo comunicar estas emociones para que sean recibidas sin defensa, logramos, no solo ser escuchados, sino honrarnos a nosotros mismos y a la otra persona.

La autodisciplina espiritual significa realizar determinadas prácticas, como la meditación, de forma regular. Estas prácticas son útiles cuando la situación se torna complicada y estamos a punto de ser controlados por el ego. Nos otorgan esos segundos valiosos de autoconciencia que nos permiten trascender la reactividad, elegir nuestra respuesta y ejercer un poder auténtico.

Recuperando nuestro poder de las adicciones

Cuidarnos a nosotros mismos y cuidar nuestro cuerpo es parte del proceso de empoderamiento. No podemos estar fuera de control en un área de nuestras vidas, ya sea el sexo, las drogas o la comida, y sentirnos poderosos. Todas las adicciones desempoderan. Abandonamos nuestro poder por una pinta de vodka o Häagen-Dasz, un pase, un trago, un orgasmo, un frenesí de compras, un "me gusta" en las redes sociales o alcanzar el siguiente nivel en un videojuego. Todos sabemos que estas son soluciones temporales. Nos sentimos mejor en el momento en que obtenemos nuestra dosis, nuestra euforia, nuestra satisfacción inmediata, pero eventualmente caemos en el desempoderamiento y el arrepentimiento.

Sin embargo, siempre hay esperanza, una salida, no importa cuán profundo sea el agujero en el que nos hayamos metido. Comienza por reconocer el problema. Reconocer que somos impotentes frente a la adicción es el primero de los 12 pasos de los programas Anónimos. Para muchos, esta es una lucha constante, una batalla del día a día para recuperar el poder sobre una sustancia o comportamiento asistiendo a reuniones de 12 pasos, obteniendo la ayuda y el apoyo necesarios para permanecer libres. Podemos ejercer nuestro poder personal, el poder sobre nosotros mismos y sobre las predisposiciones genéticas. Fundamentalmente, se trata de recuperar nuestro poder de elección. Y eso requiere autodisciplina a niveles heroicos.

Todo comienza con una elección: ver con claridad, sentirnos completos, buscar ayuda. Un paso a la vez, como dicen en los grupos de recuperación, puedes recuperar tu cuerpo, tu salud, tu autoestima, tu mente, tu poder. Por supuesto, hacer una elección o una declaración no es suficiente en la gran mayoría de los casos, aunque a veces eso es todo lo que se necesita. Si necesitamos más ayuda, tomamos las acciones adecuadas y obtenemos el tratamiento y las estructuras de apoyo necesarias. Terminamos ciertas relaciones, si es necesario, y creamos otras nuevas.

Para que ocurra el cambio, hace falta entender los valores subyacentes que impulsan nuestro comportamiento. Debemos elegir y luego aprender a valorar nuestra salud, nuestras relaciones, nuestro futuro, nuestro legado, nuestra familia, nuestros amigos más que el subidón inmediato, el escape o el entumecimiento que hemos buscado.

Debemos ser conscientes de no reemplazar una adicción por otra, incluso una preferible, si queremos la máxima libertad. Algunas personas que conozco ya no luchan con eso. Han sido efectivamente liberadas de sus tendencias adictivas y pueden disfrutar de una copa de vino ocasional, por ejemplo. Para la mayoría de los demás, el camino del autodominio requiere la abstinencia permanente de una determinada sustancia, ya sea alcohol, nicotina o azúcar.

Tan importante en el proceso de tratamiento como lo son las reuniones regulares, el poder no viene de ellos. El poder viene de adentro. Las reuniones brindan apoyo, comunidad, estructura y recordatorios importantes. El poder proviene de un Poder Superior, o cualquier lenguaje que mejor funcione para ti. De lo contrario, terminamos reemplazando una adicción por otra.

Manejo del frenesí

La primera habilidad que debemos desarrollar es aprender a identificar cuándo se acerca "el frenesí". ¿Cuáles son las señales en tu caso? ¿Cuándo comienzas a sentir la necesidad, el pensamiento obsesivo? ¿Cuándo comienza el deseo, la fiebre, a golpear suavemente en la ventana y luego fuertemente en la puerta?

El momento de elegir es *antes de* que el golpe se convierta en estruendo. Esa es nuestra ventana de oportunidad. Antes de actuar por impulso, antes de hacer clic en "comprar" o levantar el teléfono o la pipa o el cigarrillo o el control remoto o la botella o la cuchara o el frasco de pastillas. En ese momento, en cambio, respiramos profundo. Lo que hacemos es posponer la acción por unos minutos. Idealmente, nos sentamos cómodamente, cerramos los ojos y nos centramos. Todavía podemos tomar la decisión en cualquier momento; simplemente lo estamos retrasando para aprovechar la oportunidad al máximo, de aprender de ella tanto como sea posible. Notamos lo que sucede a medida que disminuimos la velocidad de nuestra respiración. ¿Que estamos sintiendo? ¿Qué anhelamos? ¿Qué está sucediendo en realidad? ¿Hay otro sentimiento que estamos tratando de evitar, o tal vez una actividad, algo que no queremos hacer? ¿Alguien en quien no queremos pensar? ¿Nos sentimos solos o tristes, como si algo faltara? ¿O estamos enojados o molestos por algo?

Al domar el tigre del comportamiento adictivo, entrar, dirigirnos hacia adentro, es la forma de salir. Mientras sigamos ignorando nuestras emociones bajo la superficie, nos condenamos a actuar de maneras que oculten esas cosas. Y seguiremos en lo mismo. Sí, sin lugar a dudas eso es un trabajo duro que requiere compromiso y autodisciplina. Luchamos nada menos que con nuestra biología y toda una vida de condicionamiento. Es un camino heroico, porque estamos domando nuestros demonios internos y luchando por nuestras vidas.

Si hacerlo por ti mismo no es suficiente motivación en este momento, házlo por tus seres queridos; hazlo por todos nosotros: tus compañeros en la jornada, tu país, el mundo. Si sigues leyendo este libro, eso significa que estás en el camino del autodescubrimiento y la autosanación, y por eso te necesitamos. Te necesitamos ahora más que nunca, plenamente en tu poder. En este punto más crítico de nuestra historia, necesitamos a todos los héroes.

> "AUTOREVERENCIA, AUTOCONOCIMIENTO, AUTOCONTROL: SOLO ESTOS TRES LLEVAN LA VIDA AL PODER SOBERANO".
> —ALFRED, LORD TENNYSON

El apoyo aparecerá de fuentes sorprendentes e

inesperadas. Te lo garantizo. El Universo tiene un interés personal en cada uno de nosotros.

PRÁCTICA DE PODER

- Identifica un ejemplo reciente de una situación en la que sentiste la voz de la autoduda o del crítico interno. ¿Cómo te sentiste desde el principio? ¿Cuánto tiempo te tomó intervenir? ¿Cómo pudiste replantear la situación? Desde la perspectiva actual, ¿cómo te aconsejarías a ti mismo para replantear la situación y manejar esa voz?

Capítulo 29
El camino de la vulnerabilidad

Hay poder en la vulnerabilidad consciente. Este estado de ser indica que tenemos tanta confianza en nuestro poder que no hay nada que defender; no nos preocupamos por las opiniones de los demás ni por ser atacados. Por otro lado, si necesitamos demostrar que somos poderosos, es seguro asumir que estamos compensando el sentirnos impotentes de alguna manera.

Cuenta la historia budista que un monje fue falsamente acusado de dejar embarazada a una joven que se enfrentaba al ostracismo y rechazo de los aldeanos por tener un hijo sin estar casada. El monje soporta en silencio la ira y el juicio de los aldeanos; no lo niega, no se defiende ni se explica, incluso acepta la responsabilidad de criar al niño, a pesar de su inocencia. Como suele suceder, la verdad finalmente sale a la luz cuando el verdadero padre regresa. Sin cuestionar, el monje devuelve al hijo a sus padres, a pesar de haberlo criado como propio durante años. El monje fue exonerado, pero el punto es que siempre estuvo libre y no necesitaba exoneración. Incluso cuando sabía que tenía razón y a pesar de la injusticia y las mentiras que se decían en su contra, permaneció en silencio. Eso es poder. Eso es libertad. Nada que defender; nada que explicar. Su estado de ser y autoestima no dependían de lo que otros pensaran o sintieran acerca de él.

Quisiera aclarar que, este ejemplo no niega ni se adelanta al trabajo que hemos estado explorando en estas páginas. Antes de alcanzar estados tan elevados de libertad personal, primero pasamos por otras etapas durante las cuales aprendemos qué funciona y qué no funciona para nosotros, cómo crear límites saludables, cómo comunicar nuestras necesidades con valentía, claridad y compasión.

La actitud defensiva es un rasgo intrínseco del ego y una característica de la condición humana. Nos sentimos atacados, cuestionados, incomprendidos, víctimas de la injusticia. Nos sentimos obligados a demostrar nuestra inocencia, nuestra rectitud. Esto es especialmente cierto cuando la confrontación desencadena problemas profundos de identidad: cómo nos percibimos a nosotros mismos. La pregunta es: ¿Por qué es importante cómo nos ven los demás? Cuanto más dirigimos nuestro enfoque internamente, menos necesitamos validación externa.

Roberto se molestaba cada vez que su jefa Miriam le daba retroalimentación sobre el desempeño de su trabajo, y que él consideraba injusta. A pesar de que también eran amigos, nunca habló al respecto; el resentimiento siguió creciendo hasta que comenzó a afectar su relación. Cuando finalmente asistió a uno de mis retiros, la situación se había deteriorado aún más después de una mala evaluación de desempeño. Se sentía traicionado por su amiga y estaba considerando renunciar. A lo largo del fin de semana, se dio cuenta de que cada vez que recibía comentarios de Miriam, le recordaba a su madre, quien, con buenas intenciones, le había fijado estándares muy altos. Como madre soltera, quería asegurarse de que su hijo tuviera éxito en la vida. Sin embargo, el mensaje que el Robertico interiorizó fue que, no importa lo que hiciera, nunca era lo suficientemente bueno. Esa era la herida central de su vida y Miriam la provocaba sin querer. Con esta comprensión y habiendo comenzado el trabajo necesario para la aceptación incondicional de sí mismo, pudo hablar con su amiga y disculparse por su comportamiento pasivo-agresivo inconsciente. Ella, a su vez, accedió a hacer lo que el le pedía, que, al darle retroalimentación, también afirmara los aspectos positivos de su trabajo.

No tomar las cosas de manera personal es clave. No todo lo que nos dicen viene con intención de ser crítica o una afrenta a nuestra integridad. En la mayoría de los casos, las personas simplemente están expresando su propio dolor. No hay necesidad de hacerlo tuyo. Déjalos tener su propia experiencia. Sé compasivo.

> LA COMPASIÓN SIGNIFICA "SENTIR CON" Y ES UNA CUALIDAD IMPLÍCITA EN LOS HÉROES.

Así es como los héroes modernos pueden arriesgarse por el bien de otro. Saben que a veces las personas están simplemente resolviendo sus propias inseguridades o superando su propia sensación de impotencia. Los héroes practican contener sus proyecciones sobre los motivos de los demás y dejan de atribuir significado a sus acciones. ¿Quién sabe por qué la gente hace lo que hace, qué está sucediendo en sus vidas o qué están proyectando sobre nosotros?

Por cierto, esto no justifica el comportamiento de nadie, ni significa que podamos descartar o ignorar todos los comentarios que nos llegan porque la gente simplemente "proyecta sus cosas sobre nosotros". Simplemente aprendemos, como dice el refrán cubano, a damos un baño en quimbombó. En otras palabras, dejamos que las cosas nos resbalen y no nos enreden.

Asimismo, hay aspectos de lo que nos reflejan los demás que podrían tener elementos de verdad que pueden apoyar nuestro propio proceso de crecimiento, especialmente cuando recibimos la misma retroalimentación de más de una fuente. En ese caso, la consideramos honestamente sin hacernos sentir mal o caer en el fracaso o la vergüenza. En cambio, la miramos de la manera más objetiva posible con autocompasión y un compromiso constante con el crecimiento y la mejora personal. Esto requiere autoconocimiento y mucho trabajo en uno mismo, pero, ¿quién más lo podrá hacer por nosotros? Se trata de nuestra libertad personal, en última instancia.

El compromiso es a menudo una parte necesaria, quizás incluso inevitable de la vida. No hay que interpretarlo como pérdida o disminución. Una de las mejores contribuciones del libro clásico de negociación *Getting to Yes (Llegar al sí)* es el concepto de "expandir la tarta o el pastel", una estrategia que también se enseña en el Programa de Negociación de Harvard. La mayoría de las negociaciones son un juego de suma cero unidimensional en el que cuanto más grande sea tu parte, más pequeña será la mía. El problema es que esto asume una tarta limitada, por lo que, por supuesto, vamos a tratar de obtener la mayor parte posible de ella. En cambio, podemos enfocarnos en expandir la tarta, explorar los intereses y alternativas de las partes involucradas, y así encontrar formas de agregar valor a lo que está sobre la mesa. Este método requiere más tiempo y esfuerzo, sin duda. También requiere empatizar con los demás, dejar de lado la idea de tener razón, y ponerse en su lugar. Respiramos hondo y les damos el beneficio de la duda. Buscamos genuinamente entender por qué se sienten de cierta manera y quieren ciertas cosas. Hacemos preguntas en lugar de hacer suposiciones.

Ileana y Carmen llevaban diez años como pareja cuando vinieron a un retiro como último intento de salvar su relación. Se marcharon con una perspectiva mucho más amplia sobre las relaciones, esperanza y disposición para intentarlo de nuevo. Resulta que comprender el ego, la proyección y "girar el espejo" les ayudó a cambiar la forma en que discutían. Una meses después me encontré con Carmen y me contó que en medio de revivir una vieja discusión, de repente tuvo un momento de claridad; se detuvo y respiró. En lugar de seguir el viejo y aburrido camino que habían recorrido durante años, decidió probar una nueva ruta e imaginó que estaban teniendo la discusión por primera vez. En lugar de tomar las cosas de manera personal y defender su posición, preguntó: "Ileana, ¿me ayudas a entender por qué te sientes así?" Se produjo una conversación real y, por primera vez, lograron llegar al otro lado de la crisis con compasión mutua, un entendimiento más profundo y la posibilidad de cambio.

Estar siempre a la defensiva y en alerta constante no es una forma de vida saludable. Conduce a niveles elevados de estrés, problemas cardíacos y otros problemas de salud. También pagamos un alto precio en el ámbito de la intimidad y la calidad de nuestras relaciones. Este enfoque de "yo contra el mundo" en la vida genera sentimientos de soledad y alienación.

Desarrollar una actitud de genuina curiosidad ayuda, usando las palabras de la experta en comunicaciones Amy Fox de Mobius Executive Leadership, una organización especializada en capacitación corporativa en negociaciones y comunicaciones. "Me pregunto por qué podrían sentirse de esa manera" es un enfoque mucho más abierto que hacer suposiciones y construir un caso para demostrar que tenemos razón. Normalmente, nosotros, es decir, nuestros egos, lo resolvemos unilateralmente, habiéndonos nombrado a nosotros mismos como fiscal, juez y jurado.

Comencemos por dar el beneficio de la duda mutuamente, en lugar de asumir los peores motivos. Evoquemos conscientemente la compasión en nosotros mismos e intentemos ponernos en su lugar por un momento.

Aunque pueda parecer contradictorio, la comunicación auténtica y vulnerable tiene un gran poder. Normalmente pensamos de la vulnerabilidad como debilidad, pero en realidad es lo contrario. Dejar caer las defensas y ser conscientemente vulnerable implica un cierto nivel de autoconocimiento, seguridad y autoaceptación, que son todas bases para el poder personal. Y el abrirnos y ser vulnerables, comportándonos de una manera que extiende y provoca respeto, tiende a generar lo mismo en la otra persona.

Esto, por supuesto, no significa ser ingenuos ni revelar prematuramente nuestra mano en las negociaciones, por ejemplo. Siempre debemos estar atentos a analizar qué está motivando nuestro comportamiento. No es difícil caer en patrones de búsqueda de aprobación o de evitación de conflictos.

Bajar las defensas se trata de libertad. Nos liberamos de tener que cargar un pesado escudo y armadura, siempre alertas ante el próximo ataque. Vivir siempre en estado de defensa en realidad es síntoma de vivir con miedo. Esto no quiere decir que nos coloquemos inconscientemente o ingenuamente en situaciones peligrosas, ya sea caminar solos de noche por un callejón oscuro o pasar tiempo con personas de mal genio y dientes afilados como cuchillos.

> LA VULNERABILIDAD SUENA COMO VERDAD Y SE SIENTE COMO CORAJE. LA VERDAD Y EL CORAJE NO SIEMPRE SON CÓMODOS, PERO NUNCA SON DEBILIDAD".
> —BRENÉ BROWN

Significa que no hay necesidad de vivir la vida usando una armadura emocional. Cuanto más trabajo de autosanación hacemos, atraemos a menos personas como esas a nuestras vidas, y tenemos menos botones que otros puedan presionar. Nos volvemos menos propensos a reaccionar. Como resultado, podemos recanalizar los altos niveles de esfuerzo y energía que requiere caminar constantemente en un estado altamente protegido.

PRÁCTICA DE PODER

- Consideremos una experiencia reciente en la que sentiste que tus defensas se activaron. ¿Qué dijo la otra persona que te afectó? ¿Cómo te sentiste? ¿Cuándo más has sentido esa misma sensación o algo similar? ¿Qué patrones notas? Al mirar debajo de tu respuesta reactiva, como hizo Roberto en el ejemplo anterior, ¿puedes identificar una herida personal que podría haber sido activada? ¿Qué aspecto de tu identidad sientes que estaba siendo cuestionado o desafiado? Cuanto más dispuestos estén los héroes a hacer este trabajo de identificar y sanar viejas heridas, menos se encontrarán afectados por otros.

Capítulo 30
El camino de creer

Nos llegan mensajes sobre el poder de la creencia de una multitud de fuentes. Este concepto se está arraigando en la cultura, como lo demuestran canciones populares como *When You Believe (Cuando crees)* de la película animada *El Príncipe de Egipto*. Durante los últimos 150 años, lo que se conoce como el movimiento del New Thought (Nuevo Pensamiento) nos ha enseñado que nuestros pensamientos y creencias influyen en nuestra realidad. Hable con cualquier autor u orador

motivacional y probablemente dirá que si queremos alcanzar alguna meta en nuestras vidas, primero debemos creer que podemos lograrla.

En los niveles más altos de los deportes, psicólogos y expertos utilizan la práctica de la visualización, un proceso avanzado de manifestar creencias, con mucho éxito. Para ir más allá de la creencia, imaginamos el resultado que deseamos en nuestras mentes; lo saboreamos y lo sentimos como si ya estuviera sucediendo.

Matthew Levy, un antiguo colega en el campo de consultoría corporativa y desarrollo de liderazgo, formaba parte de un equipo de remo universitario que consistentemente ocupaba el último lugar en su liga. Un año, por casualidad, pudieron contratar a un antiguo entrenador del equipo olímpico de Estados Unidos que vivía en la zona y se encontraba entre trabajos. En el primer día de práctica, estaban todos listos para entrar en el agua cuando, para la sorpresa de todos, el coach comenzó con un ejercicio de visualización. Ese ritual continuó como parte integral del entrenamiento a lo largo de la temporada, al final de la cual habían pasado del último al primer lugar en la liga.

A menudo, cuando vemos a atletas de alto nivel siendo entrevistados, en algún momento dirán: "Siempre supe que podía hacerlo". Esto actitud no es arrogancia y no proviene de repetir una afirmación unas cuantas veces y pensar que eso funcionará. Es mucho más que eso. La creencia se integra en el tejido de nuestra psique y se convierte en conocimiento.

Para generar este tipo de creencia, cuanto más podamos involucrar los sentidos y las emociones, más efectivo será el proceso y mejores serán los resultados. En otras palabras, entrenamos nuestra mente para sentir el viento mientras esquiamos por la pendiente, para ver el reloj con nuestro tiempo récord al final de la competencia de natación, para escuchar el rugido de la multitud cuando cruzamos la línea de meta, para sentir la euforia al dar nuestra vuelta de la victoria. No hace falta decir que esto no excluye la necesidad de realizar el trabajo a nivel físico: correr, nadar, dedicar tiempo a sentarse a escribir, componer una canción o aprender como funciona la cámara fotográfica.

No obstante, el poder de la visualización es impresionante. Un experimento realizado por el Profesor L.V. Clark de la Universidad Wayne State comparó dos grupos de jugadores de baloncesto de secundaria durante un período de dos semanas. Un grupo practicó tiros libres a diario, mientras que el otro simplemente se visualizó haciendo lo mismo. Ambos grupos mejoraron su desempeño.[28]

Guang Yue de la Fundación de la Clínica Cleveland condujo otro estudio parecido en el cual comparó un grupo que hacía ejercicio activamente en el gimnasio con otro grupo que simplemente se visualizaba haciendo la misma rutina de ejercicio. Yue midió un aumento del 30 por ciento en la masa muscular entre los asistentes al gimnasio y un aumento del 13.5 por ciento entre los que utilizaban el ejercicio visualizado. O sea, consiguieron casi la mitad de los resultados solo mediante el poder de la mente.[29]

Para los escépticos que aún afirman que no hay base científica para que las creencias afecten la realidad y atribuyen su éxito al efecto placebo, digo, mientras funcione, ¿que importa?

Curiosamente, cuando analizamos el origen de la palabra "poder", encontramos que proviene del latín *posse*, que significa "ser capaz de". No es sorprendente que esa conexión entre "poder" y "ser capaz de" se refleja en las lenguas romances modernas. En francés, por ejemplo, *pouvoir* y en español, *poder* significan tanto "poder" como "ser capaz de". De manera similar, en ruso, *mosch* significa tanto poder o fuerza como "puedo".

La palabra "magia" también tiene una etimología interesante. Proviene del protoindoeuropeo *magh*, que significaba "ser capaz, tener poder". Esa misma conexión se puede ver en la etimología de "dinámica," que proviene del griego *dynamikos*, que significa "poderoso" y a su vez, deriva de *dynamis* que significa "poder", cuya raíz es *dynasthai*, que significa "ser capaz, tener poder". También es relevante el hecho de que "potencial" y "posibilidad" comparten la misma raíz: *potentia* ("poder"), que se origina en "*posse*" ("ser capaz").

¿Ser capaz de qué? De actuar. De hacer. Podríamos decir, por lo tanto, que el poder, el potencial y la posibilidad se refieren todos a la capacidad de actuar. En cada caso, hay una elección implícita por hacer. Ser capaz de hacer algo no significa que lo haremos.

Si poder significa ser capaz de, entonces la impotencia significa no ser capaz de. Cuando nos encontramos en un estado profundo de depresión, nos sentimos impotentes, inmóviles, incapaces de hacer nada. De hecho, a veces somos prácticamente incapaces de movernos, tan carentes de energía (otra palabra para poder) que apenas podemos levantarnos de la cama o del sofá.

Dado lo que hemos establecido sobre el poder de la creencia y la etimología del poder, quizás la transformación de la impotencia al poder comienza con cambiar la creencia de "no puedo" a "puedo".

Podemos empezar a decirnos a nosotros mismos: "Puedo manejar esto y mucho más que esto, de una manera que sea coherente con quien soy. Y puedo afirmar quien soy sin necesidad de menospreciar a nadie ni tener que demostrar nada a nadie. Soy porque puedo."

"LOS ÚNICOS LÍMITES DEL PODER SON
LOS LÍMITES DE LA CREENCIA".
—HAROLD WILSON

PRÁCTICA DE PODER

- ¿Cuál es un patrón de "no puedo" en tu caso? ¿Cómo te ha impedido esa creencia a disfrutar o lograr algo? ¿Cuándo fue la última vez que te atrapó?

Capítulo 31
El camino de la autoexpresión

La jornada del autodescubrimiento es la más importante que podemos emprender. Los dragones por vencer en esta aventura heroica son nuestros propios miedos e inseguridades, sistemas de creencias obsoletos, patrones de comportamiento y situaciones de vida que ya no funcionan. Los desafíos por superar provienen de condicionamientos familiares, sociales y culturales.

El proceso es constante y nos requiere identificar nuestros propios bloqueos internos: malentendidos en los que creímos cuando éramos muy jóvenes, como que no éramos lo suficientemente buenos, atractivos, inteligentes o lo que sea. Mantener esas creencias puede habernos protegido de alguna manera; de lo contrario, no nos habríamos aferrado a ellas. Pueden habernos mantenido en relativa seguridad, pero ahora nos limitan. Si jugar en pequeño nos impidió arriesgarnos al fracaso, también nos impidió cumplir nuestro potencial. Ya no tenemos tiempo para eso.

¡Basta! Ya no más de fingir que somos menos de lo que somos. No más esconder nuestra luz. Ya es hora de salir —de cualquier armario— como los seres magníficos y únicos que somos.

No hay otro ser en este universo —o en cualquier otro universo— que tenga las cualidades genéticas únicas y el conjunto particular de experiencias que nos hacen ser quienes somos. Si no hacemos realidad ese potencial humano único, ¿quién lo hará?

Entonces, ¿que harás? ¿Vas a manifestar ese potencial único? ¿Lo expresarás plenamente, sin retener nada?

La autoexpresión se trata de liberar el poder espiritual interior. Se trata de ser lo mejor posible. No tiene nada que ver con el poder de nadie más. El poder de los demás no puede disminuirnos.

Pero hay una línea muy fina entre la autoexpresión y el síndrome del "¡mírame!", es decir, la necesidad egoica de llamar la atención. Si estamos expresándonos de manera auténtica o mostrando nuestro ego depende del motivo subyacente: ¿Estamos en el escenario, ya sea literal o figurativamente, porque debemos estar allí, porque hay algo en nosotros que debe ser expresado, algún talento o don o mensaje que debe ser compartido porque eso es nuestra esencia y nuestro propósito? ¿O andamos simplemente en busca aprobación, de validación o adulación? Solo uno mismo puede saber la respuesta, aunque a veces es fácil percibir la diferencia al observar una actuación. En el último caso, estamos compensando sentimientos de insuficiencia. Y eso es un pozo sin fondo que nunca podrá llenarse. El sentido del valor de un héroe viene desde adentro. La validación externa es como una adicción: nunca podemos obtener lo suficiente.

La expresión auténtica no se trata de tratar de impresionar a los demás. Se trata de ser nosotros mismos en toda nuestra plenitud. Irónicamente, alguien que se conoce a sí mismo profundamente, que ha enfrentado a sus dragones internos de inseguridades y dudas, y que no está preocupado por la impresión que va a causar, gana el reconocimiento ... que ya no necesita.

Tal es el efecto del poder personal auténtico. Hay mucho poder en ser nosotros mismos al máximo. Nadie puede dárnoslo, ni quitárnoslo. O hacerlo por nosotros. Es nuestro. Vive dentro de nosotros. Puede crecer, cultivarse y desarrollarse. Cualquiera tiene acceso a él. Nadie está libre de responsabilidad aquí. Todos tenemos acceso a esa fuente de poder. Es tan fácil, y a la vez tan difícil, como enfocarse hacia adentro.

¿Qué nos impide la plena autoexpresión? ¿Timidez? ¿Miedo a ser juzgados, a hacer el ridículo, al fracaso, al rechazo? Si continuamos pelando las capas a la cebolla y yendo más profundo, llegamos a nuestras creencias fundamentales: formas de pensar acerca de nosotros mismos que se desarrollaron cuando éramos muy jóvenes, a veces incluso en una etapa preverbal, y que no tienen base en la realidad actual. Estas creencias fundamentales fueron el resultado de un malentendido por parte de una mente joven y desinformada: "Hay algo mal en mí". "Soy estúpido", o lo que se puede denominar el "L'Oréal al revés": En vez de "Why? Because I'm worth it"! ("Por qué? Porque valgo la pena!"), "¿Por qué? ¡Porque no valgo la pena!» Ser capaz de identificar estas creencias y miedos fundamentales es más de la mitad de la batalla, además de darse cuenta de que forman parte de la experiencia humana. Todos tenemos alguna versión de ellos. Uno de los dones de la respiración consciente, por cierto, es que ayuda a disolverlos en la fuente.

¿Estás cansado de jugar pequeño, de sentirte insignificante?

¿Serás lo mejor que puedas ser o no?

Es así de simple.

Por supuesto, la pregunta entonces se convierte en: ¿quién eres?

El viaje del héroe se trata del autodescubrimiento y la autoexpresión.

Embárcate en él.

Abrázalo.

Sumérgete en él.

Y confía.

Tu búsqueda heroica será apoyada.

"CREE EN TI MISMO. OBTIENES FUERZA, CORAJE Y CONFIANZA CON CADA EXPERIENCIA EN LA QUE TE DETIENES PARA ENFRENTAR EL MIEDO. DEBES HACER LO QUE CREES QUE NO PUEDES HACER".
—ELEANOR ROOSEVELT

PRÁCTICA DE PODER

- Piensa en una ocasión reciente en la que sentiste la necesidad de validación externa. ¿Qué estaba pasando bajo la superficie que te llevó a sentir eso? ¿Te sentías inseguro o incierto? ¿Cuándo has sentido eso antes? ¿Hubo una situación similar anterior? ¿Ves que se forma un patrón?

Capitulo 32
El camino de la generosidad

Gran parte de nuestra cultura está orientada a apoyar el egoísmo: obtener lo que queremos, tomar lo que es nuestro y, a veces, lo que no lo es, como la tierra y los recursos naturales, incluso si eso significa que necesitamos invadir otro país para hacerlo. El brillante inventor Nikola Tesla tenía planes de desarrollar energía gratuita para todos. Sin embargo, su financiamiento fue retenido por su inversor, JP Morgan, porque este buscaba ganancias. La codicia y el afán de lucro ganaron esa ronda, al igual que el competidor y némesis de Tesla, Edison.

Como es obvio, el egoísmo proviene del ego. Anteriormente, vimos que el "mocoso interior" es la voz que dice: "¡Quiero lo mío y lo quiero ya!"

Todo este discurso sobre la autoexpresión podría parecer egoísmo para algunos. Depende de nuestro punto de partida. La mejor manera en que servimos a los demás y al mundo es siendo lo mejor que podemos ser, evolucionando a los niveles más altos de conciencia posibles. Esto tendrá un efecto efecto dominó positivo e impactará a otros.

Uno de los libros que a menudo recomiendo es "The Universe is a Green Dragon" de Brian Swimme, un físico y cosmólogo que, de una manera muy asequible ha aplicado las reglas que gobiernan el cosmos a la experiencia humana. Uno de esos principios es la Generosidad Cósmica. Cuando una supernova explota y renuncia a su forma, como resultado de ese acto supremo de generosidad, nacen estrellas, planetas, soles y lunas. La vida ocurre. Recordándonos que estamos hechos de los mismos elementos presentes en las estrellas, en un sentido literal, no poético, Swimme concluye que como seres estelares, la Generosidad Cósmica es inherente a nuestra naturaleza. También tenemos ese deseo de entregarnos.

El egoísmo provoca contracción y limitación, y se origina en la creencia, en el temor subyacente, de que no hay suficiente. Por el contrario, la generosidad expande quiénes somos y nuestra esfera de influencia. La generosidad proviene de un lugar de confianza en que hay suficiente, más que suficiente, por lo que podemos compartir libremente nuestro ser y nuestras posesiones con otros. Es un lugar mucho más empoderado en el que vivir. El camino hacia el poder a través de la generosidad nos inspira a liberar la supernova que llevamos dentro. Los héroes hacen precisamente eso: se entregan por completo.

De manera similar a la autoexpresión, aprendemos a expresar la generosidad auténticamente, no como una compensación por alguna falta percibida, o como en el caso de la generosidad, en torno a cuestiones de autoestima. Muchas personas que asisten a mis retiros vienen inicialmente con un patrón subconsciente de dar condicionalmente. Han aprendido patrones de dar con la expectativa de recibir algo a cambio: aceptación, reconocimiento o un amor falso. En las relaciones, a menudo vemos este patrón en el "síndrome de rescate". Algunas personas obtienen autovalía "arreglando" a otros. No hace falta decir que sentir compasión y ayudar a otros es algo honorable. Cuando está impulsado por una falta de autoestima u otro dinámica inconsciente, se convierte en un problema y limita la posibilidad de una intimidad profunda y satisfacción en las relaciones.

Los héroes dan porque el deseo de hacerlo brota de nosotros y nos brinda alegría, no por necesidad de obtener aceptación o validación. Esa estrategia es ineficaz y está condenada al fracaso.

"EL PODER DEL SER HUMANO RESIDE EN DAR".
—WALTER RUSSELL

PRÁCTICA DE PODER

- Practica la generosidad. Dale a alguien un regalo anónimo, sin esperar reconocimiento o reciprocidad. Podrías dejar unas flores, un libro o una tarjeta de felicitación con un mensaje inspirador en el escritorio de un compañero de trabajo. O podrías dejar un simple mensaje de apoyo con un regalo sencillo (un amuleto o un cristal con cualidades especiales como una amatista, por ejemplo) y déjalo en un banco de un parque o en un asiento del metro.

Capítulo 33
El camino del compromiso

Una de las citas que los participantes de los retiros de Soulful Purpose (Propósito Consciente) encuentran más útiles es la de *Scottish Himalayan Expedition* de William Hutchinson Murray: "Hasta que uno se compromete, hay vacilación, la posibilidad de retroceder, siempre ineficacia. Con respecto a todos los actos de iniciativa (y creación), hay una verdad elemental cuya ignorancia mata innumerables ideas y planes espléndidos: que en el momento en que uno se compromete definitivamente, la providencia también se mueve. Toda una serie de acontecimientos surgen de la decisión, elevando a favor de uno todo tipo de incidentes imprevistos, encuentros y asistencia material, que nadie hubiera podido soñar que vendrían a su encuentro. Aprendí un profundo respeto por una de los versos de Goethe: "Todo lo que puedas hacer o sueñes que puedas, comiénzalo. / ¡La audacia tiene genio, poder y magia en sí.' "

Del latín *mittere*, obtenemos tanto "promesa" (de *promittere*, "enviar hacia adelante") como "compromiso" (de *committere*, "enviar juntos"). Podemos decir, por lo tanto, que cuando hacemos una promesa, enviamos hacia adelante nuestra intención. Cuando nos comprometemos, enviamos una intención junto con una decisión; damos un paso más y enviamos un mensaje claro al Universo de nuestra decisión de tomar una acción.

Una vez que hacemos un compromiso, el Universo completa el círculo y responde. He visto esto suceder muchas veces en torno a la participación en mis retiros. A menudo, el dinero aparece de maneras milagrosas, en el momento adecuado, de fuentes inesperadas, una vez que la persona se ha comprometido.

Una de mis historias favoritas involucra a Alina, una madre soltera que en aquellos entonces tenía veintitantos años; su hijo debe haber tenido un año. Al yo anunciar un retiro residencial de dos semanas en Santa Fe, en Nuevo Méjico, ella se me acercó y dijo: "No tengo idea de cómo podría pagar algo como esto; en este momento estoy recibiendo cupones de alimentos. Pero sé que necesito estar allí y voy a ir". Para ser honesto, conociendo su situación, no le di mucho peso ni consideración a lo que me dijo. De hecho, se me olvidó. ¡Qué buena lección resultó ser, una que también ha impactado a las muchas personas con que he compartido el cuento!

Resulta que, unas semanas después, cuando ya estaba en Nuevo Méjico haciendo los preparativos para el retiro, recibí un mensaje marcado "urgente": "Christian, espero que me hayas guardado un lugar. No vas a creer lo que acaba de pasar". Para resumir la historia, años atrás, un exnovio había desarrollado un problema de drogas y había vaciado había vaciado la cuenta bancaria que tenían juntos para mantener su hábito. Después de romper con él, habían perdido el contacto y nunca pensó que volvería a saber de él. Bueno, él se había desintoxicado, estaba en proceso de hacer las paces con todos a quienes había causado daño. Así fue como la localizó y le envió un cheque que resultó ser exactamente la cantidad de dinero que ella necesitaba para el retiro. Ante su disposición y confianza —por no hablar del milagro, por falta de otra término— se hizo una excepción y hasta el bebé asistió al retiro.

Hace menos tiempo, Esther estaba debatiendo si debía o no a mi retiro en Hawái. Eligió ir y pidió una señal: al día siguiente aparecieron inesperadamente en su cuenta bancaria $11,000. Un año después de haber hecho una consultoría que no le habían pagado, por fin le enviaron el dinero.

Estos son solo un par de ejemplos de por qué todos debemos analizar más profundamente esta cuestión de la confianza.

PRÁCTICA DE PODER

- ¿En qué has estado posponiendo o procrastinando, tal vez un proyecto, terminar un libro, o tomar un taller para profundizar tu proceso de sanación? ¿Te comprometerás a hacerlo? Primero haz el compromiso y luego establece un plazo con una fecha límite. ¿Para cuándo lo harás? ¿Con quién compartirás esto para mantenerte responsable? Comienza de manera sencilla. Divídelo en partes más pequeñas. Por ejemplo, en lugar de comprometerte a limpiar tu oficina, comprométete primero a limpiar el cajón superior de tu escritorio. Hazlo factible y repite el proceso. O si has anhelado escribir un libro, comprométete con el proceso y comienza con un esquema simple. Después al primer capítulo. El hacer eso despertará tu creatividad y estarás en marcha.

Capítulo 34
El camino del confiar

Varias enseñanzas nos dicen que el amor es el opuesto del miedo. Abordamos la vida, las personas y las circunstancias desde algún de estos dos estados de ser. Como hemos visto, las palabra coraje y corazón tienen la misma la raíz en latín: *cor*. Para mí el opuesto del miedo es la confianza. En momentos en los que el miedo me ha incapacitado casi por completo, no fui nada capaz de convocar el sentimiento de amor. En cambio, fue la confianza la que me ayudó a superarlo.

La confianza no es la fe ciega de cruzar los dedos, cerrar los ojos y esperar que todo funcione, sino que se cerca más a un cierto sentido de conocimiento. La confianza lleva al poder porque es clave para ayudarnos a superar el miedo.

Como superar el miedo

El miedo, en una de sus muchas facetas, es lo que nos ha mantenido atrapados en trabajos asfixiantes, mediocridad que consume el alma y relaciones sofocantes, en "vidas de desesperación silenciosa", como describió Thoreau. El tema del miedo y cómo trascenderlo casi siempre surge en mis retiros del Propósito Consciente.

Al contrario de lo que muchos creen, la intrepidez no significa ausencia de miedo. Significa que ya no le damos al miedo el poder para frenarnos. ¿Cómo lo hacemos?

Siempre he tenido un sentido de misión y sabía que tenía que superar mi paralizante miedo a hablar en público si existía alguna posibilidad de cumplir esa misión. Recuperar mi poder en esta área se convirtió en un imperativo.

La transformación inicial tuvo que ocurrir en mis propios valores. Para vencer el miedo a hablar en público, la importancia que atribuía a mi sentido de propósito tenía que ser más poderosa que el paralizante miedo que sentía. La expresión de mi misión se volvió más importante que el miedo, mas profundo, de ser juzgado o rechazado.

En segundo lugar, tomé una decisión y, basándome en esa decisión, tomé las medidas apropiadas. Actué y me inscribí en un curso de oratoria. Durante 14 semanas, los jueves por la noche, tendría que dar tres discursos de dos minutos cada uno. ¡Cómo lo detestaba! Ya el lunes por la noche no podía dormir bien anticipando el temido jueves. Sin embargo, cuanto más lo hacía, menos significativo se volvía. Ya a mediados del curso, el miedo empezó a perder control sobre mí.

Años más tarde, me topé con el libro de Susan Jeffers *Feel the Fear and Do It Anyway" (Siente el miedo y hazlo de todos modos)*. Su enseñanza principal la presenta en forma de una serie de círculos concéntricos, siendo el círculo central el que representa nuestra zona original de confort: el nivel en el que nos sentimos cómodos hoy comunicándonos con otros y relacionándonos con el mundo. Cada vez que damos un paso, por pequeño que sea, fuera de esa zona de confort, expandimos esos límites y nos establecemos en la siguiente zona de confort.

Es así de simple (aunque no necesariamente fácil). Si estamos dispuestos a sentirnos un poco incómodos al emprender pequeños pasos cada semana, al final del año estamos establecidos mucho más allá de nuestra zona de confort original. Y la buena noticia es que nunca regresamos a esa zona de confort original.

Decir no al miedo es un acto heroico. Ya no estamos dispuestos a ser detenidos por nada. Esta disposición a adentrarnos profundamente y enfrentar nuestros propios demonios internos resulta en un crecimiento dramático.

Al implementar estos simples técnicas, transformé mi miedo paralizante en empoderamiento personal. Avancemos al presente, y he hablado por todo el mundo, en conferencias, universidades, iglesias, librerías y corporaciones, incluso en el escenario de TEDx. ¡De hecho, hasta puedo decir que soy un orador profesional a quien pagan por hacerlo! Aún tengo que lidiar con un poco de nerviosismo antes de subir al escenario, pero una vez que comienzo, todo está bien. Incluso puedo disfrutar del proceso. Lo que es más importante, sé que, a través de mis palabras, vidas humanas reales están siendo impactadas. Estoy realizando mi misión.

¡SALTA!

«Salta y la red aparecerá", escribió Julia Cameron en *The Artist's Way (El camino del artista)*. Mejor aún, agrego yo, ¡nos crecerán alas y nos elevaremos!

¿Por qué deberías confiar? La vida, el Universo, tienen un interés personal en tu florecimiento, en ser lo más que puedes ser, especialmente en este punto de nuestra evolución colectiva. ¡Necesitamos que estés plenamente en tu poder ahora!

Quiero compartir una historia que solo he contado en contextos selectos, principalmente en mis retiros sobre el propósito de vida. Valoro profundamente mi privacidad. Solo elijo superar esas tendencias solo dada la posibilidad de que pueda ayudar a otros.

La situación económica global en constante evolución (¿o deberíamos decir involución?) ha obligado a muchas personas a examinar detenidamente sus vidas y medios de subsistencia. La pandemia eliminó de repente, de manera drásticas, millones de empleos. No sería un gran salto asumir que muchos de estos trabajos proporcionaban solo una ilusión de seguridad y se encontraban en algún lugar del espectro entre cómodos pero insatisfactorios y devoradores del alma. El enfrentar nuestra propia mortalidad nos hace despertar y revaluar. Muchos han sentido el llamado a adentrarse más plenamente en su propósito de vida y exploran nuevas opciones de trabajo, nuevos roles como maestros, sanadores o activistas por el cambio. Otros han lanzado nuevos negocios. Muchos se preocupan de cómo van a pagar las cuentas so lo hacen. Por aterrador que pueda ser el perder empleo, a nivel espiritual puede ser un regalo, una bendición profunda, una oportunidad.

Cuando conocí a mi antigua maestra espiritual, me iba muy bien. De hecho, mi vida era envidiable. Tenía un trabajo cómodo que me proporcionaba buenos ingresos, un apartamento frente al mar en Miami Beach (justo cuando despegaba el renacimiento de South Beach), un coche deportivo, un amante bien parecido, arte original en mis paredes, trajes Armani. Tenía buenos amigos y era solicitado social y profesionalmente. A pesar de todo esto, no era feliz. A medida que se acercaba el temido "treinta", empecé a cuestionar lo que todo ello significaba.

Trabajaba en el departamento de relaciones comunitarias de un hospital psiquiátrico y de adicciones en un momento en que las compañías de seguros comenzaban a apretar las tuercas. Empecé a ver prácticas que me dejaban un mal sabor de boca, como el ingreso de personas que podrían haber tenido más éxito en tratamiento ambulatorio. A otros los mantenían ingresados más tiempo del necesario, con tal de que sus seguros lo permitieran. Cada vez más, la industria se volvía más orientada a la plata, y en proporción directa, me desilusionaba yo con mi trabajo.

Un día, mientras me soleaba en la piscina frente al mar en mi condominio, un vecino se dio cuenta que yo leía algo con tema espiritual me empezó a hablar de la respiración consciente. Me invitó a asistir a un taller de fin de semana intensivo, A Call to Greatness (Llamada a la Grandeza). Mi respuesta fue inmediata: ¿Cuándo y cuánto cuesta? En algún lugar por dentro sabía que esto era lo que buscaba

Unos meses más tarde, mi vida volteó al revés completamente gracias a Maia, sus enseñanzas y mi primera experiencia de respiración consciente. Sabía que quería más y de inmediato me inscribí para hacer diez sesiones privadas con ella, la última persona en hacerlo, ya que estaba dejando atrás ese trabajo. Al mismo tiempo, tomé todas las clases avanzadas que estaba ofreciendo. Comencé a aprender sobre la meditación, las enseñanzas del Este, la filosofía perenne, la evolución de la conciencia y enseñanzas profundamente perspicaces y prácticas sobre lo que nos hace funcionar como seres humanos; cosas que, irónicamente, nunca obtuve como estudiante de psicología en la universidad.

Las cosas se desarrollaron rápidamente. Un par de meses después, en un retiro de Año Nuevo en Marco Island, en la costa oeste de la Florida, ella experimentó un momento transformador que interpretó como un llamado a asumir el papel de gurú en un modelo oriental tradicional.

Para muchos de sus estudiantes, los cambios resultaron ser demasiado y la mayoría de ellos se dispersaron. Esto no fue sorprendente, ya que la mayoría de nosotros ni siquiera habíamos escuchado la palabra gurú, o no teníamos idea de lo que significaba en un contexto espiritual o en qué consistía esa relación.

Seis meses después, me encontré sentado en un avión, junto con Maia y otros cinco discípulos, mirando por la ventana mientras cruzábamos el continente y luego el Pacífico camino a Hawái, donde ella había sido guiada a mudarse. Después de haber vendido mi coche y mi condominio (prematuramente desde una perspectiva mundana) y haber regalado la mayoría de mis pertenencias (excepto mis libros y mis trajes Armani, lo que dice algo acerca de mis apegos), pude aportar a esta incipiente comunidad espiritual varios miles de dólares.

Usamos mis tarjetas de crédito, que acababa de pagar por completo en preparación para mi salto a lo desconocido, para comprar todos nuestros boletos de avión. El plan era que se saldarían tan pronto como el trabajo de retiros y talleres despegara. Pero el trabajo nunca despegó. Para finales del verano, Maia le despidió a uno, otras dos personas se fueron por su cuenta y a las últimas les pidió que se retiraran temporalmente. Durante el año siguiente, ella y yo viajamos solos y vivimos de mis tarjetas de crédito mientras nos mudamos de regreso al continente e intentamos, sin mucho éxito, de lanzar el trabajo en California.

Como era de esperar, los acreedores pronto comenzaron a llamar, ya que ya no podíamos gestionar eficazmente los pagos. Una por una, mis tarjetas fueron canceladas. Nos desalojaron del apartamento corporativo amueblado que estábamos alquilando y de alguna manera logramos entrar en uno sin amueblar en Redondo Beach, donde dormimos en nuestras colchonetas de ejercicio de tres centímetros de espesor durante un par de meses hasta que también tuvimos que irnos de ese lugar, con la cola entre las piernas. Cuando las cosas empeoraron, escapamos a San Francisco, donde terminé viviendo durante los siguientes 20 años. Cuando peor se pusieron las cosas, tuvimos que dormir en el automóvil, duchándonos por cuatro dólares en un YMCA del vecindario por las mañanas. Estábamos sin hogar.

No puedo empezar a transmitir cuán desafiante fue ese período para mí. Primero, mi identidad se estaba desmontando a medida que, uno tras otro, todos los símbolos del éxito mundano eran arrancados. Eso ya era bastante difícil, pero peor fue cargar con la responsabilidad de una persona que todavía estaba en medio de alguna especie de transición espiritual que a veces la dejaba disfuncional en el mundo. Al mismo tiempo, yo era el único foco de su mente incisiva y penetrante, que no se detenía ante nada para destruir el ego. Aún no sé cómo me las arreglé para sobrevivir ese año.

Sin embargo, la experiencia resultó ser invaluable, en más de un sentido. Lo relevante aquí tiene que ver con la confianza. A lo largo de los meses, empeñé el resto de mis pertenencias, incluso un sistema de sonido y una cadena que mi mejor amiga me había regalado en la universidad, para que tuviéramos dinero para comer o un lugar donde dormir por la noche. Lo importante es que, no importa lo mal que se pusieran las cosas, nunca dejamos de comer. Ni una sola vez. Cada vez que nos quedábamos con solo unos pocos dólares, ocurría algo y el dinero aparecía, a menudo de una fuente inesperada, ya sea un reembolso por algo o un regalo.

Como resultado, aprendí a confiar. Ahora sé en lo más profundo de mi ser, a nivel celular, que estaré bien y seré cuidado. Si fuera solo por eso, la experiencia valió la pena.

Comparto esta historia para ayudar e inspirar a aquellos de ustedes que se enfrentan al dilema, a la inquietante cuestión de "¿cómo sobreviviré si sigo el llamado de mi alma?" Mi intención es asegurarles que cuando respondemos al llamado de lo más alto en nosotros, sea lo que sea, seremos apoyados. También espero que esto haga que tu camino hacia la confianza sea más fácil que el mío.

Diferentes maestros espirituales y videntes explican que lo que ocurre ahora en términos de la evolución de la conciencia en nuestro planeta no solo afecta la calidad de vida en nuestro planeta, sino que también tiene implicaciones importantes en términos del proceso de encarnación de la conciencia. Visto desde esa perspectiva, ¿cómo podría el Universo no ofrecer apoyo cuando un alma toma una decisión que afectará no solo su propio proceso evolutivo, sino a las muchas vidas que serán tocadas a través de sus esfuerzos?

> SALTA CON CONFIANZA, CON VALENTÍA, CON EL CORAZÓN. O BIEN APARECERÁ UNA RED, O MEJOR AÚN, ALAS BROTARÁN Y TE ENCONTRARÁS VOLANDO.

Confía en que serás apoyado en tu viaje hacia el empoderamiento, si en algún momento tu búsqueda de autenticidad requiere que dejes una situación personal o profesional. Por supuesto, **actúa de manera inteligente y consciente**, especialmente si hay otros que dependen de ti. Puedes querer tener algo ya alineado antes de renunciar a tu trabajo. O no. Puede que hayas llegado a un punto en el que tu alma se siente sofocada. Ten en cuenta aquí las tendencias egoicas a sentirte víctima, así como el deseo de escapar. Puede haber una oportunidad para crecer y practicar el empoderamiento al permanecer en el caldero de una situación desafiante. Además, cuando nos mantenemos en nuestro poder espiritual, el mundo tiende a alinearse, y las situaciones tienden a cambiar.

Se recomienda un proceso de discernimiento antes de tomar acción, uno que puede involucrar a un amigo de confianza o a un consejero. Sin embargo, en última instancia, nadie puede decirte qué hacer. Otros pueden ayudarte a aclararte, pero la elección es tuya, y solo tuya.

Lo que sé es que el mundo se alinea una vez que llegamos a ese punto sin retorno, cuando ya no estamos dispuestos a renunciar a nuestro poder o traicionarnos a nosotros mismos por alguna ilusión de seguridad o por miedo al conflicto o al temor de que no encontraremos a alguien más que nos ame.

¡CONFÍA!

En la película *Indiana Jones and the Last Crusade (Indiana Jones y la Última Cruzada)*, el héroe se enfrenta a tres desafíos mortales que debe superar antes de alcanzar su objetivo, el Santo Grial. En la prueba final, debe encontrar una manera de cruzar un abismo profundo, al otro lado del cual se encuentra el grial. Solo una vez que, en un "salto de fe", da un paso al vacío, el puente oculto aparece y se encuentra con su pie. En palabras de Rumi, "A medida que empiezas a caminar, el camino se revela".

Una última cosa importante sobre la confianza. Una de las razones por las que nos resulta difícil confiar en los demás es que miramos la confianza a través de diferentes facetas de un prisma. Keith Ayers del Instituto de Liderazgo Integro en Australia sugiere que hay cuatro elementos de la confianza:[30]

1. La confiabilidad es el elemento más básico y se refiere a ser responsables, cumplir nuestra palabra, hacer lo que decimos que haremos.

2. La apertura implica receptividad, la capacidad de escuchar y permitir espacio para el desacuerdo.

3. La aceptación se refiere a una actitud sin prejuicios, sin crítica.

4. La congruencia se refiere a la consistencia y alineación entre pensamientos y acciones. Significa "poner en práctica lo que predicamos". Es probablemente el elemento menos conocido y, sin embargo, en ciertos aspectos, el más importante. Como tal, merece una discusión más detallada.

"CUANDO ME ATREVO A SER PODEROSA, A USAR MI FUERZA AL SERVICIO DE MI VISIÓN, ENTONCES SE VUELVE CADA VEZ MENOS IMPORTANTE SI TENGO MIEDO ".
—AUDRE LORDE

PRÁCTICAS DE PODER

- Califícate en una escala del 1 al 10 en cuanto a confiabilidad, apertura, aceptación y congruencia (1 = completamente poco confiable y 10 = confiable cien por ciento de la veces).

- ¿Cuál de los cuatro tipos de confianza es tu punto más fuerte? ¿Cuál requiere algo de trabajo y desarrollo?

Capítulo 35
El camino de la congruencia

La congruencia se refiere a la alineación de lo interno con lo externo. Nuestros pensamientos, creencias y sentimientos coinciden y son consistentes con nuestro comportamiento y acciones, es decir, lo que decimos y hacemos. También incluye la autoexpresión auténtica: somos quienes somos sin importar el entorno o con quién estemos, en lugar de ser de una manera en casa y actuar de manera diferente en el trabajo, por ejemplo.

Siempre que somos distintos a nuestro yo auténtico o nos mantenemos pequeños para mantener la paz o por miedo al conflicto, permitimos que nuestro poder se escape. El poder espiritual solo se puede experimentar cuando actuamos desde un lugar de autenticidad.

La palabra "autenticidad" proviene del griego *autos* que significa "yo mismo" y *hentes*, que significa "hacedor, ser", por lo tanto, simplemente, "ser uno mismo". No ser nosotros mismos requiere mucho esfuerzo. ¡Qué alivio ser quienes somos en todo momento, en cada entorno, alineados en lo que decimos, creemos, pensamos, hacemos y actuamos! Sin necesidad de fachadas, sin pretender. ¡Qué libertad no tener que dividir ni compartimentar aspectos de nosotros mismos! Ser quienes somos. Todo la energía que gastamos tratando de poner cara, fingiendo ser algo que no somos, teniendo que recordar lo que le dijimos a esta persona o aquella se libera de repente. Ese poder desatado se puede aplicar a otras áreas de nuestras vidas, hacia nuestro crecimiento, éxito y autodescubrimiento.

Como ilustra la cita anterior, para ser congruentes, para ser nosotros mismos en el mundo, primero debemos saber quiénes somos. El proceso de mirar hacia adentro, cultivar nuestro jardín, trabajar en cuestiones de autoestima es inevitable si queremos adentrarnos en el poder de una manera saludable.

> "EL PODER PERSONAL ES FRANQUEZA QUE FUNCIONA. LOGRA LO QUE NINGUNA CANTIDAD DE PODER ESTRATÉGICO PUEDE LOGRAR. COMUNICACIÓN VERDADERA DE PENSAMIENTOS Y SENTIMIENTOS. EL PODER PERSONAL DEPENDE PRIMERO DEL AUTOCONOCIMIENTO; SIN ESO ES UN EJERCICIO VACÍO ".
> —ROBERT KAREN

¿Cómo sabemos si estamos siendo nosotros mismos? Si nos sumergimos en nuestro interior y somos honestos con nosotros mismos, simplemente lo sabremos. Una buena pregunta es "¿Cómo me siento después?" Curiosamente, nadie puede decirnos quiénes somos, pero cualquier persona con un poco de perspicacia y sensibilidad generalmente puede darse cuenta cuándo no estamos siendo auténticos. Es como si tuviéramos radares de autenticidad incorporados. Podemos sentir cuando algo no está bien o no se siente del todo correcto.

No hace falta decir que ser congruentes no significa que dejemos de lado el respeto y arrojemos todo sentido de decoro por la ventana. No se trata de un acto arrogante, rebelde o adolescente: "¡Al diablo con todos! ¡Así soy yo, asúmelo!" Siempre tenemos en mente la compasión y la consideración, al igual que la práctica de la Ética de la Reciprocidad, también conocida como la Regla de Oro. Encontrado de alguna forma en todas las religiones, nos enseña a tratar a los demás como nos gustaría ser tratados.[31]

Lograr un equilibrio entre la congruencia y la compasión implica un compromiso radical con la autoconciencia, siempre al acecho de las necesidades egoicas de superar a alguien, establecer la superioridad en una relación o poner a alguien en su lugar. Las dinámicas de poder pueden ser muy sutiles y, la mayoría de las veces, ocurren por debajo de la superficie de la conciencia. Pero están ahí.

Además de liberar energía, la congruencia nos lleva por un camino hacia el poder al reforzar nuestra autoestima. Cada vez que somos genuinamente nosotros mismos y hablamos nuestra verdad en el mundo, fortalece nuestro sentido de nosotros mismos, lo que nos hace aún más empoderados y, por lo tanto, más propensos a ser congruentes. Es un proceso de autoafirmación que se refuerza y perpetúa por si mismo. Somos libres, sin necesidad de la aprobación o validación de nadie, incluso frente al juicio o la oposición. No estamos tratando de demostrarle nada a nadie, simplemente estamos en nuestro poder.

Ser incongruente crea un estado de conflicto interno. A menudo, para tratar de reducir ese malestar, nos anestesiamos en alguna de las muchas formas que hemos aprendido para huir de nuestros sentimientos. O quizás utilizamos otras herramientas en el repertorio del ego: negación, racionalización, culpar, justificación. Ser inauténtico agota nuestro poder. En algún nivel lo sabemos y nos disgusta.

Parte de la razón de mi dolorosa adolescencia fue que estaba viviendo una mentira. Mi doble vida secreta cobraba su precio, resultando en depresión y sentimientos de alienación. En la actualidad, soy completamente yo mismo. Hablo y escribo sobre ser gay. Sin embargo, esto no significa que me sienta obligado a llevar una pegatina de arcoíris en la frente dondequiera que vaya. Mi orientación sexual es solo una parte de quien soy. Puedo ser selectivo acerca de cuándo y dónde mencionarlo. (Por cierto, para aquellos que no tienen que lidiar con salir del clóset, es interesante realizar que no es una experiencia aislada sino un proceso constante y continuo). En entornos corporativos, por ejemplo, a no ser que tenga relevancia, elijo no introducir lo que podría ser una distracción que pueda interferir con mi eficacia en el poco tiempo que suelo tener con un cliente. No siento que esté ocultando, mintiendo, reprimiéndome o renunciando a mi poder de ninguna manera. Por otro lado, si estuviera haciendo un entrenamiento de diversidad, mi ser gay sería pertinente. Como siempre, tenemos el poder de elección.

A Call to Greatness (*Un llamado a la grandeza*), uno de los libros de Maia Dhyan, se desarrolló a partir de un taller de ocho semanas titulado "Un curso en la congruencia". Gran parte de su trabajo se centraba inicialmente sobre ese tema. El libro comienza con una de mis historias favoritas de su vida; no puedo pensar en una mejor manera de ilustrar e inspirar la congruencia:

> Éramos 50 participantes en el entrenamiento, además de un entrenador y dos entrenadores aprendices. Poco después de mi llegada, me di cuenta de que no era la única que no quería estar allí. El bullicio en el baño de mujeres, en el área del vestíbulo y en la sala de entrenamiento, mientras esperábamos que comenzara el curso, se centraba en eso. Dado que estábamos allí para obtener los créditos universitarios necesarios, casi todos se quejaban de tener que estar allí.
>
> En el primer receso, mientras disfrutábamos el bello atardecer de la Florida, los participantes seguían quejándose de estar allí, y comenzaron a expresar sus opiniones sobre el entrenador, el material, la sala, las distancias que habían recorrido, el café malo, etc. Todos obviamente pensábamos que estábamos allí solo para cumplir con los requisitos contractuales para la Certificación de la Junta Estatal. Sin saberlo, yo estaba allí por una razón mucho más importante.
>
> Las sesiones se llevaban a cabo los viernes por la tarde y durante todo el día los sábados y domingos. Después de que el entrenador abriera la primera sesión describiendo todo el valor de lo que recibiríamos en los próximos días, nos sentamos en un gran círculo y, uno por uno, nos presentamos al grupo. En algún momento de ese largo proceso, escuché una voz silenciosa que me decía: "Imparte un curso sobre la congruencia". Y sentí que inmediatamente respondía con un SÍ interno y silencioso. Nunca antes había escuchado la palabra "congruencia", pero

me sentí muy energizada por la guía interna y supe, sin lugar a dudas, que esto sería otro punto de inflexión en mi proceso.

En lugar de quedarme en Pompano durante la noche, conducía de ida y vuelta a Miami entre sesiones. Cuando llegué a casa tarde ese viernes por la noche, me pasé dos horas consultando mis textos de psicología, tratando de encontrar la palabra "congruencia". Por fin la encontré en las obras de Carl Rogers. Significaba "una coherencia precisa de la experiencia interna con la expresión externa". Significaba "autenticidad", "genuinidad". Estaba emocionada. Eso era exactamente adonde mi propio proceso me había llevado, y debía enseñárselo a otros.

En algún momento durante la sesión del sábado por la mañana, decidí que iba a ser congruente durante todo el seminario, como experimento. El proceso que siguió como resultado de esa decisión fue fascinante, incómodo y verdaderamente esclarecedor.

La enseñanza carecía de inspiración. La energía del grupo estaba muy baja. Y evidentemente había un acuerdo tácito entre los participantes de que todos simplemente aguantarían la experiencia, pasarían por los procesos en la sala de entrenamiento y expresarían sus frustraciones durante los descansos y las comidas. Era obvio que existía un acuerdo generalizado de que todo era una pérdida de tiempo y un esfuerzo sin sentido. A medida que se acercaba la hora del almuerzo, no se había ofrecido nada de sustancia ni valor real en el taller, y el entrenador, en varias ocasiones, había reiterado la lista de habilidades específicas de comunicación que podríamos esperar adquirir allí. Levanté la mano, me llamaron, me puse de pie y dije en un tono bien modulado: "Realmente no quiero estar aquí, pero ya que estoy aquí, sinceramente deseo recibir valor del taller. Ya han pasado seis horas y no he recibido ninguno. ¿Cuándo comenzaremos a obtener algo de esa información de la lista que ha leído varias veces?"

La cara del entrenador se convirtió en una expresión de sorpresa y confusión muda. No sabía cómo reaccionar; no se le ocurría qué decir. YO HABÍA ROTO EL ACUERDO TÁCITO. Un silencio se apoderó de la sala. Los demás participantes parecían sin aliento, conmocionados e incómodos. El entrenador soltó una risita nerviosa, me aseguró que comenzaríamos en serio después del almuerzo y despidió al grupo. ME RECHAZARON. Mientras salíamos de la sala, todos apartaron la mirada y se alejaron nerviosamente de mí, mientras se invitaban mutuamente a almorzar. Interesante, pensé. Contemplé las implicaciones de mi demostración mientras almorzaba sola.

Al regresar después del almuerzo al hotel donde se llevaba a cabo el entrenamiento, entré en el baño de damas. Todas las conversaciones se detuvieron y se mantuvo un silencio hasta que me fui. Interesante, pensé. Y así continuamos durante todo el primer fin de semana. De vez en cuando, durante el seminario, sentía una verdadera necesidad de expresarme sobre lo que estaba sucediendo o no estaba sucediendo en el seminario, y lo comunicaba con valentía, autodisciplina y gracia. En cada ocasión, mi congruencia provocaba una reacción similar a la que siguió a mi demostración inicial.

El entrenador se volvió un poco paranoico. Me di cuenta de que anticipaba mis comentarios o preguntas con un nivel obvio de temor. Era tan impopular que me costaba encontrar un compañero en muchas ocasiones en las que necesitábamos uno para llevar a cabo un proceso. Comía sola en el almuerzo y la cena, y me quedaba sola en los descansos. Cuando estaban fuera del salón de entrenamiento, podía escuchar a los otros participantes quejándose aún sobre el entrenamiento, el salón, las distancias que habían recorrido, el café, etc. Pero una vez que volvían a entrar en la sala, actuaban como si estuvieran muy interesados y completamente alineados con el entrenador y todo lo que estaba sucediendo allí. Había visto esto pasar toda mi vida, y siempre me había resultado aborrecible. Pero esta vez, no tenía que pretender de ninguna manera que era parte de eso. Tampoco tenía que sentirme rebelde y reactiva al respecto. Simplemente mantenía mi propio sentido de mí misma y me permitía ser auténtica en forma natural. Y aunque el experimento me resultó incómodo, sentí una maravillosa libertad.

Durante la semana de regreso a Miami, entre los dos fines de semana en Pompano, reflexioné mucho sobre la experiencia. Me di cuenta de que había estado viviendo de manera congruente en gran parte desde mi momento de transformación en 1984. Y aunque estaba totalmente comprometida a completar el experimento que había comenzado, me sentía incómoda al pensar que tenía que regresar para el segundo fin de semana del seminario. El viernes, mientras manejaba a Pompano, me preguntaba si habría ocurrido algún cambio de actitud de parte de alguno de ellos hacia mí. Cuando entré al baño de mujeres antes de la primera sesión, de nuevo cayó un silencio. Nada había cambiado. Continuamos con el seminario. Yo seguí con mi experimento.

En algún momento durante la segunda sesión del sábado por la tarde, ocurrió algo interesante. El joven que se sentó frente a mí en un proceso que estábamos realizando dijo: "Quiero decirte que realmente te admiro por lo que has estado haciendo aquí. Ojalá pudiera hacer lo mismo". Después de eso, algunos otros que trabajaron conmigo también hicieron comentarios no solicitados, que incluían palabras como "admirar", "respetar", "honrar", etc. Interesante, pensé. (Pero todavía me quedaba sola durante los descansos y las horas de las comidas).

En algún momento del domingo, empecé a ser elegida para los procesos en lugar de tener que esperar a que todos los demás fueran elegidos y ser la que quedaba de "sobra". En un proceso, una de las entrenadoras aprendices me preguntó si podía ser mi compañera. En lugar de realizar el proceso, pasó todo el tiempo diciéndome cuánto admiraba lo que estaba haciendo y haciéndome preguntas al respecto. Muy interesante, pensé.

Una vez realizadas todas las enseñanzas, finalizados todos los procesos y administrada la prueba final, comenzamos la sesión de clausura, que era la ceremonia de graduación. Una vez más, nos sentamos en un gran círculo, como lo habíamos hecho en ese primer viernes por la noche. El entrenador se colocó en un podio justo dentro del círculo en un extremo de la habitación. Llamaba el nombre de un participante, el participante se levantaba, caminaba hacia el podio y recibía su certificado de finalización del entrenador, quien le estrechaba la mano. Todos los demás aplaudían.

Dado que mi nombre (en ese momento) era Riley, la mayoría de los nombres ya habían sido llamados antes de escuchar el mío. Con aprensión, me levanté de mi silla y comencé a caminar a lo largo de la gran sala hacia el entrenador. Mi mente se aceleró. Mi cuerpo estaba tenso. El tormento de la semana pasada obviamente había cobrado su precio. ENTONCES, COMENZÓ UNA SERIE DE EVENTOS TOTALMENTE INESPERADOS QUE OCURRIERON TODOS A LA VEZ. El entrenador salió de detrás del podio y comenzó a caminar hacia mí, con la mano extendida; estalló un aplauso en toda la habitación, con tal sentimiento, volumen e intensidad que me sobresaltó. ¡ Entonces TODO EL MUNDO SE PUSO DE PIE! ¡Estaba recibiendo una ovación de pie!

Cuando, sonriente, el entrenador se encontró conmigo en el centro de la habitación y me estrechó la mano con una energía sorprendente, algunos de los participantes silbaron, otros lanzaron gritos, algunos rieron y otros lloraron. Me quedé asombrada. Sin palabras. Empecé a reír y llorar con ellos.

Dejaron sus sillas y se reunieron en el centro de la habitación, comenzando a revivir con alegría el curso de mis comunicaciones anteriores y sus respuestas a ellas. Fue muy divertido para todo el grupo, incluso para el entrenador. No me alegré. En cambio, me inundó un sentimiento de humilde asombro. Me había convertido en su héroe, simplemente por ser auténtica.[32]

La historia ilustra el poder de uno y cómo la autenticidad inspira y marca la diferencia. ¿Cuántas veces hemos estado al margen, juzgando y chismeando sobre los demás solo por ser quienes son? Aunque no recibamos una ovación de pie cuando tomemos una posición congruente y nos presentemos auténticamente, el acto no es menos heroico. Y al final, porque requiere tanta energía mantener una fachada, es mucho más fácil simplemente ser nosotros mismos.

> "¿QUIERES SER UNA POTENCIA EN EL MUNDO? ENTONCES SÉ TÚ MISMO".
> —RALPH WALDO TRINE.

PRÁCTICAS DE PODER

- ¿En qué tipo de situaciones te sientes más congruente? ¿En cuáles tiendes a caer en la trampa de inautenticidad?

- ¿Puedes recordar alguna vez en la que tomaste un riesgo y hablaste tu verdad? ¿Cómo te sentiste y cuál fue la reacción ante tu verdad?

Capítulo 36
El camino de la verdad

¿Por qué mentimos? Creemos que la gente no puede manejar la verdad. Tememos la pérdida del respeto de los demás. Tememos no tener la respuesta correcta, ser considerados tontos, perder la reputación, no lucir bien. Sentimos vergüenza por tener que confesar algo que hemos hecho o dejado de hacer. Debajo de todo eso está el miedo al rechazo. Recuerda, todos estos son los miedos del ego.

Así es la vida, la condición humana. Cada vez que decimos una mentira, disminuimos nuestro poder personal. Nos fraccionamos un poco más. Es como si tuviéramos que crear un compartimento diferente en nuestras mentes para recordar lo que dijimos a quién y no ser atrapados en una mentira. Como nos recuerda la frase de Sir Walter Scott, "tejemos una red enmarañada cuando practicamos engañar", las mentiras toman vida propia y requieren un mantenimiento continuo. Mantener la ilusión de una mentira requiere un esfuerzo valioso energía mental (poder mental) que podría emplearse mucho mejor en otras áreas de nuestra vida.

En cambio, cada vez que decimos la verdad a pesar de cualquier incomodidad que pueda causar, aumentamos nuestro poder personal. No solo eso, tomar una posición a favor de la verdad en el presente es como una mecha de tiempo hacia el pasado, sanando situaciones similares anteriores en las que no pudimos hacerlo. Eventualmente todos podemos lidiar con la verdad, cualquier verdad. Lo que no podemos manejar son las mentiras.

Aunque no sean mentiras en un sentido literal, el engaño y la manipulación en forma de verdades a medias o comunicación incompleta también suelen ser contraproducentes. Fomentan la desconfianza, a veces dañando de manera irreparable nuestras relaciones.

En mis retiros sobre las relaciones conscientes, elaboramos sobre la práctica de "mantener el espacio limpio", lo cual es imperativo sin importar cuán insignificante pueda parecer una mentira, o una comunicación no compartida. Al igual que un jardín, en una relación tenemos espacios individuales, de los cuales cada miembro de la relación se ocupa, y comunes, donde pueden crecer el amor, la confianza, y otros elementos necesarios para nutrir la relación. De estos comunes ambos son responsable. Las mentiras o comunicaciones no compartidas, aunque parezcan pequeñas, se aferran como malas hierbas y comienzan a llenar las áreas comunes. Con el tiempo, ya no queda espacio y la relación se marchita. Parte de cultivar nuestro jardín implica desmalezar y mantener ese espacio común abierto y disponible al crecimiento. Exploraremos esto más profundamente en el próximo libro de la serie sobre como atraer y nutrir relaciones que funcionan.

A veces, aceptamos hacer algo cuando no tenemos ninguna intención de hacerlo sólo para ser amables o evitar conflictos. Luego, desperdiciamos valiosa energía mental sintiéndonos culpables al respecto, lanzando indirectas o evitando a la persona involucrada. Aunque mentir puede no haber sido nuestra intención, no cumplir nuestra palabra daña la confianza y las relaciones. Cada vez que decimos que haremos algo y no lo hacemos, nuestro poder se ve disminuido.

A veces, el conflicto es interno, como cuando me digo a mí mismo que voy a organizar mi escritorio, la oficina o el garaje. Pero cuando, meses, tal vez incluso años después, sigue siendo un desastre, he perdido credibilidad conmigo mismo; comienzo a dudar de mi propia palabra. En situaciones más serias, los demás comienzan a dudar de mi palabra. De cualquier manera, es una situación lamentable. Decir la verdad y aprender a decir "no" son expresiones de poder, y materia de héroes.

Si ya nos encontramos atrapados en una situación del pasado, una manera más efectiva y poderosa de manejarla es simplemente y formalmente deseleccionar la promesa. Pero para que esto funcione y nos libere, hay que comunicarlo. Tenemos que tomar el teléfono y llamar a nuestro amigo y decirle: "Sabes cuando dije que te ayudaría a limpiar el patio? Te quiero y valoro mucho nuestra amistad, pero lo siento, no lo voy a hacer. ¿En que otra forma puedo ayudar?" Aunque esto puede generar un conflicto inmediato, es mejor abordar la situación de frente y mantener el espacio despejado, lo que nos libera a los dos.

Ser sinceros con nosotros mismos puede ser desafiante, ya que implica filtrar a través de los velos y señuelos del ego. Los puntos ciegos son, por definición, eso: lugares que no podemos ver. Este es uno de los beneficios de tener Compañeros de Poder en el camino hacia el poder espiritual, y la razón por la cual unirse al Grupo de Facebook (https://www.facebook.com/groups/unleashyourinnerhero) o crear tu propio Grupo de Poder puede ser útil y de apoyo.

Un aspecto importante de decir la verdad relacionado con la autoexpresión, implica ser quienes somos completamente, no ocultar partes de nosotros mismos para lograr la ilusión de aceptación o mantener la paz. Defenderse a uno mismo, defender nuestra verdad, requiere valor. A veces habrá resistencia, posiblemente repercusiones. Incluso podríamos estar preocupados por la supervivencia de una relación. Si eso sucede, trata de recordar la poderosa historia de congruencia de Maia.

El mundo se alinea en torno a la verdad. Sin embargo, esto no significa que siempre recibiremos una ovación de pie cuando defendamos nuestras creencias. A veces nos enfrentamos a la posibilidad real del rechazo. Sin embargo, eso es una oportunidad que los héroes están dispuestos a tomar. Tenemos que vivir con nosotros mismos y enfrentarnos al espejo cada mañana, después, con suerte, de dormir en paz por la noche.

Cuando decidí dejar mi vida en Miami para unirme al ashram, mi familia y amigos, muchos de los cuales pensaban que estaba loco o temían que me uniera a un culto, se asustaron. Un tipo en particular se destaca. Durante años había estado elogiándome a los cuatro vientos, diciendo que yo era su "mejor amigo" que le "salvó la vida" cuando lo ayudé a manejar un divorcio complicado. Lo que hace la historia aún más interesante es el hecho de que él sentía que había sido perjudicado y victimizado por sus amigos de la sociedad, casi todos los cuales lo habían abandonado cuando se declaró gay. En otras palabras, había sido rechazado por ser auténtico, por seguir su corazón. Sin embargo, frente a mi decisión, me juzgó duramente y me rechazó por hacer precisamente eso: seguir mi corazón. Cuando fui a cobrar un dinero que se me debía, mi supuesto amigo me echó de su oficina, sacó su billetera y tiró $200 en efectivo a mis pies. ¿Se sentía rechazado o con miedo? ¿Mi valentía lo avergonzó porque no podía dar un salto así? No lo sé con certeza, pero por muchas razones, es probable que su ego le gritara de la misma manera que él me gritó a mí.

Entonces sí, el rechazo es un riesgo que asumimos. No todas nuestras relaciones darán un salto con nosotros. Lo que sabemos, sin embargo, es que si una relación no sobrevive ese tipo de transformación profunda, entonces no era verdadera. En mi caso, aquellas relaciones que eran verdaderas resistieron las tormentas del cambio y todavía siguen en mi vida treinta años después. Para adaptar una de las expresiones de Maia: "Lo que está en la mente de Dios estará allí en el otro lado del proceso de transformación": Lo que es verdadero, lo que es de amor, estará allí en el otro lado del salto.

Lo otro a tener en cuenta es que cuando tomamos una postura tan dramática frente a las formas de ser del mundo, en realidad estamos amenazando la realidad del consenso. El simple acto de que yo dejase atrás una vida exitosa y en muchos sentidos envidiable fue una amenaza para el status quo de algunas personas. Quizás cuestionaban en sus propias mentes, al menos a nivel subconsciente, sus vidas y sus valores.

Habla solo la verdad. Mentir corroe nuestro poder personal. Una gran libertad radica simplemente en ser auténticos.

> "LA VERDAD ES PODEROSA Y PREVALECE".
> —SOJOURNER TRUTH

PRÁCTICA DE PODER

- ¿Cuál es una mentira que ocupa espacio valioso en una de tus relaciones? Elige primero aquella que no sea la más aterradora o desafiante. ¿Qué necesitas hacer para liberar el espacio y corregir la situación? Tal vez no sea algo que necesite ser dicho; quizás solo necesites presentarte de manera diferente o más auténtica.

Capítulo 37
El camino de soltar y dejar ir

La palabra sacrificio proviene del latín *sacer* ("sagrado, santo") y *facere* ("hacer, realizar"). En otras palabras, hacer sagrado, santificar. En el contexto de este libro, estamos sacrificando —haciendo sagradas— nuestras vidas al servicio de algo más grande.

Entonces, ¿qué estamos sacrificando exactamente? Renunciamos a jugar pequeño, a suprimir quien somos, al miedo, a las limitaciones autoimpuestas, a cualquier cosa que nos haya impedido vivir la vida a toda máquina, a máxima capacidad (potencia). Dejamos ir la pequeñez y mezquindad del ego, sus maquinaciones, estrategias, deseos, opiniones y apegos, ya sea a personas, lugares, ideas, creencias o percepciones que ya no nos sirven. Dejamos atrás actitudes y situaciones que interfieren con nuestra paz interior, nuestro poder espiritual y nuestra libertad personal.

Dejamos ir:

- El apego a tener la razón. Mientras nos aferremos a estar en lo correcto y responsabilicemos a la otra persona por hacernos daño, nos mantendremos atrapados en patrones de victimización.

- Expectativas. Nos liberamos a nosotros mismos y a los demás para ser como queremos/quieran ser en cualquier situación dada. Liberamos expectativas sobre la forma en que las cosas son o "deberían" ser.

- Juicio. Juzgar nos aprisiona tanto como a aquellos a quienes juzgamos. Subyace un sentimiento de autoderecho, de justicia propia: nosotros tenemos la razón y ellos están equivocados: "¡Yo nunca hiciera eso!" Como ya vimos con el mecanismo de la proyección, a un nivel más profundo estamos señalando en los demás algún aspecto de nosotros mismos que no podemos aceptar. Cuando practicamos el perdón, dando espacio para ser humanos imperfectos, rompemos esas cadenas. Nos liberamos a nosotros mismos y a los demás del peso y la responsabilidad de tener que ser perfectos o tener siempre la razón. ¡Qué presión! ¡Qué encarcelamiento!

- Condicionamiento. Identificamos y liberamos capas de condicionamiento, las normas y creencias sobre lo que es correcto, bueno y apropiado que hemos heredado de la familia y la cultura. Emprendemos la tarea heroica e importante de cuestionar y decidir eso por nosotros mismos.

- Pensamiento limitado. Renunciamos a la creencia de que no hay suficiente de [llenar el espacio en blanco] en nosotros y en los demás.

- Apego. Liberamos el apego a personas, situaciones, cosas que pensamos que debemos tener para ser felices, ya sean 100 pares de zapatos, un tipo particular de automóvil o una marca de ropa. ¡No es que haya algo intrínsecamente malo en ninguna de estas cosas! Es el apego lo que nos ata, como enseña el budismo. La libertad es el objetivo. Una nota sobre el desorden: como arriba, así abajo. Nuestro espacio exterior refleja nuestro espacio interior. Esa es la mala noticia. La buena es que a medida que organizamos nuestro espacio exterior, que es más fácil de hacer, nuestro espacio interior también reflejará mayor claridad, atención, creatividad y eficiencia. Obtendremos mejores resultados más rápido y más fácilmente. También renunciamos al apego a los resultados, a que las cosas resulten de cierta manera, y a estar en control. En cambio, simplemente damos lo mejor de nosotros. Liberamos las expectativas y el apego al resultado. Eso es libertad. La percepción de fracaso y el auto-castigo no son necesarios. Simplemente extraemos tanto aprendizaje como sea posible de nuestras experiencias pasadas con el propósito de crecimiento y evolución.

- Identidades. Dejamos ir formas de vernos a nosotros mismos que ya no nos sirven. Hace años, en un ritual de dejar ir en uno de mis retiros, me deshice de una identidad antigua de ser tímido, que puede haberme protegido en algún momento de mi vida cuando temía el rechazo y me intimidaban las situaciones sociales. Todavía puedo mantener mi identidad de ser introvertido, que es una dinámica diferente. Significa que proceso las cosas internamente antes de expresarlas, en lugar de descubrir lo que quiero decir o en lo que creo mientras hablo. El desarrollo de la identidad es un área en la que la obsolescencia programada es deseable. Continuamente nos deshacemos de aquellas que hemos superado y, como un programa de software, ¡lanzamos nuevas y mejores versiones!

- Estrés. Cultivar nuestros jardines, incluso "salvar el mundo", no tiene que hacerse sin aliento, obsesiva y compulsivamente. Estamos dando a luz y defendiendo un nuevo mundo en el que la paz y el equilibrio comienzan desde adentro, un mundo en el que cada uno se declara una Zona Universal de Paz.

Eso significa que nos comprometemos a cultivar la paz interior, un proceso que debe ser atendido, trabajado. ¿Cómo elegiremos actuar cuando nos encontremos atrapados en un tráfico desesperante? ¿Cómo elegiremos responder cuando finalmente nos acepte la llamada un agente de servicio al cliente después de estar en línea de espera durante 40 minutos? ¿O cuando lleguemos a casa cansados y de mal humor, y los niños están gritando y han hecho un gran desorden en la sala de estar y el nuevo cachorro se ha orinado en el sofá? ¿Cómo elegiremos ser cuando el jefe nos grite injustamente por el "fracaso" de un proyecto, o cuando nos sintamos abrumados y no tengamos idea de cómo vamos a llegar a fin de mes?

¿Cómo hacemos eso? Cambiando nuestra forma de pensar y adoptando algún tipo de práctica de meditación. Estas nos ayudan a bajarnos del carrusel del día a día al menos unos minutos.

Una de mis parábolas favoritas favoritas de la actualidad la cuenta Richard Bach en *Illusions: Adventures of a Reluctant Messiah* (*Ilusiones: Las aventuras de un mesías renuente*). Habla de una raza de pequeñas criaturas que viven en el fondo de un río. Siempre sometidos a la corriente implacable, sobrevivían agarrándose a piedras o ramas en el fondo del río. Allí vivían en el barro a merced de la corriente y de los escombros que pasaban, "porque aferrarse era su forma de vida y resistir la corriente era lo que cada uno había aprendido desde el nacimiento". Eventualmente, una de las criaturas se cansó de esa existencia y anunció que iba a soltarse, porque si no lo hacía, "moriría de aburrimiento". Burlándose de él, pero más que probablemente aterrorizados por dentro, los demás le advirtieron: "¡Tonto! ¡Esa corriente a la que adoras te lanzará rodando y estrellándote contra las rocas, y morirás más rápido que de aburrimiento!" Pero la criatura ya no podía mas de esa vida sin sentido. Se soltó. Efectivamente, al principio fue lanzado y golpeado contra las piedras, pero eventualmente la corriente lo levantó y lo estabilizó. Liberada de su existencia temerosa y aferrada, la criatura elegantemente flotó río abajo, unida con la corriente, como si estuviera volando. Con el tiempo, llegó a otro pueblo de criaturas que nunca habían visto a uno de su especie hacer nada más que aferrarse con todas sus fuerzas en el fondo del río. Mirando hacia arriba con asombro reverente, exclamaron: "¡Miren, un milagro! Una criatura como nosotros, pero ella vuela. ¡Miren al Mesías, venido a salvarnos a todos!" La criatura respondió: "No soy más Mesías que ustedes. El río se deleita en liberarnos, si solo nos atrevemos a soltar. Nuestro verdadero trabajo es este viaje, esta aventura". Y luego fue arrastrada, dejando a los demás para inventar elaboradas historias sobre su salvadora.

Deja ir. Eso es lo que hacen los héroes.

PRÁCTICAS DE PODER

- ¿Qué cosa estás dispuesto a dejar ir hoy? ¿Hay algún apego a un resultado específico que te viene a la mente? ¿Una identidad antigua que estás lista a sacrificar? ¿Alguna creencia limitante? Crea un ritual para ti. Por ejemplo, escríbelo en un trozo de papel y quémalo o entiérralo.

- ¿Qué prácticas emprenderás al declararte una Zona de Paz Universal? ¿Cómo cultivarás la paz interior? ¿Meditación formal? ¿Un paseo regular en la naturaleza? ¿Trabajo de respiración consciente, tal vez? ¿Asistir a un retiro de fin de semana? Haz tu compromiso específico y mantenlo alcanzable. ¿Con qué frecuencia te comprometerás a practicar? ¿Por cuánto tiempo?

Capítulo 38
El camino de la entrega

Qué aparente rompecabezas. ¿Cómo puede la entrega resultar en empoderamiento? Parece como si eso significara ceder nuestro poder a otro. Supongo que es como un koan zen, un acertijo que trasciende la lógica y la racionalidad y que la mente nunca entenderá utilizando procesos de pensamiento normales.

Entregarse significa dejar ir la identificación con el ego, o el yo inferior, y volver a identificarnos con otra parte de nosotros mismos. Nos alineamos con nuestra naturaleza superior, que algunos llaman el Yo Superior, alma o espíritu. Esa parte de quienes somos, el estadio, es una manifestación de lo sagrado. En efecto, entonces, nos estamos entregando a nosotros mismos. ¡Lo cual no lo hace más fácil!

Entregarse puede ser una experiencia exquisita. Es como si hubiéramos estado luchando, esforzándonos nadando contra la corriente, tratando sin éxito de evitar todo tipo de peligros y obstáculos, hasta llegar al momento en que decimos: "¡Basta! Ya no puedo más". Dejamos ir y permitimos que la corriente nos dé la vuelta suavemente. La vida se vuelve mucho más fácil. Se convierte en una aventura vivida momento a momento. La magia, los milagros, por falta de otras palabras, las sincronías, las sorpresas se vuelven comunes y innegables.

La entrega está lejos de ser un estado pasivo. Es activa y proactiva, creativa y co-creadora. No es como si de repente renunciáramos a la responsabilidad de nuestras elecciones y sacrificáramos nuestro libre albedrío: «Aquí, ¡hazlo tú!» Al contrario, asumimos un nivel más elevado de responsabilidad. Nuestra voluntad se fusiona con la voluntad Divina y asumimos un papel más activo en apoyo a la creación.

Cuando nos entregamos, nos conectamos y accedemos a una fuente de energía inagotable. Estamos entregándonos a la "Fuerza," la energía vital que anima al Universo, la inteligencia omnipresente, el poder que forma e informa la existencia, el tejido y el ADN del cosmos, también conocido como Dios por muchos.

Hay libertad en la entrega. Conservamos el libre albedrío en cada paso del camino. No es tanto una directiva, sino más bien una conversación, un diálogo, aunque ciertamente podemos recibir el ocasional "¡Haz esto!" En la mayoría de los casos, se siente como un diálogo agradable: "¿Qué quieres hacer? No, ¿qué quieres hacer tú?" Puede ser divertido y hasta chistoso.

La entrega es un proceso. A menudo, hay un momento importante seguido de graduaciones ligeramente más sutiles a lo largo del camino. Tuve mi primera experiencia de entrega a principios de 1990, solo unos meses después de tomar *A Call to Greatness* y comenzar a hacer trabajo de respiración consciente y estudiar con Maia. Fue en un retiro de un día en Pascua, al que asistieron unos 25 de sus estudiantes en un lugar de retiro propiedad de la Iglesia Católica. A mitad de la mañana, un sacerdote se asomó en la habitación. Al ver a todos vestidos de blanco mientras cantaban en sánscrito y una estatua de Buda que adornaba el altar, regresó rápidamente con la tarifa de alquiler del lugar y nos pidió que nos fuéramos. Poco después, habiéndonos reunido en la sala de estar de uno de los estudiantes, renovamos nuestra discusión sobre la disposición y la voluntad. En un momento dado, Maia nos preguntó si alguien presente estaba tan listo para conseguir la libertad, la iluminación, a seguir su llamado, su vocación, que estarían dispuestos a hacer lo que sea necesario. Con el corazón palpitando en la boca, levanté la mano. El único. Me miró durante un rato y luego procedió a interrogarme, subiendo un poco más el listón con cada pregunta. "Entonces, ¿estarías dispuesto a renunciar a tu trabajo? ¿Vender tu condominio? ¿Dejar Miami? ¿Terminar tu relación? ¿Dejar a tu familia?" Cada vez mi respuesta fue la misma: "Sí". Me estaba flipando por adentro, pero bajo el miedo sentía una extraña confianza, un conocimiento de estar listo. El nivel de estrés era casi palpable en la habitación mientras otros contemplaban en silencio sus propias respuestas a esas preguntas. Me dejó guisar en mis jugos durante la noche. A primera hora de la mañana siguiente, uno de sus asistentes llamó para enfatizar que estaba hablando de la disposición; quería asegurarse de que no renunciaría a mi trabajo ese día.

Aun sabiendo que el diálogo era teórico, tenía la sensación de que, al menos en mi caso, ese nivel de declaración no pasaría sin ser puesto a prueba. Llegaría el momento en que se tendría la oportunidad de demostrarme a mí mismo, y al Universo, en qué medida esos síes eran reales.

Tres meses después, me encontré en un avión, habiendo cumplido con cada uno de esos síes. Dejar el trabajo no fue difícil; ya no me llenaba. Aunque ciertamente experimenté miedo al lanzarme a lo desconocido: ¿Cómo me sostendría económicamente? Dejar el condominio, el carro y las pertenencias fue más difícil. Romper con mi pareja tampoco fue fácil. Aunque nos queríamos, la verdad es que yo sabía desde hacía tiempo que estábamos en etapas diferentes de nuestras vidas y creciendo en direcciones distintas. No éramos compatibles. Decir adiós a los amigos también fue difícil, pero la prueba más difícil para mí fue dejar a mi familia. Había ido a una universidad en otra ciudad y había vivido por mi cuenta durante años desde mi regreso a Miami, pero esto era diferente. Viendo a la ciudad disminuir mientras el avión se dirigía al oeste rumbo a Hawaii, no tenía idea de cuándo los vería de nuevo. Reflexioné sobre cómo sería mi vida, cómo sobreviviría financieramente, cuándo volvería a tener una relación romántica, cómo manejaría las exigencias rigurosas de la vida en el ashram. No era la menor de mis preocupaciones el año de celibato al que yo y los otros cinco discípulos nos habíamos comprometido, y me refiero a un celibato completo, que incluía a mis "cinco mejores amigos" con los que había tenido una relación íntima constante desde los diez años.

Resultó que volví a ver a mi familia en el transcurso de un año, y pudimos mantener contacto regular, aunque a veces incómodo al principio, por correo y teléfono. Por esa época, les conté oficialmente a mis padres que era gay. (Todos mis hermanos ya lo sabían). El nivel de honestidad y congruencia en nuestra relación crecía, aunque no fue nada fácil el proceso. Durante meses, sin embargo, lamenté haberlos dejado atrás.

A pesar de todas las demandas y dificultades de la vida en el ashram, y de todas las libertades, comodidades y placeres de mi vida que había renunciado, lo más difícil, sin lugar a dudas, de toda la experiencia fue la entrega diaria a la gurú. En ese sistema el gurú representa lo sagrado, dando así al discípulo una experiencia más inmediata y tangible que rendirse a un dios abstracto. Al menos una vez al día, y a menudo más, durante cinco años rendí mis preferencias, mi voluntad, mis deseos, incluso mis percepciones a Dios, a través de la persona del gurú. Aquellos años fueron imposiblemente difíciles. En ocasiones me costaba entregarme, y reaccionaba con la rabia desesperada de un animal enjaulado. Una vez me sorprendí a mí mismo cuando, después de una conversación telefónica particularmente frustrante con Maia, agarré el teléfono y lo arrojé contra la pared, algo que nunca antes había hecho y que no he vuelto a hacer desde entonces.

Para complicar las cosas, empecé a notar que su comportamiento a veces era irracional: explosiones emocionales, puntos ciegos, cosas que no encajaban con mi percepción de cómo se comportaba un gurú. Sin embargo, conociendo los juicios y expectativas del ego, y sabiendo que la relación gurú/discípulo estaba diseñada para ayudar a transcender el ego, traté de no cuestionar el proceso y aguanté. Después de un tiempo, ella había empezado a perder credibilidad para mí como mi gurú, pero tanto seguía creyendo en el valor de sus enseñanzas que seguí comprometido a llevarlas al mundo. Ya para entonces me había convertido en su persona de confianza, editor, publicista, coordinador de eventos, heredero aparente, hijo sustituto: una relación muy compleja y multinivel. Me sentía responsable no solo de que ella divulgara su trabajo, sino también de su bienestar en este mundo. Y, por supuesto, también hubo una gran cantidad de momentos hermosos, sorprendentes, exquisitos, inexplicables, trascendentes y extáticos, todos ellos generando un crecimiento espiritual acelerado. Desenredarme e irme se volvió cada vez más difícil. Sabía que cuando me fuera, todo se derrumbaría, que es lo que finalmente sucedió. Años después, Maia renunciaría al rol de maestra y gurú.

Para mí, para quien tener la razón fue una de las trampas más fuertes de mi ego, esos años siguen siendo los más difíciles y desafiantes que he experimentado en mi vida. Entre las emociones que sentía con frecuencia: Frustración. Desesperación. Enojo. Rabia. Depresión. Confusión. Me sentía atrapado. Traicionado por Dios.

Y sin embargo, poco a poco mi entrega se hacía más profunda a medida que mi ego seguía siendo disminuido. El pobre ego: vivía abrumado en un estado constante de supervivencia psicológica. Pero valió la pena. En algún momento, comencé a darme cuenta de que la naturaleza jerárquica de la relación gurú/discípulo estaba interfiriendo con mi propio crecimiento. Enseñaba a la gente cómo ser libre, y no me sentía libre. Cuando encontré la oportunidad adecuada para dejar su comunidad, ya me había demostrado a mí mismo sin lugar a dudas que sí, estaba dispuesto a dejarlo todo y hacer lo que fuera necesario. Saber eso no tiene precio. De hecho, sin negar lo difícil que haya sido, la experiencia fue una oportunidad única y sigo infinitamente agradecido por ella. No sería quien soy hoy si no fuera por eso. Sus enseñanzas siguen siendo resonantes y vivas. Y a través de mí han afectado innumerables otras vidas.

Y sigo entregándome. Años más tarde, tuve la suerte de encontrar una pareja que tenía las habilidades, la capacitación y la disposición para llevar a cabo el trabajo de utilizar nuestra relación como un laboratorio para el crecimiento, un proceso en el que nos enfocaremos en el próximo libro de la serie. Pude trabajar mas en aplanar el botón de "tener razón" (¡que había podido sobrevivir a la experiencia en el ashram!). Aprendí que incluso cuando tenía razón (la cual, que conste, casi siempre tenía), no importaba en absoluto. Mientras tuviera una carga emocional en tener razón, dejaba que mi ego ganara.

En el proceso de entrega, y en la vida, los signos externos brindan alivio y confirmación de que no nos estamos volviendo locos. Llamadas telefónicas oportunas e inesperadas, una canción en la radio con el mensaje perfecto, hasta carteles de anuncio.

Años después, después de ser guiado (engaño es más preciso) para dejar mi amada California y regresar al sur de Florida, iba y venía entre Miami y Cayo Hueso. La primera tenía más sentido como base, ya que estaría más accesible para la gente y más cerca de los principales aeropuertos; Key West, por otro lado, ofrecía más como retiro de escritor, una sensación de escapar de la civilización, un amortiguador de mi pasado.

Entonces llegó el mensaje de que sería Miami, para mi gran sorpresa. Eso no era para lo que me había inscrito ni lo que quería. Sin embargo, después de un año de viajar por el país y esperar señales, finalmente estaban allí, claras e innegables. Dije: "¡Está bien, está bien, lo haré!" Comencé a "ambivaluar" entre una casa más grande con un hermoso y amplio espacio para reuniones, y otra más pequeña y menos costosa que se prestaba mas a una vida solitaria propicia para escribir. Un día, mientras conducía, debatiendo en mi mente entre las dos, sentí de repente un tirón, como si mi cabeza fuera girada por la barbilla para que viera un cartel. Debo haber pasado por allí una docena de veces en las semanas anteriores sin verlo. El letrero decía: "¡Piensa en grande!"

Este ejemplo también ilustra cómo conocemos la diferencia entre los deseos y metas del ego y las inclinaciones del Ser Superior. Mi ego ciertamente no quería regresar a Miami. Además, se sentía abrumado por asumir la responsabilidad de una casa grande, cuyo alquiler era el doble de lo que pagaba antes. Sentía que me ataría. En cambio, el Ser Superior hizo rebotar ideas con un par de consejeros de confianza, analizó con calma la información y las señales, y cuando estas se volvieron claras e irrefutables, firmó el contrato de arrendamiento con el pobre ego, no exactamente pateando y gritando en señal de perreta, pero aún preocupado en el fondo. Años después, el templo de Miami, en sus dos iteraciones, impactó a muchas vidas y resultó ser una base muy necesaria y un amado santuario.

Más recientemente, experimenté un nivel más profundo de entrega. Creo que la única cosa que podría haberme atrapado en esta vida es el sexo. Debido a un incidente temprano de abuso sexual, fui despertado precozmente a la sexualidad, que se convirtió en una parte intrínseca de mi vida e identidad, incluso en mi adolescencia. Recientemente llegué a un punto en la vida donde ahora sé que si tuviera que dejarlo ir porque interfiriera con mi evolución espiritual, podría hacerlo. Afortunadamente, no creo que se me esté pidiendo eso, y no tengo el deseo de ser célibe nuevamente, como lo fui durante mis años en el ashram. Pero me siento libre en cuanto a la sexualidad. (Exploraremos más profundamente la sexualidad, y el celibato, en el próximo libro). ¡Qué poderosa sensación, saber que soy libre y puedo dejar ir cualquier aspecto de mi vida si es necesario! La entrega es el acto heroico por excelencia, el definitivo. Sin embargo, es tan natural, pues provee la sensación única de paz profunda y de poder que genera la entrega empoderada.

> LA GRANDEZA DEL PODER DE UN HOMBRE ES LA MEDIDA DE SU ENTREGA".
> —WILLIAM BOOTH

PRÁCTICA DE PODER

- Crea un ritual para ti mismo. Por ejemplo, escribe algo (o una lista de cosas) de lo que estés dispuesto a renunciar, ya sea una creencia, un comportamiento o algún aspecto de tu vida que puedas haber superado. Deséchalo con intención quemándolo o enterrándolo. Ten en cuenta que los rituales de dejar ir pueden ser poderosos y catalizadores. En mis retiros, conmueve mucho ver a las personas liberando cosas antiguas que las han frenado; a veces luchan con su dolor al dejar ir hasta llegar a lágrimas. A menudo, me han dicho que estas experiencias han sido puntos de referencia en sus vidas: "Fue entonces cuando realmente dejé ir XYZ, y todo cambió desde ese momento". ¡Estos rituales son poderosos!

Capítulo 39
Conclusión: La jornada continúa

Como hemos visto, debido a que el ego está diseñado para mantenernos a salvo, estamos programados para evitar riesgos. El precio que pagamos por eso es estancamiento, complacencia, mediocridad. Con demasiada frecuencia, muchos de nosotros rechazamos la llamada a la aventura. Permitimos que las cosas se interpongan en el camino hacia la transformación y realización: Excusas. Pereza. Procrastinación. Distracción (redes sociales, televisión, el drama de la vida).

Y, sin embargo, la vocecita interna persiste. La Gran Aventura nos sigue invocando. Su llamado en la invocación al héroe no nos deja en paz. Hasta que respondamos, la ambivalencia tiende a crear conflicto interno. A medida que pasa el tiempo, eso se intensifica y la incomodidad se vuelve tan pronunciada que finalmente nos vemos obligados a actuar o, trágicamente, la automedicación es la única forma de ignorarla.

Pero nunca es demasiado tarde, Y nuestro tiempo aquí es breve. Por eso, actúa ahora. Vuelve a decir que sí. Da el próximo paso. Responde al llamado. Lo bonito es que una vez que decimos que sí, el camino se revela. No hay una única forma de cumplirlo. Esa es la belleza del viaje de exploración. Está vivo y, por naturaleza, es flexible. Seguirá revelándose. Un paso hacia el vacío, y luego el puente aparece para encontrarnos.

La aventura continua

¡Felicidades! Has completado el Libro 1 y has recorrido el Imperio del Ego y la Zona de Poder. Ahora tienes una comprensión más profunda de quién eres, cómo funciona el ego, cómo nos engaña a todos y nos impide alcanzar nuestro potencial, manteniéndonos en un estado de mediocridad. Y ahora que comprendes mejor las artimañas y maquinaciones del ego, puedes evitar más fácilmente caer en luchas de poder que rara vez terminan bien o te llevan a lo que todos realmente queremos: vidas con significado y propósito, felicidad, relaciones que funcionan.

En el camino hacia el poder espiritual, has pasado por el proceso de mirar bajo el capó y deconstruir creencias y suposiciones sobre el poder. Has explorado las trampas y las estrategias de poder que en algún momento todos hemos utilizado para conseguir lo que queremos o manipular una situación.

Has visto las diferencias entre el poder egoico y el poder espiritual, y tienes las herramientas para resolver cualquier ambivalencia sobre asumir el poder. Ahora ves que puedes apropiarte de tu poder, establecer límites claros, comunicar tus deseos, tus gustos y disgustos, lo que funciona para ti y lo que no, sin miedo de abusar del poder o causar daño. ¡Así que no hay más excusas!

Las prácticas de poder están diseñadas para apoyar el proceso de reconectar y expresar tu poder espiritual. Es un viaje, una práctica. Como con cualquier cosa, cuanto más practicamos, mejor nos volvemos. Luego nos establecemos en el próximo nivel de maestría. En el futuro, es posible que te olvides, te resbales y te encuentres diciendo sí cuando en realidad quieres decir no, pero ocurrirá con menos frecuencia. Y aprenderás a evitar o a manejar mejor esas frustrantes luchas de poder.

Esta jornada es trabajo heroico, trabajo de toda una vida. ¿Estás listo para más? En el próximo libro, visitaremos el Reino de las Relaciones, donde exploraremos cómo el ego y los problemas relacionados con el poder afectan el ámbito de las relaciones, que es donde la mayoría de nosotros experimentamos pérdidas de poder.

Por ahora, disfruta de un capítulo de muestra al final de este libro para darte una idea de lo que viene.

Si aceptaste el llamado, te embarcaste en el viaje descrito en este libro y, sobretodo, si participaste activamente en las prácticas de poder, a lo largo del camino has estado en medio de un viaje heroico, una aventura en la transformación. ¡Gracias! Tu valentía y disposición son nada menos que heroicas, y marcan una diferencia real en el mundo.

La aventura continúa...

PRÁCTICAS DE PODER

- Regresa a la lista inicial de actos heroicos en las páginas 5-9 y revísalos desde tu perspectiva actual. ¿Cuántos has asumido durante el viaje que este libro te proporcionó? ¿Cuáles adoptarás como prácticas continuas?

- En una escala de heroísmo del 1 al 10, ¿dónde te ubicarías hoy? ¿Cómo se compara ese número con la respuesta que diste a la misma pregunta en la página 46? (Asegurar que todavía sea esa la página) ¿Eres capaz ahora de ver y reconocer que eres un héroe, con mayor claridad y certeza que al principio de la jornada?

- Por favor, reconoce tu heroísmo haciendo algo rico para ti esta semana... ¡y comparte una foto de ello en el grupo de Facebook!

UN MITO PARA NUESTRO TIEMPO

En estos tiempos de cambios sociales dramáticos y de colapso de estructuras, puede ser fácil sucumbir a sentimientos de miedo e impotencia. El trabajo de la etnobióloga Elisabet Sahtouris proporciona un marco hermoso y un contexto poderoso para nuestros tiempos.

Por años Sahtouris estudió el proceso de transformación de la oruga en mariposa, descubriendo lo que ella llamó células imaginales. Debido a que contienen el ADN de la mariposa, que es un poco diferente al de la oruga, el sistema inmunológico de esta última las percibe como objetos ajenos y las destruye, de la misma manera que lo haría con un virus o bacteria. Podríamos decir que la humanidad ha hecho lo mismo con nuestros profetas, portadores de luz y hablantes de la verdad, como Jesús, Gandhi y Martin Luther King: ellos aparecen y nosotros los derribamos.

En algún momento del ciclo de vida de la oruga, se activa un mecanismo interno y entra en una fase de hiperfagia, engulléndolo todo, comiendo vorazmente. En cierto modo, la humanidad está haciendo lo mismo, devorando descuidadamente nuestros recursos naturales sin tener en cuenta ni siquiera nuestra propia supervivencia en este planeta.

Sin embargo, hay un aspecto positivo. En el caso de la oruga, la fase de hiperfagia también desencadena una hiperproducción de células imaginales. De repente, estas células brotan por todas partes y comienzan a gravitar unas hacia otras, fusionándose en grupos, cúmulos imaginales. Una vez que se unen, el sistema inmunológico de la oruga ya no puede destruirlas. Lo intenta una y otra vez hasta que falla, se rinde, implosiona y se convierte en una sopa de nutrientes de la cual se alimentan las células imaginales mientras se transforman en la mariposa.

Se podría decir que es ahí donde se encuentra la humanidad en este momento. Los sistemas están fallando a nuestro alrededor, desintegrándose ante nuestros ojos. La economía global está a un suspiro del colapso. Los escándalos corporativos, políticos y eclesiásticos han revelado al mero hombre detrás de la cortina, haciéndose pasar por gran mago.

Somos nosotros esas células imaginales, despertando ahora a nuestro pleno potencial, ya no dispuestos a vivir vidas de frustración, mentiras y mediocridad, ni a esconder nuestra luz. Una vez que nos encontramos y nos unimos, ya no podemos ser destruidos.

En qué exquisita mariposa se transforma la humanidad, y si sobrevimos a la metamorfosis, aún está por verse. Para las células imaginales que despiertan, el llamado ha sido lanzado: brillar, ser más de lo que hemos sido antes, sí, incluso más de lo que podemos imaginar ahora, sanarnos a nosotros mismos y convertirnos en faros para otras células imaginales, para unirnos y descubrir lo que podemos hacer juntos que no podemos hacer de manera aislada y solitaria.

La misión queda clara. ¿Responderás al llamado? ¿Nos ayudarás a llegar a otras células imaginales?

NOTA: Me gustaría mostrarles mis gratitud por haber emprendido esta jornada, ofreciendo este enlace para una meditación guiada visual sobre las células imaginales. (https://soulfulpower.com/just-keep-breathing/)

Próximos pasos en el viaje del héroe espiritual

Comunidad.

Como probablemente hayas notado, el viaje heroico que se describe aquí te llevará a través de cimas y valles, trampas y atolladeros, desafíos y oportunidades. No tienes que hacerlo solo. Más allá del Reino del Ego encontrarás la libertad y una tribu cada vez más amplia de héroes que despiertan. Conéctate. Extiende la mano. Exploremos qué podemos hacer juntos que no podríamos hacer solos y separados. Para tener un sentido de comunidad y apoyo en el viaje, asegúrate de unirte a nuestro grupo gratuito de Facebook: Desatando a tu Héroe Interior (https://www.facebook.com/groups/unleashyourinnerhero). Allí encontrarás a otros comprometidos con su viaje de autodescubrimiento y liberación. Contar con el respaldo de una comunidad más amplia de compañeros de viaje marcará toda una diferencia durante los momentos desafiantes en el viaje. Espero que te hayas unido a un Power Pod más pequeño para el viaje, ya que el grupo más íntimo es excelente tanto para la responsabilidad mutua como la inspiración.

Repetir o profundizar prácticas.

Elige profundizar en tus prácticas de poder. Esto se puede hacer por tu cuenta, si prefieres viajar solo, o con el apoyo y la camaradería de otros héroes espirituales en tu Power Pod o el grupo de Facebook. Por ejemplo, encuentra a alguien más a quien perdonar, o deja otro regalo anónimo en un banco del parque. Continúa con ello. Siempre hay capas más profundas y desafíos más sutiles en el viaje del héroe... y tesoros y recompensas infinitas por descubrir.

Proyecto de poder.

El empoderamiento personal no es suficiente para la mayoría de los héroes. Los héroes se sienten impulsados a marcar la diferencia. ¿Tienes un proyecto de poder? ¿Qué temas te apasionan? Hay tantas áreas problemáticas en nuestro mundo, en nuestras comunidades. ¿Cual asumirás? En el grupo de Facebook puedes conectar con otros que comparten intereses y pasiones similares. Juntos podemos marcar una verdadera diferencia.

> "HAZLO Y TENDRÁS EL PODER".
> —RALPH WALDO EMERSON

TITANES HEROICOS.

Algunos de nosotros tenemos un don especial para tejer conexiones. Sin embargo, en estos tiempos, todos estamos llamados a cumplir ese papel y conectar con otros. Nuestro poder está en los números. Juntos podemos superar las estructuras de poder arraigadas en egoísmo, el miedo y la opresión. El lema de nuestro ejército: Amo ergo sum. "Amo, por lo tanto, existo". Conviértete en héroe, titán, defensor, embajador, reclutador de células imaginales, escultor de nuevas realidades. Ayúdanos a esparcir la información, correr la voz para invocar a todos aquellos héroes que están esperando su llamado. Invítalos al grupo de Facebook. Envíales un enlace donde puedan comprar el libro. ¡Y por favor, tómate unos minutos y escribe una reseña en Amazon! Incluso una o dos frases pueden marcar una gran diferencia. Tal vez sean tus palabras las que lleguen a ese héroe latente y ayuden a despertar su alma.

¡Respira! Para encontrar a alguien en tu área que facilite la respiración consciente, escríbenos a info@soulfulpower.com.

Asiste a eventos en vivo.

Para acelerar el proceso de transformación, no hay mejor forma que recibir las enseñanzas de una manera más personal y profunda en combinación con la respiración consciente. En los retiros, descubrirás una comprensión más profunda de ti mismo a través de un prisma más claro, y las múltiples sesiones de respiración consciente son nada menos que milagrosas.

Programas en línea.

Como alternativa para aquellos que no pueden asistir a un evento en vivo, nuestros programas en línea también ofrecen mucho apoyo. Y vienen con un beneficio adicional: debido a que las enseñanzas se distribuyen a lo largo de un período más largo, los participantes experimentan una integración mas sostenible de las enseñanzas.

Finalmente, mantente atento al proximo libro sobre las relaciones, *Cómo atraer y nutrir relaciones que funcionan*. ¡Saldrá pronto!

EXTRACTOS DEL PRÓXIMO LIBRO

La montaña rusa de las relaciones

Pocas cosas pueden llevarnos a las alturas del éxtasis y las profundidades de la desesperación tan rápido y tan frecuentemente como las relaciones. Pocas cosas nos hacen perder el equilibrio de forma tan fácil y desconcertante. Pocas cosas captan nuestro enfoque y consumen nuestra atención tan completamente. Existen industrias enteras con el propósito de mejorar las posibilidades del amor, el sexo y las relaciones.

El amor y las relaciones pueden hacernos sentir como si estuviéramos en la cima del mundo o precipitarnos en las dudas más profundas, la desesperación más oscura y un auto cuestionamiento despiadado, todo en cuestión de segundos. Pueden hacernos sufrir tanto que el dolor emocional se convierte en físico. Hay estudios interesantes sobre un problema cardíaco llamado "Síndrome del corazón roto", causado por la pérdida, el duelo y las relaciones dañadas.

Cuanto más interactúo con participantes en retiros, talleres y otros entornos, más evidencia encuentro de que la mayoría de nosotros cedemos nuestro poder en el contexto de las relaciones románticas. Aquí es donde consistentemente presencio a personas por lo demás exitosas y empoderadas renunciando a su poder solo por unas migajas de aceptación, validación o pseudo-amor. Individuos por lo demás autodefinidos y conscientes, que están establecidos profesionalmente e incluso espiritualmente, pierden el sentido de sí mismos cuando se trata de relaciones íntimas. Renuncian a su poder para evitar estar solos, por la ilusión del amor. Sin embargo, tales explicaciones brindan solo una respuesta parcial, ya que estas personas a menudo experimentan amor y aceptación en otras áreas de sus vidas. ¿Por qué no renuncian a su poder en otra parte?

¿Qué hay en las relaciones amorosas del tipo romántico que nos desequilibra tanto, que nos hace perder la razón y nuestro centro? ¿Es hormonal? ¿Un truco de la naturaleza? Estas respuestas parecen insuficientes, porque la locura persiste después del período inicial de enamoramiento, incluso en casos en los que llegamos a comprender que esta persona puede no ser, y de hecho, sabemos que no es, la mejor pareja para nosotros. Claramente, este no es un proceso racional.

Los misterios de la atracción y el amor aún no han sido descifrados por nuestra especie. Parecemos estar bajo el efecto de fuerzas mucho más allá de nuestro control que ignoran las diferencias de edad, género, creencias, clase, educación, etnicidad o incluso orientación sexual. Por ejemplo, investigaciones recientes han explorado el papel del olor y las influencias de las feromonas en la atracción sexual. Cuando estamos bajo la influencia de las energías del amor, no podemos pensar con claridad, como si estuviéramos dentro de una nube o una burbuja, bajo un hechizo o experimentando lapsos momentáneos de cordura.

¿Por qué perdemos nuestro sentido de identidad en las relaciones? La palabra éxtasis proviene del griego "ek", que significa "fuera de", y "stasis", que se relaciona con "estar de pie". En estados extáticos, nos encontramos, por tanto, fuera de nosotros mismos, de nuestros egos. Nos unimos con otro y experimentamos un colapso de los límites del ego que nos brinda un indicio de libertad. En presencia de nuestro ser querido, el tiempo se detiene. A veces, el pasado y el futuro desaparecen, y nos encontramos en el momento eterno. Aunque puede ser breve y difícil de alcanzar, nos quedamos deseando más.

En el frenesí del amor, nuestras emociones quedan desatadas. Nos drogamos, literalmente, con la consiguiente avalancha de endorfinas, la liberación de hormonas en el sistema. Nos ciega el amor, o al menos, el deseo. Hacemos y decimos cosas de las que luego podemos arrepentirnos. Sintiéndonos liberados del flujo normal y predecible de nuestras vidas, podemos cegarnos a las posibles repercusiones de nuestros actos y podemos terminar deshonrando nuestro cuerpo, poniendo en riesgo nuestra salud y, quizás nuestra familia, carrera y futuro. Nada más importa en esos exquisitamente peligrosos momentos cuando estamos en pleno amor.

Pero nuestra locura tiene su lado positivo. En este contexto de relaciones sexuales/románticas, a menudo nos permitimos ser más abiertos y vulnerables. Nos permitimos ser realmente vistos.

No es fácil navegar las relaciones de forma consciente; es nada menos que cosa de héroes. Sin embargo, cuando lo hacemos, nuestro proceso de sanación y transformación se acelera drásticamente. ¡Y nuestras relaciones tienen una oportunidad real de éxito!

Aquí está el problema, sin embargo: en esta área fundamental de la vida que está profundamente conectada con cuestiones fundamentales de identidad, supervivencia y autoestima, no se nos han dado la claridad, el contexto y las habilidades necesarias para tener relaciones exitosas y satisfactorias que realmente funcionen. Nuestros sistemas educativos y religiosos nos han fallado. Por eso estudié psicología en la universidad, con la esperanza de entender qué nos hace funcionar como seres humanos. Tristemente, recibí muy pocos conocimientos de valor práctico en el proceso.

Así que profundicemos y exploremos algunas de las razones por las que tenemos tales dificultades con problemas que van desde encontrar a la pareja adecuada hasta desarrollar relaciones que realmente funcionen.

Los 10 principales desafíos de las relaciones

1. Abordamos las relaciones con expectativas poco realistas, principalmente, que nos harán felices, y con una constelación de creencias y actitudes a menudo inconscientes que interfieren con nuestros sueños y bloquean nuestros deseos.

2. Nos vendemos a relaciones que realmente no nos convienen, reprimiéndonos para evitar conflictos o mantener la ilusión de aceptación, validación y amor.

3. Carecemos de un contexto más amplio para las relaciones como aspecto integral de nuestro crecimiento personal y como catalizadores de nuestra evolución espiritual.

4. Confundimos "enamorarse" —el subidón temporal, emocional, infundido por hormonas— con el acto y el arte de amar, el trabajo sagrado de las relaciones conscientes. Además, nuestra cultura de gratificación inmediata y la ilusión de que todo es mejor en algún otro lugar contribuyen a que saltemos dentro y fuera de las relaciones, a menudo de forma prematura.

5. Carecemos de comprensión del ego y sus mecanismos que resultan en contundentes batallas de los egos a medida que nos atascamos en patrones de tener razón, proyectar, culpar, atacar, defender y sentirnos víctimas.

6. Llevamos heridas no sanadas y traumas no resueltos que se manifiestan una y otra vez en nuestras relaciones.

7. Llevamos vidas ocupadas y sobrecargadas que dejan poco espacio para nutrir nuestras relaciones.

8. Tenemos pocos ejemplos y sistemas de apoyo para las relaciones conscientes.

9. Tenemos poca comprensión de nuestras emociones y pocas habilidades para lidiar con ellas.

10. No se nos ha enseñado una comunicación eficaz, elegante y empoderada.

* * * * * * * * *

Amo Ergo Sum: El poder del amor

En última instancia, el poder espiritual se trata del amor. El llamado a este tipo de poder es una llamada al amor, al amor radical. ¿Qué significa eso? Por supuesto, no estamos hablando de un tipo de amor cursi, empalagoso, a lo tarjeta de Hallmark, sino del tipo de amor que "agarra al elefante por los testículos," como lo describió Hafiz, el poeta persa del siglo XIV. Ese amor que sacude al mundo es el acto heroico de mantener nuestros corazones abiertos pase lo que pase.

El amor no es cobarde ni de cuento de hadas, ni débil ni fantasioso. El amor es feroz. El amor es poder. El amor trasciende todo, incluso el tiempo y el espacio.

El artista musical Jimi Hendrix dijo: 'Cuando el poder del amor conquiste el amor al poder, entonces el mundo conocerá la paz'. La autora Anodea Judith amplía este concepto y lo aplica al proceso evolutivo de la humanidad: "Actualmente estamos experimentando un salto en la evolución desde el 'amor al poder' (basado en el tercer chakra, el centro del poder) al 'poder del amor' (basado en el cuarto chakra, el centro del corazón)."

> "SOY NO PORQUE PIENSE, SINO PORQUE AMO".

Estamos entrando en la era del corazón. Lo que ahora se necesita es un nuevo lema para esta nueva era en la que *amo ergo sum* reemplaza el *cogito ergo sum* de Descartes.

No creo en un Dios punitivo ni en un Juicio Final. Pero si existiera tal cosa y me contrataran para producir ese evento, querría saber cuánto, no a quién, amaste.

Ya no tenemos tiempo para ir a lo seguro, tratando de evadir el riesgo de amar. Por supuesto, eso no quiere decir ser estúpidos o descuidados, exponiéndonos al abuso, al fracaso o al rechazo sin necesidad, ni convertirnos en alfombritas donde otros se limpian los zapatos. Significa hacerse cargo, tomar nuestras vidas en nuestras manos.

Es probable que esto no suceda tirados en el sofá viendo la televisión o trabajando 60 horas a la semana. Tenemos que estar dispuestos a sumergirnos de lleno en nuestra vidas y arriesgarnos. ¿Y qué pasa si nos lastiman de nuevo? Lo superaremos, creceremos y saldremos más fuertes y sabios. Por cada 100 veces que hemos caído, nos hemos levantado 101. Nos levantamos de nuevo, abriendo nuestros corazones, pase lo que pase.

Mantener un corazón abierto, mediante la práctica del arduo trabajo de amar, no es un camino para los débiles de corazón. De hecho, es cosa de héroes. Como hemos visto, la palabra "coraje" se deriva del latín *cor*, corazón. El corazón no se puede cerrar de forma selectiva. Es como el iris del ojo o el obturador de una cámara. Se abre o cierra para permitir más o menos luz. O amor, en este caso. Si lo cerramos a mamá por lo que hizo o a papá por lo que dejó de hacer, o al ex que nos engañó o al exjefe que nos despidió, lo cerramos. Punto. Siempre que lo cerramos a cualquier persona que nos lastimó, o a un grupo de personas que ven, piensan, creen o aman de manera diferente a nosotros, estamos cerrando parte de nuestro corazón.

Esta es la profunda sabiduría detrás de las enseñanzas radicales de Jesús de «amar a tu enemigo». Literalmente, no metafóricamente, mantenemos nuestros corazones abiertos a todos, sin importar qué.

¡ELIJAMOS EL AMOR!

Nuestro trabajo es convertirnos en cañas huecas para que la fuerza cósmica del amor fluya a través de nosotros. En su canción *Trust Love* (Confía en el amor), Rikki Byars nos recuerda que somos "dadores y receptores de amor". Tan simple como eso. Por lo tanto, nuestros función está clara. ¿Cuánto amor podemos dar y cuánto podemos recibir? ¡Ese es nuestro propósito, en última instancia!

Somos como vasijas de amor, vasijas infinitas. Nuestro trabajo es mantener los canales despejados, eliminando obstáculos, cualquier cosa donde pueda atascarse. Nos convertimos en las cañas huecas de las que hablan los budistas, a través de las cuales el amor puede fluir libremente.

Somos los guardianes del amor, no en un sentido de acapararlo, por supuesto, sino como administradores y protectores. Atendemos a sus necesidades. Nos volvemos fluidos. Nos volvemos permeables a la sustancia del amor, dejándola fluir a través de nosotros. Nunca podremos atraparlo o contenerlo, pero podemos canalizarlo. Nos mantenemos claros y nos encontrará dignos. Todo lo que tenemos que hacer es decir "Sí" al llamado del amor y preguntarnos en cada ocasión,

¿Qué haría el Amor?

Espero que esto te dé una idea de lo que está por venir. ¡Mantente sintonizado/a! ¡Atrayendo y Nutriendo Relaciones que Funcionan! ¡Llega pronto!

DEDICATORIA

Este libro está dedicado a tres mujeres que han influido profundamente en mi vida y a un hombre. En primer lugar, mi madre, Raquel, de quien aprendí a amar profundamente, incondicionalmente, y sin reservas. El valor y los innumerables sacrificios que hicieron ella y mi padre René para que sus nueve hijos tuvieran la oportunidad de ser libres son un vivo retrato de heroísmo.

En segundo lugar, Maia Dhyan, mi antigua maestra espiritual, quien me dio el don de la respiración consciente y la comprensión del ego (enseñanzas y prácticas que he transmitido a innumerables otras personas) y quien me proporcionó la oportunidad de una entrega profunda que de otra manera no habría experimentado.

Y en tercer lugar, a Patrica-Lynn Thorndike, quien ha otorgado un constante apoyo a mi trabajo en varias maneras, y quien encarna y ejemplifica una vida llena de magia y cuidado sagrado de la tierra. Y porque un trato es un trato, ¡aquí va para ti, P.L.: a la Conciencia de Alpaca!

Por último, me gustaría rendir homenaje a mi sobrino Ralf Garcia, un verdadero héroe en el sentido tradicional. A los 28 años, Rafi fue diagnosticado con un tumor cerebral y falleció diez días después, dejando atrás a su esposa, que estaba embarazada de siete meses (con su hijo, Mason).

La tragedia del fallecimiento de Rafi hizo noticia a nivel internacional y conmovió los corazones de muchos, no solo por los aspectos desgarradores de la historia, sino también por el tipo de hombre que era. El jefe del Departamento de Bomberos de Miami dijo en sus comentarios en el funeral que normalmente, cuando habla en tales eventos, revisa los expedientes del personal. Esta vez no tuvo que hacerlo porque ya había recibido ocho correos electrónicos no solicitados de los colegas de Ralf. Esa es parte de su legado: el amor y el respeto que deja atrás.

Pocas experiencias en mi vida han tocado tan profundamente mi alma. Como dijo uno de sus hermanos bomberos, Ralf era el tipo de persona que apreciaba genuinamente algo en cada uno y siempre buscaba lo mejor de ellos, inspirando a las personas a ser precisamente eso.

Un par de lecciones más de la tragedia de su fallecimiento prematuro: sigue tu pasión, tus sueños. Mi sobrino rechazó a Harvard para seguir su sueño de convertirse en bombero/EMT. ¿Qué sueños has estado tu posponiendo?

Da lo mejor de ti. Y dalo todo. No más reprimirse ni jugar en pequeño. Como escribió su viuda Maeghan: "Ralf era el tipo de hombre que hacía todo a fondo. Cuando tomaba una decisión, la llevaba hasta el final. Daba todo a cada esfuerzo. Me dio todo a mí. Amaba con cada fibra de su ser. Le pido a Dios que me dé la fuerza y la capacidad para vivir y amar de esa manera, para encontrar el valor de seguir persiguiendo mis sueños y cumplir los sueños que compartimos juntos... Sal y ama a quienes te rodean sin miedo a salir herido. Cuando la persona lo vale, el dolor que a veces sigue también lo vale".

Así pues, sé un héroe, tu mejor héroe, tu propio tipo de héroe.

Aprovechemos el momento... y vivamos a plenitud.

AGRADECIMIENTOS

Como dicen, se necesita todo un pueblo para criar a un niño, y yo agregaría que también para publicar un libro. Mi más sincero agradecimiento y reconocimiento a las siguientes personas:

A Lynda McDaniel por su perspicaz edición. Después de vivir profundamente en los conceptos y las enseñanzas durante décadas, fue una ayuda invaluable contar con alguien con una perspectiva externa que me inspiró a profundizar y describir los conceptos con más claridad. Es una bendición encontrar una editora que pueda ayudar a reorganizar, repensar o reformular de manera más clara, siempre respetando la voz del autor.

A Lidice Megla por su traducción, y a Alejo Moran por sus sugerencias al respecto.

A mis queridos amigos autores que se tomaron el tiempo de leer el libro y proporcionar palabras elocuentes y poderosas de respaldo, ¡gracias! Sé lo exigentes que son nuestras vidas. Les agradezco profundamente su apoyo.

Gloria Estefan, gracias por tomarte el tiempo de leer el manuscrito. He sido tu fan desde los días en que Miami Sound Machine tocaba en los bailes de Belén Jesuit Prep. Es un privilegio presenciar a la mujer y a la potencia en la que te has convertido. Tu talento, gracia y generosidad han impactado innumerables vidas, y la forma en que te recuperaste del accidente de autobús nos inspira a encontrar el coraje y la fuerza para superar lo que puede parecer insuperable. ¡Eso es propio de héroes!

Matthew Fox, asombroso autor prolífico, teólogo de fama mundial y revolucionario espiritual, cuyo libro, *The Hidden Spirituality of Men: Ten Metaphors to Awaken the Sacred Masculine (La espiritualidad oculta de los hombres: Diez metáforas para despertar al masculino sagrado)*, inspiró por primera vez mi reflexión sobre lo que significa ser un hombre en el siglo XXI. Verdaderamente ha sido un privilegio presenciar tu elocuencia, brillantez, pasión, dedicación y humildad a lo largo de los años, y poder llamarte amigo y hermano espiritual.

Robert Johanson, también mi hermano espiritual, por tu perspectiva y sugerencias, y por tu aliento constante a lo largo de los años para terminar este libro.

Marjorie Van Dyke, mi confiable y eficiente asistente y gerente de negocios, sin cuyo apoyo nunca habría podido completar el libro mientras manejaba múltiples proyectos. Gracias por ayudarme tanto a mantener la visión en grande como a gestionar los detalles, especialmente durante los momentos de crisis ocasionados por la pandemia.

Colby Smith, por tus comentarios, sugerencias, presencia y apoyo.

Rina Pal (Laizaa) por encontrar el equilibrio adecuado entre "lleno de alma" y "poderoso" en el diseño de la portada; y Oscar Paludi y Maicol Arango, por sus hermosos mapas e ilustraciones.

Marc Gave, por tu atención a los detalles y la revisión perspicaz e incisiva.

Terry Anderson, por el rescate de último minuto con el formato en Word.

Sin disminuir las muchas muertes, el sufrimiento humano y la tragedia de la pandemia a múltiples niveles, ni el heroico trabajo de nuestros proveedores de atención médica y otros trabajadores esenciales, o la crisis económica que surgió en consecuencia, quiero expresar mi gratitud por haber podido aprovechar la pausa global mandatoria para terminar este libro. No puedo imaginar cómo habría podido terminarlo con el itinerario de viajes y eventos que he mantenido durante años.

SOBRE EL AUTOR

Por más de treinta años, Christian de la Huerta se ha dedicado a facilitar la transformación personal y colectiva. Autor galardonado, Christian es un respetado maestro espiritual y solicitado conferencista, cuyos poderosos programas de desarrollo personal se han experimentado en todo el mundo en aulas universitarias, centros de retiro, y salas de juntas corporativas. Su papel se puede describir de varias maneras: facilitador de retiros, experto en relaciones, coach espiritual, consultor de liderazgo y más. Si bien su dedicación se manifiesta de diversas formas para una audiencia diversa, todo el trabajo de Christian comparte un resultado común: una profunda transformación personal.

Christian es el creador de varios programas de desarrollo personal diseñados para ayudar a las personas a liberarse y entrar en su poder auténtico para poder disfrutar de vidas llenas de significado y propósito, así como de relaciones que funcionen. Su misión es ayudar a catalizar una revolución de conciencia por el bien de la evolución de la humanidad.

Su primer libro, *Coming Out Spiritually*, fue elegido por *Publisher's Weekly*, la biblia de la industria editorial, como uno de los diez mejores libros de religión de su año. El libro fue ampliamente elogiado y se considera un logro definitorio y pionero en su campo.

Christian, orador aclamado en diversos entornos, incluido el escenario TEDx, proyecta una presencia convincente, auténtica y cálida al hablar frente a grupos, grandes y pequeños. Habla por experiencia propia y sigue sus palabras con acciones, y el público siente eso y encuentra su mensaje particularmente relevante en estos tiempos. A lo largo de los años, se ha consolidado como un líder respetado en el campo de la espiritualidad. Sus retiros, talleres y otros eventos son conocidos por su efecto transformador y por su exploración inspiradora y transformadora de nuestro potencial humano.

Graduado con honores de la Universidad de Tulane con un título en psicología, después de trabajar en los departamentos de relaciones profesionales de varios hospitales psiquiátricos y de adicciones en Miami, dejó atrás una vida cómoda para embarcarse en una jornada espiritual profunda y desafiante. Después de un período de veinte años en el área de la bahía de San Francisco, California, encontró providencialmente su camino de regreso a Coconut Grove, su barrio favorito en Miami, donde estuvo basado los próximos diez años. Desde la pandemia ha vivido en Ecuador, Colombia y otros sitios como nómada digital.

Puede obtener más información sobre su trabajo en www.SoulfulPower.com.

Notas Finales

1. Ken Wilber, Up from Eden: A Transpersonal View of Evolution (Boston: New Science Library, 1981), 7–8.
2. Peter Russell, "The Evolution of Consciousness," Peter Russell—Spirit of Now, https://www.peterrussell.com/SCG/EoC.php.
3. Helen Shucman, A Course in Miracles: Text (Tiburon, CA: Foundation for Inner Peace, 1985), 364–365.
4. IsanaMada, A Call to Greatness: A Spiritual Journey of Self-Discovery and Self-Expression (San Francisco: Dhyana Press, 1994), 210.
5. Karma Chameleon by Culture Club SongFacts https://www.songfacts.com/facts/culture-club/karma-chameleon)
6. Yehuda Berg, Satan: An Autobiography (New York: The Kabbalah Center, 2009), 34–36.
7. Helen Shucman, A Course in Miracles: Manual for Teachers (Tiburon, CA: Foundation for Inner Peace, 1985), 78.
8. James Hillman, Kinds of Power: A Guide to Its Intelligent Uses (New York: Currency Doubleday, 1995), 108.
9. "Commentary on Article XVIII – The Family," Southern Baptist Convention, The Baptist Faith and Message, June 14, 2000, http://www.sbc.net/bfm2000/articleXVIII.asp.
10. Kristen Wyatt, "Carter Cuts Southern Baptist Tie," The Washington Post, October 21, 2000. https://www.washingtonpost.com/archive/politics/2000/10/21/carter-cuts-southern-baptist-tie/.
11. Fiona Govan, "El Vaticano dice que las mujeres sacerdotes son un 'crimen contra la fe'", The Telegraph, 15 de Ryan de 2010, https://www.telegraph.co.uk/news/worldnews/europe/vaticancityandholysee/7892666/Vatican-says- mujeres-sacerdotes-un-crimen-contra-la-fe.html.
12. Marianne Williamson, A Return to Love: Reflections on the Principles of A Course in Miracles (New York: HarperCollins, 1992), 190–191.

13 "Bullying Statistics", Bullying Statistics: Anti-Bullying Help, Facts, and More, consultado el 14 de junio de 2020, http://www.bullyingstatistics.org/content/bullying-statistics.html

14 Viktor Frankl, Man's Search for Meaning (Boston: Beacon Press, 1959), 65–66.

15 Asociación Americana de Psicología [@APA]. (7 de enero de 2019) https://twitter.com/apa/status/1082401926782861316?lang=es.

16 Instituto Nacional de Salud Mental, "Estadísticas: Suicidio", consultado el 14 de junio de 2020, https://www.nimh.nih.gov/health/statistics/suicide.shtml#part_154969.

17 Henry Rollins, "Se espera que los hombres sean 'tipos fuertes y silenciosos', y eso los está rompiendo", Los Angeles Times. 20 de junio de 2019, https://www.latimes.com/books/la-ca-jc-review-jared-yates-sexton-man-they-wanted-20190620-story.html?fbclid=IwAR0USLnk0duA8d16lf7CgdlCxmZkX5fKvBR8-Rbm_U6bx4_Vaqp.

18 Jared Yates Sexton, El hombre que querían que fuera: masculinidad tóxica y una crisis de nuestra propia creación (Berkeley: Counterpoint Press, 2019), 8-9.

19 Mona Chalabi, "¿Cuántas mujeres ganan más que sus maridos?" Fivethirtyeight. 5 de febrero de 2015, https://fivethirtyeight.com/features/how-many-women-earn-more-than-their-husbands/.

20 Giffords Law Center, "Domestic Violence & Firearms", consultado el 14 de junio de 2020, https://lawcenter.giffords.org/gun-laws/policy-areas/who-can-have-a-gun/domestic-violence-firearms /.

21 Mark Follman, "Armado y misógino: cómo la masculinidad tóxica alimenta los tiroteos masivos", Mother Jones, mayo / junio de 2019, https://www.motherjones.com/crime-justice/2019/06/domestic-violence-misogyny-incels-mass-shootings/.

22 Matthew Fox, La espiritualidad oculta de los hombres: Diez metáforas para despertar al hombre sagrado (Novato, CA: New World Library, 2008), 19-32.

23 Matthew Fox, Original Blessing: A Primer in Creation Spirituality (Santa Fe: Bear & Co, 1983), 176.

24 "3 asesinos de hombres: poder", El arte de la hombría, https://www.artofmanimony.com/articles/3-man-killers-power/.

25 Mary Kawena Puhui y Samuel H. Elbert, Diccionario hawaiano (Honolulu: University of Hawaii Press, 1986), 340.

26 Alex Korb, PhD. "The Grateful Brain", Psychology Today, 20 de noviembre de 2012, https://www.psychologytoday.com/us/blog/prefrontal-nudity/201211/the-grateful-brain.

27 Banco Mundial, "Poverty Overview", consultado el 11 de julio de 2024, https://www.worldbank.org/en/topic/poverty/overview.

28 LV Clark, "Efecto de la práctica mental en el desarrollo de una determinada habilidad motora", Research Quarterly, v31 n4 (diciembre de 1960): 560-569).
29 AJ Adams, "Ver para creer: el poder de la visualización", Psychology Today, 3 de diciembre de 2009, http://www.psychologytoday.com/blog/flourish/200912/seeing-is-believing-the-power-visualization.
30 Keith Ayers. "Elementos de confianza", Integro Leadership Institute, https://keithayers.typepad.com/files/elements-of-trust.pdf.
31 "La 'Regla de Oro' (también conocida como Ética de la Reciprocidad)," Tolerancia religiosa. http://www.religioustolerance.org/reciproc2.htm.
32 IsanaMada, Un llamado a la grandeza, Dhyana Press, 1994, pp. 23-27.

Index

A

addicción, 177, 199-201
Adyashanti, 83
agresividad pasiva, 44, 76, 157
Alphabet Versus the Goddess, The, 24
apego, 62, 161, 195, 229, 251, 252-253, 255
apocalipsis, 31
armadura, 47, 53, 89, 208
armas de destrucción de la felicidad, 55, 58, 89
Art of Original Thinking, The, 4
Artist's Way, The, 227
ashram, 18, 75, 248, 259
Astor, Brooke, 108
autenticidad, 103, 231, 235–242
auto-disciplina, 68, 91, 197–201
auto-expresión, 8, 90, 104, 105, 110, 180, 213-215
auto-observación, 7, 41, 91-93
autor, 13-19; 285-286
Avatar, 22-24

B

Bacon, Francis, 152
Balancín Extremo, 49-50
bolsa del pasado, la, 50-51
Bella y la bestia, la, 109
creencias, 23, 44, 83, 119, 124, 132-133, 209-212
Berg, Yehuda, 82
Billboard Book of #1 Hits, The, 52
Billings, Josh, 152
Booth, William, 263
Bourgeault, Cynthia, 97
Boy George, 52
Brin, David, 124
Bronson, Fred, 52
Brown, Brené, 208
Brown, Jeff, 87
bullying, 147-148

C

Cabrón, el, 155-156
Calling All Heroes Book 2: Attracting and Nurturing Relations That Work, 9, 63, extractos 273-279
Calling All Heroes Book 3: Living Your True Purpose and Leading with Soul, 3, 163
Cameron, Julia, 227
Campbell, Joseph, 6, 33, 106
Carnegie, Dale, 144
células imaginales, 267–269
Cero Límites, 189
Chandler, Otis, 117
chisme, 144, 153
ciclo de reaccionar y arrepentirse, 76
Clinton, Hillary, 141
Close Encounters, 22
Coming Out Spiritually, 25, 285
Compañeros de Poder, 247
compasión, 18, 59, 81, 160, 180, 189, 204-5
compromiso, 27, 91, 201, 205-206, 221-223
conciencia unitaria, 206
confianza, 19, 78, 88, 109, 138, 181, 203, 222, 225-233
congruencia, 233, 235-242
Curso de Milagros, Un, 42, 99
Cuba, 13-15
cuchillo de doble filo, 58-59
cosa de heroes, 6-9, 133, 275, 278

D

Darwin, Charles, 111
declaración de emancipación personal, 79
DEFCON 1, 38
dejar ir, 160, 163, 195, 251-255, 264
demandas, 60-61
Dhyan, Maia, 41, 97, 162, 238, 281
Disraeli, Benjamin, 147
Dynasty, 155

E

elección, el poder de, 7, 76-78, 123, 164, 199, 238
ego, como villano, 35-36;
Imperio del Ego, 34-35, 65, 81, 90, 98, 122, 266; mapa 35
modelo del 41-43, 35–36, 37 il., 43
ego sanado, el, 83-84, 87-90; il., 86
Einstein, Albert, 4, 145
Ellison, Ralph, 110
Emerson, Ralph Waldo, 270
entrega, 8, 90, 129, 177, 218, 257-263
espejo del ego, 45, 66-67, 70, 206; il. 67
expectativa, 52, 60-63, 171

F

Facebook, Grupo de, xix, 26, 100, 247, 267, 269, 270
Family Feud, 98
Feel the Fear and Do It Anyway, 226
Fénelon, François, 23
Finding Nemo, 44
Fox, Matthew, 175, 177, 179, 182, 284
Frankl, Viktor, 162-163, 164
frenesí, cuento del, 68-70
frenesí, manejo del, 200-202

G

Gaia, Teoría de, 23
Gandhi, 108, 151, 181, 268
Garcia Lorca, Federico, 182
Gayle, Addison, Jr., 116
generosidad, 90, 108, 125, 217-219
Getting to Yes, 206
Gollum, 43-44, 82, 123
Grahn, Judy, 24
gratitud 18, 90, 193-195, 269
Grupo de Poder, 247
Grounded Spirituality, 87

H

Hatfields & McCoys, 56-57, 99
HeartMath Institute, 96
Hendrix, Jimi, 113, 277
Hercules, 112
Hero with a Thousand Faces, The, 33-34
héroe, lista, 6-9
heroísmo, escala de, 27
Hidden Spirituality of Men, The, 284
Hillman, James, 121
ho'oponopono, 189-190
hombre que querían que fuera, El 171
Homo sapiens sapiens, 37
homofobia, 164, 183
House of Cards, 155
How to Make Friends and Influence People, 144
hubris, 123

I

I Am, 96, 110
Iglesia Católica, 136, 258
Illusion: The Adventures of a Reluctant Messiah, 254
Indiana Jones and the Last Crusade, 232
Integro Leadership Institute, 232
IsanaMada. Ver Dhyan, Maia

J

Jeffers, Susan, 226
Jong, Erica, 144
Jornada del Héroe, 6, 34, 152;
Jornada del Héroe Espiritual, Mapa, 30

Juez, el, 7, 58-60, 143-145
juicio, 58-59, 143, 252, 260

K

"Karma Chameleon," 52
Kabalá, 82
Karen, Robert, 236
Kinds of Power, 121
King, Martin Luther, Jr., 176, 181, 268

L

La Fontaine, Jean de, 149
Len, Stanley Hew, 189
LGBT, 25, 137
Llamado a los heroes, El, Libro 2: Relaciones conscientes, 292, 8, 56, 221, 235; excerpts 249–54
Llamado a los heroes, El, Libro 3: Vive tu propósito auténtico y lidera con el alma, 8, 97
Lorde, Audre, 233

M

magia, origen de la palabra, 211
Maia. Ver Dhyan, Maia
Man They Wanted Me to Be, The 171
Man's Search for Meaning, 163
masculinidad, 22, 169-184
máscaras, 52-53, 88 il., 53
masculino sagrado, 284

Matrix, The, 33
May, Julian, 111
meditación, 92, 198, 229, 254
mente de mono, 44-46, 98
miedo, 6, 14, 19, 36, 52, 99, 105, 111, 139, 173, 215, 225-27,
minorías, 137
mocoso interior, 217
Mommie Dearest, 155
Mujer Maravilla, 33, 114, 115
mujer y el poder, la, 14, 16, 21-25, 35, 132, 135-36, 138, 141, 156
Murray, William Hutchinson, 221

N

Na'vi, 23-24
Negador, El, 135

O

Obama, Barack, 142

P

perdón, el, 7, 81, 89, 152, 161, 187-190, 252
poder egoíco, 105-106, 111, 113, 115, 125, 156, 161, 266
poder espiritual, 21-22, 104-107, 110-13, 116-17, 129-31, 151-2, 178, 183, 187,

190, 197, 214, 231, 235, 247, 251, 266, 277
poder, origen de la palabra, 211
Prácticas de Poder, 26, 266-7, 270
Príncipe de Egipto, El, 209
proyección, 7, 66-67, 70, 123, 205-206, 252
pronoia, 88
Pseudo Yo, 95
Picasso, Pablo, 181
Pseudo-poder 22,105, 107, 116
pseudo-macho, 141-142
Pitch Perfect, 155
Phillips, Jan, 4

R

Ram Dass, 83
religion, origen de la palabra, 32
respiración consciente, 36, 59, 78, 89, 92, 96, 129-30, 215, 228, 258, 271, 281
responsabilidad personal, 25, 68, 81, 100, 161, 190
retiros, empoderamiento, 122, 124, 138
retiros, própósito de vida, 163, 221, 225, 227
retiros, relaciones, 75, 178, 246
Return to Love, A, 139
Rey León, El, 34
Rogers, Carl, 239
Rollins, Henry, 169

Roosevelt, Eleanor, 215
Russell, Peter, 38
Russell, Walter, 218

S

sacrificio, origen de la palabra, 195
Saga del exilio pliocene, 112
Sahtouris, Elisabet, 267-268
Satan: An Autobiography, 82
Satyagraha, 152
Schwarzenegger, Arnold, 170
Scottish Himalayan Expedition, The, 221
Seneca, 131
Señor de los Anillos, El, 33, 43-44, 110, 114, 122, 124
Ser Superior, el, 88-89, 95-99
Sexton, Jared Yates, 171
Shadyac, Tom, 96
Shlain, Leonard, 24
Simeona, Morrnah, 189
Southern Baptist Convention, 136
Star Trek, 178
Star Wars, 106, 107, 111, 114, 147, 152
Swimme, Brian, 217-218

T

Tennyson, Alfred, Lord, 201
Thatcher, Margaret, 22, 142
Tolle, Eckhart, 111

trampa de tener razón, la 55-57, 59, 74-75, 206, 262, 276
Trine, Ralph Waldo, 242
Truth, Sojourner, 249

U

Universe Is a Green Dragon, The, 217

V

venganza, 57, 99, 111, 151-153, 155, 156, 172
Vengador, el, 151-153
Verdad, la, 33, 45, 90, 145, 149, 175-76, 208, 237, 245-249, 268
Víctima, la, 7, 10, 37, 49, 50, 65-67, 73-74, 90, 159-165, 195
villano del ego, el 33, 35-36

Vincam, 17
visualización, 209-210
Vitale, Joe, 189
vulnerabilidad, 6, 47, 77, 89, 115, 117, 141, 203-208

W

Wall Street, 109
Wiesel, Elie, 118
Wilber, Ken, 37
Wilde, Oscar, 157
Williamson, Marianne, 139
Wilson, Harold, 212
Wizard of Oz, The, 106
Wolf of Wall Street, 109
Wonder Woman, 33, 114, 115

Z

zona del poder, la, mapa 102

www.ingramcontent.com/pod-product-compliance
Lightning Source LLC
Chambersburg PA
CBHW072148070526
44585CB00015B/1042